汽车维修专业技师教材

# 汽车自动变速器检修

● 张则雷　主编 ● 金伟强　主审

人民交通出版社

## 内容提要

本书是交通职业教育教学指导委员会推荐教材,也是汽车维修专业技师教材。由交通职业教育教学指导委员会汽车(技工)专业委员会根据全国交通技师学院汽车维修专业教学计划与教学大纲,以及交通行业职业技能规范和技术工人等级标准组织编写而成。

本书内容主要包括:自动变速器维修前的准备与试验、自动变速器的拆装、典型自动变速器的检修、典型无级变速器(CVT)的检修、自动变速器故障诊断与排除,共5个单元。

本书供全国交通高级技工学校、技师学院汽车维修专业教学使用,也可作为相关行业岗位培训或自学用书,同时可供汽车维修技术人员阅读参考。

**图书在版编目(CIP)数据**

汽车自动变速器检修 / 张则雷编. —北京: 人民交通出版社, 2007.7
ISBN 978-7-114-06527-9

Ⅰ.汽… Ⅱ.张… Ⅲ.汽车-自动变速装置-车辆修理
Ⅳ.U472.41

中国版本图书馆 CIP 数据核字(2007)第 060055 号

**书　　名:** 汽车自动变速器检修
**著 作 者:** 张则雷
**责任编辑:** 闫东坡
**出版发行:** 人民交通出版社
**地　　址:** (100011) 北京市朝阳区安定门外外馆斜街3号
**网　　址:** http://www.ccpress.com.cn
**销售电话:** (010) 85285838,85285995
**总 经 销:** 北京中交盛世书刊有限公司
**经　　销:** 各地新华书店
**印　　刷:** 三河市吉祥印务有限公司
**开　　本:** 787×960　1/16
**印　　张:** 10.25
**字　　数:** 179千
**版　　次:** 2007年7月　第1版
**印　　次:** 2007年7月　第1次印刷
**书　　号:** ISBN 978-7-114-06527-9
**印　　数:** 0001-5000册
**定　　价:** 18.00元

# 前　言



为贯彻落实《国务院关于大力发展职业教育的决定》以及教育部等六部门《关于实施职业院校制造业和现代服务业技能型紧缺人才培养培训工程的通知》精神，适应汽车工业飞速发展和汽车运用与维修专业技能型紧缺人才培养的需求，交通职业教育教学指导委员会汽车（技工）专业指导委员会组织全国交通高级技工学校和技师学院专业教师，按照《全国交通技师学院汽车维修专业教学计划与教学大纲》以及汽车维修技师职业标准的要求，编写了汽车维修专业技师教材，供全国交通高级技工学校和技师学院汽车维修专业教学使用。

本系列教材总结了全国交通高级技工学校、技师学院多年来的专业教学经验，注重以学生就业为导向，以培养能力为本位，教材内容符合汽车维修专业教学改革精神，适应汽车维修行业对技能型紧缺人才的要求，具有以下特点：

1. 采用计划叠加方式构建技师教材体系。全国交通高级技工学校通用教材中的《汽车发动机电控系统检修》等7门专项高级技能训练教材由本次编写出版，也可与汽车维修专业技师教材配套使用。在此基础上增加了《汽车维修案例分析》等7门维修管理及维修经验类教材，形成了一套完善的汽车维修专业技师教材体系。

2. 教材内容与技师等级考核相吻合，便于学生毕业后适应岗位技能要求。

3. 教材注重实用性，体现先进性，保证科学性，突出实践性，贯穿可操作性，反映了汽车工业的新知识、新技术、新工艺和新标准，其工艺过程尽可能与当前生产情景一致。

4. 教材体现了汽车维修技师应知应会的知识技能要求，更注重了汽车维修传统经验与现代维修技术的有机结合。

5. 教材文字简洁，通俗易懂，以图代文，图文并茂，形象直观，形式生动，容易培养学生的学习兴趣，提高学习效果。

《汽车自动变速器检修》是专项高级技能训练教材之一，内容包括：自动变速器维修前的准备与试验、自动变速器的拆装、典型自动变速器的检修、典型无级变速器(CVT)的检修、自动变速器故障诊断与排除五个单元。

本教材由江苏汽车技师学院张则雷担任主编(编写单元一、二)；参加编写的有：浙江交通技师学院叶智勇(编写单元三中的课题一、二、四)，江苏汽车技师学院戴良鸿(编写单元四)，山东省交通技术学院朱洪涛(编写单元三中的课题三、单元五)；全书由浙江交通技师学院金伟强担任主审。

由于编者的经历和水平有限，加之汽车维修技师教材是首次编写，教材内容难以覆盖全国各地的实际情况。希望各教学单位在积极选用和推广本套教材的同时，注重总结经验，及时提出修改意见和建议，以便再版修订时改正。

交通职业教育教学指导委员会

汽车(技工)专业指导委员会

2007年2月

# 目 录

# 单元一　自动变速器维修前的准备和试验

**知识目标**

1. 正确描述自动变速器维修前的准备工作；
2. 正确描述自动变速器的识别方法和自动变速器试验的种类、目的与步骤；
3. 简单叙述自动变速器维修安全操作知识。

**能力目标**

1. 会使用自动变速器维修的工具和设备；
2. 会进行自动变速器初步检查、基本调整；
3. 会做自动变速器的各种性能试验；
4. 综合运用试验数据，会分析诊断故障，能解决生产中的实际问题。



## 课题一　自动变速器维修前的准备

维修人员必须在掌握原理和了解自动变速器具体结构的基础上，按照科学的步骤，准确地分析故障原因和判断故障部位，从而通过调整、部分拆检或全部解体，准确地查找出故障部位并予以修复。在拆装、检测、维修自动变速器之前，应进行安全操作准备、工具设备的准备，熟悉维修的注意事项，掌握基本的操作规范。



### 一、安全操作准备

(1) 正确选用维修中所需的工具、设备，遵守安全操作规程；
(2) 保持手的清洁，及时擦净油脂，以防工具在使用中脱落；
(3) 维修过程中不允许使棉丝等有绒屑的物品接触变速器部件；
(4) 不要将尖锐的工具放在口袋里，以防扎伤自己或划伤车辆；
(5) 穿着合适的防护鞋，最好鞋底厚些，防止鞋底被尖锐的物件刺穿；
(6) 定期检查、维护维修设备，发现隐患，及时排除；
(7) 举升汽车时，正确选择支撑点，及时使用保险装置或采取恰当的保险

措施；

(8) 车间的地面上不得有任何遗洒物，以保持整洁，消除事故隐患；

(9) 车间内应设置警示牌、消防器材和急救工具；

(10) 维修过程中注意防火、防触电，防止意外事故的发生。

安全责任重于泰山啊！

## 二、维修专用工具和设备的准备

维修自动变速器使用的工具和设备很多，这里主要介绍其专用工具和设备见(表1-1、表1-2)。

专用工具(以大众系列车维修专用工具为例)　　表1-1

| | | |
|---|---|---|
| 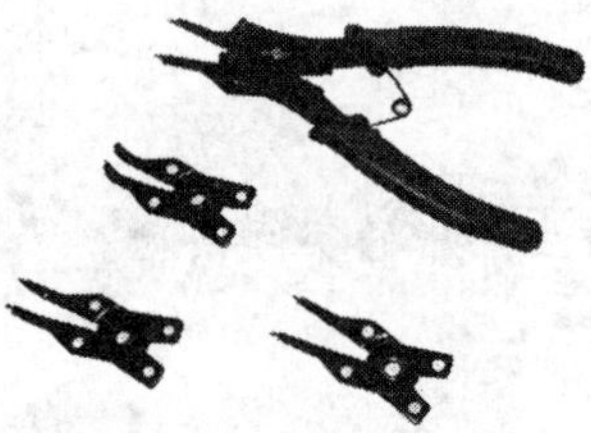 卡簧钳 | 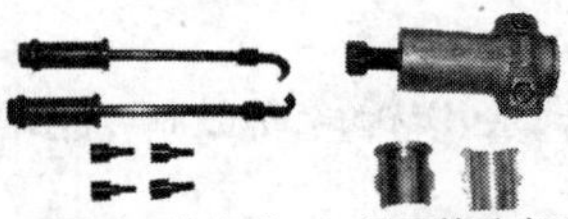 a. 用于一般车型、b. 用于特殊车型<br>泵头拉拔器 |  活塞拆装器 |
|  轴承拉拔器 | 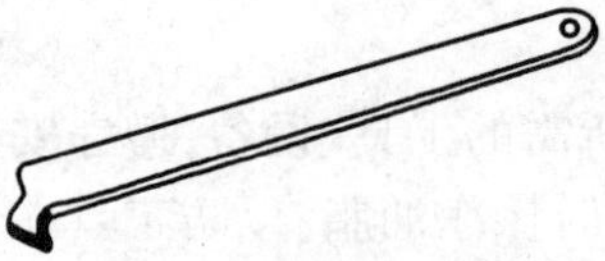 更换变矩器<br>油封工具 VW681 | 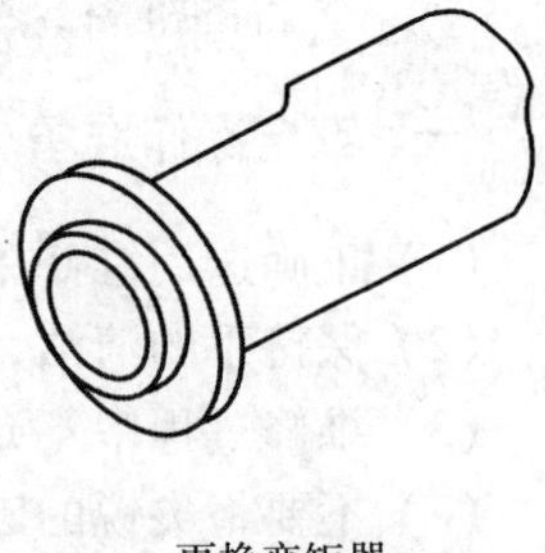 更换变矩器<br>油封工具 3295 |

续上表

| | | |
|---|---|---|
| 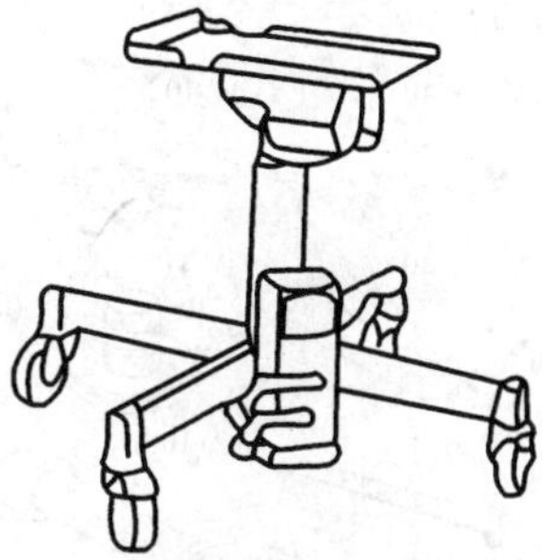 左右支承<br>拆装工具 1383A | 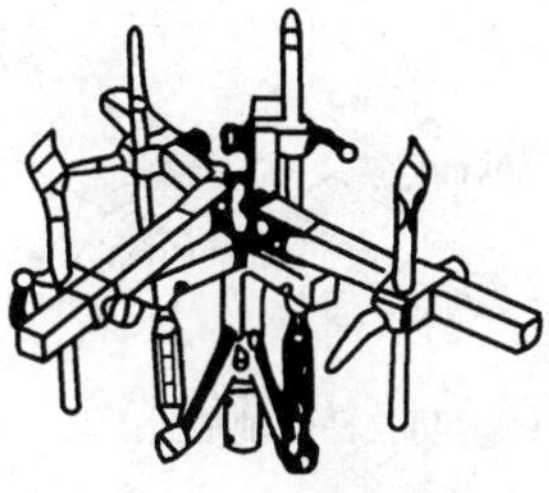 左右支承<br>拆装工具 3282 | 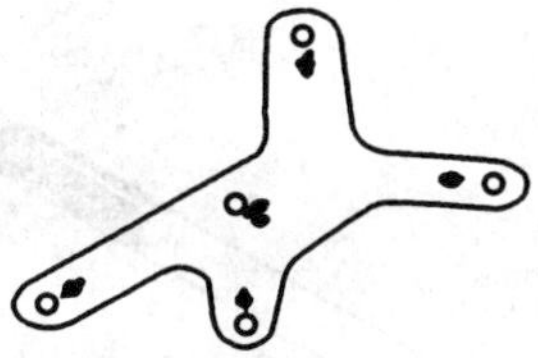 左右支承<br>拆装工具 3282-19 |
| 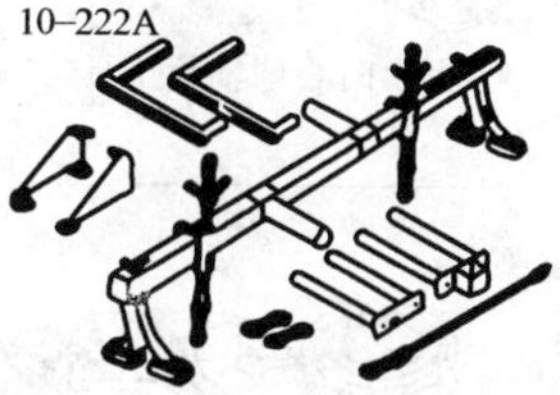 10–222A<br>吊具 10-222A | 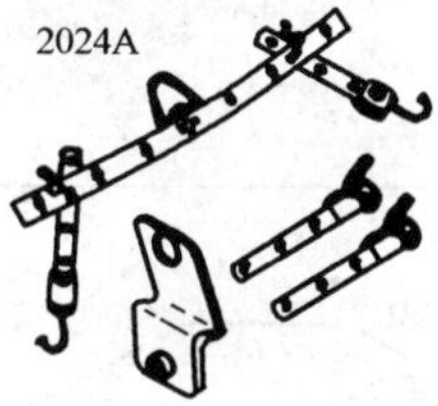 2024A<br>吊具 2024A | 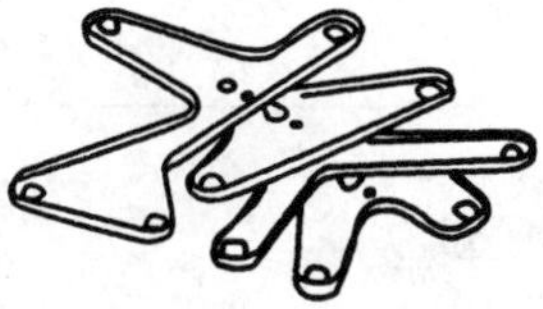 3282/1..24<br>调节板 3282-1 ~24 |
| 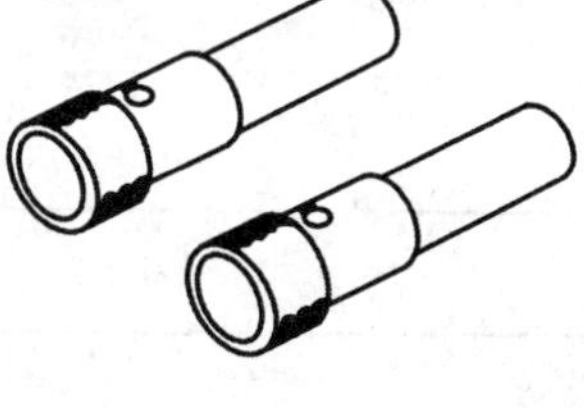 3393<br>棒 3393 | 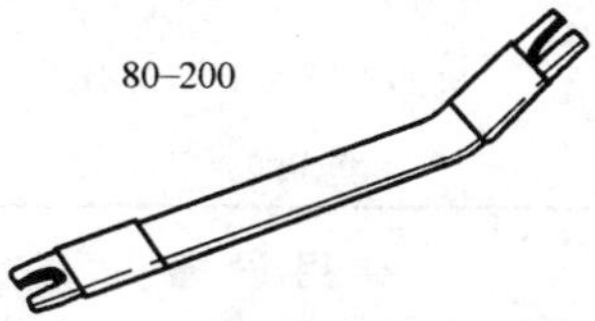 80–200<br>工具 80-200 | 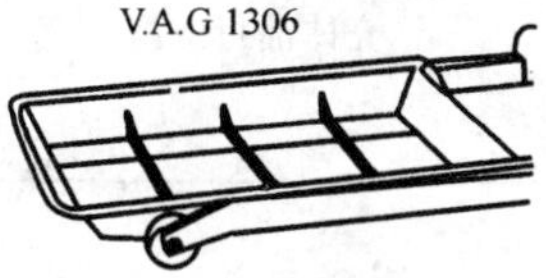 V.A.G 1306<br>V. A. G 1306 油槽 |
| 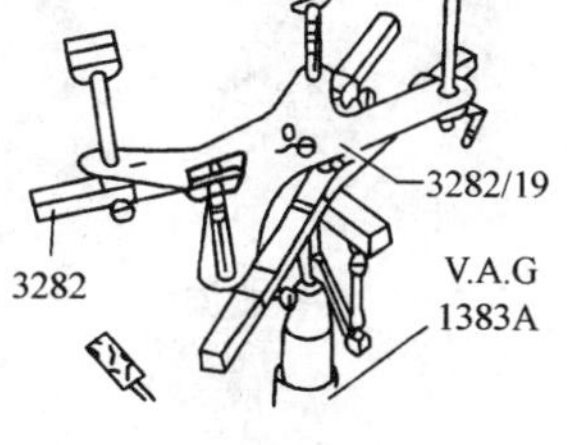 3282/19<br>3282<br>V.A.G 1383A<br>安装工具 3282 | 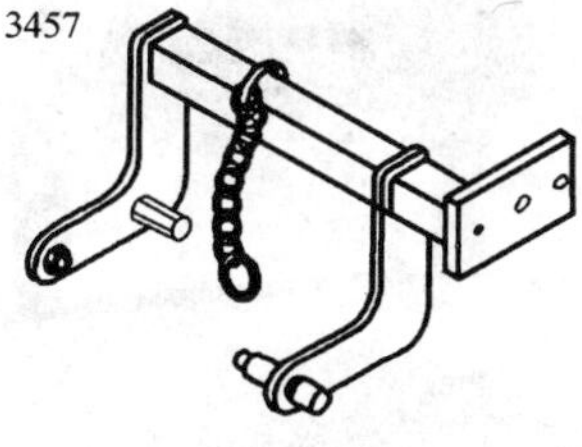 3457<br>变速器运输夹具 | 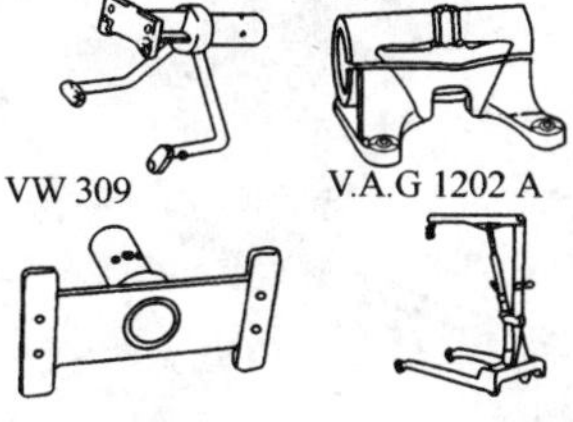 VW540<br>VW 313<br>VW 309<br>V.A.G 1202 A<br>固定装配支架 |

续上表

| | | |
|---|---|---|
| 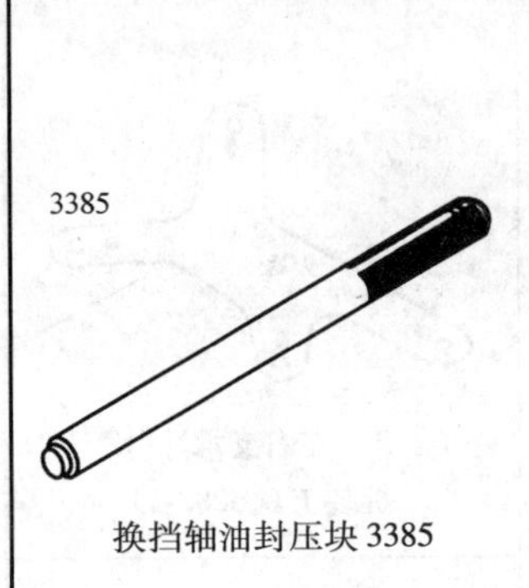换挡轴油封压块 3385 | 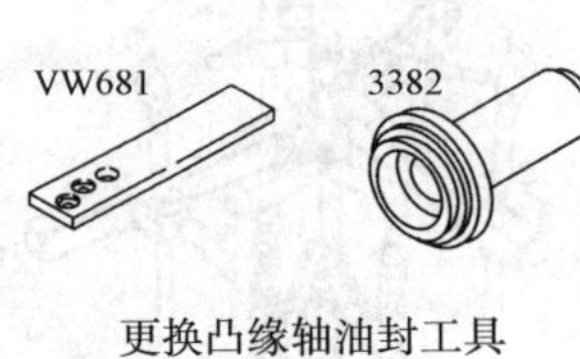更换凸缘轴油封工具 | 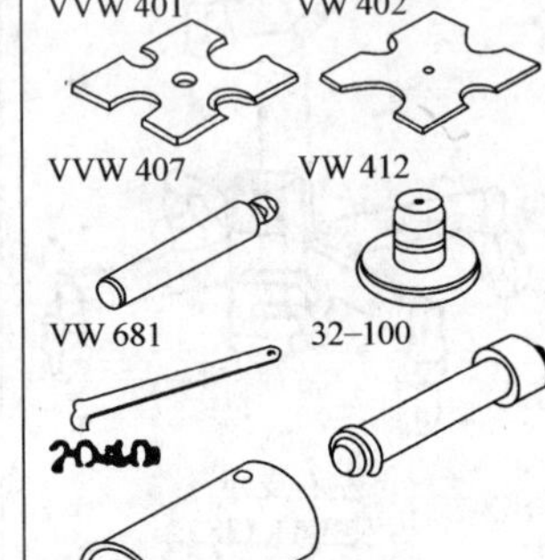更换向心球轴承工具 |
| 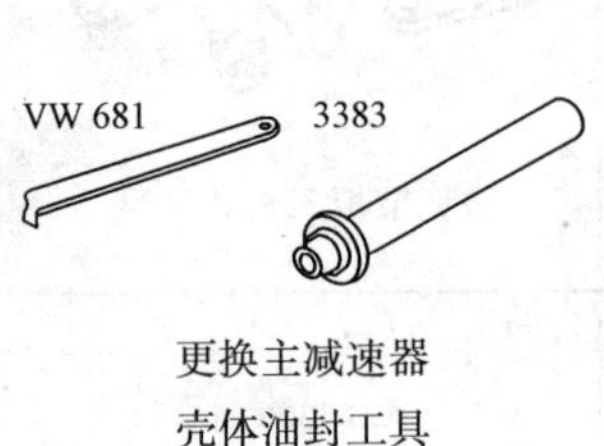更换主减速器<br>壳体油封工具 | 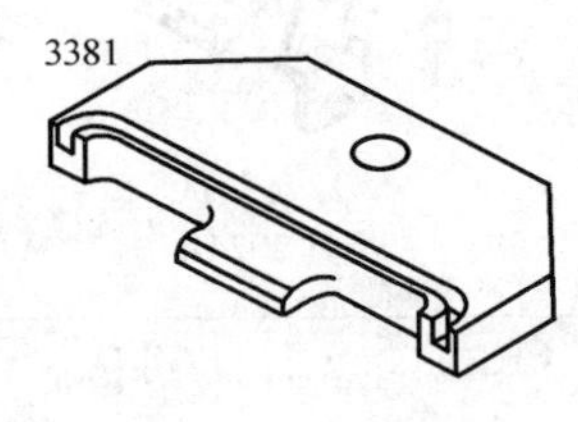机油管压入工具 3381 | 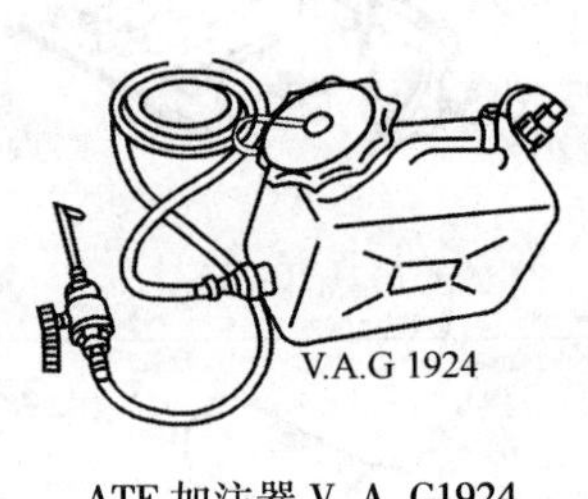ATF 加注器 V. A. G1924 |

专 用 设 备 表 1-2

| | | |
|---|---|---|
| 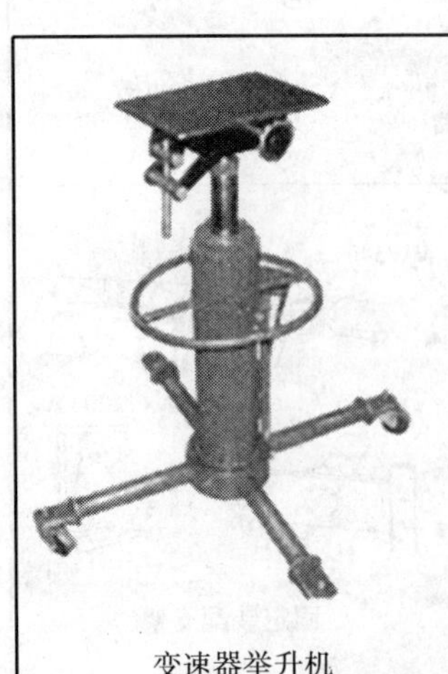变速器举升机 | 举升机 | 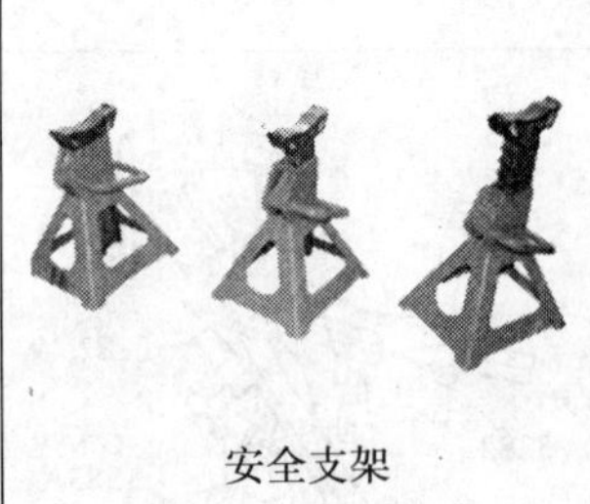安全支架 |

续上表

| | | |
|---|---|---|
|  清洗换油机 |  离合器活塞拆装机 |   阀体压力测试机 |
| 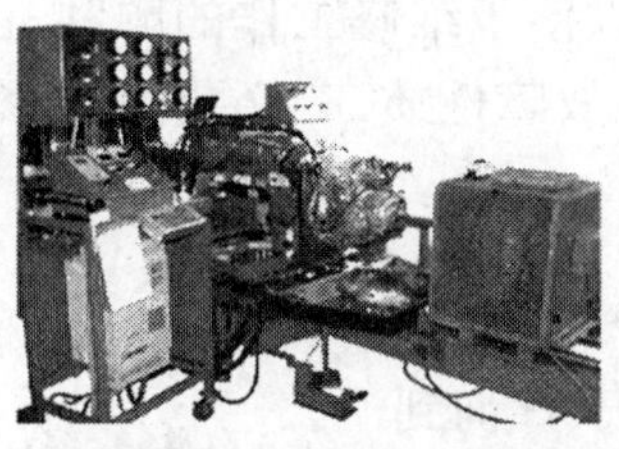 自动变速器试验台架 | 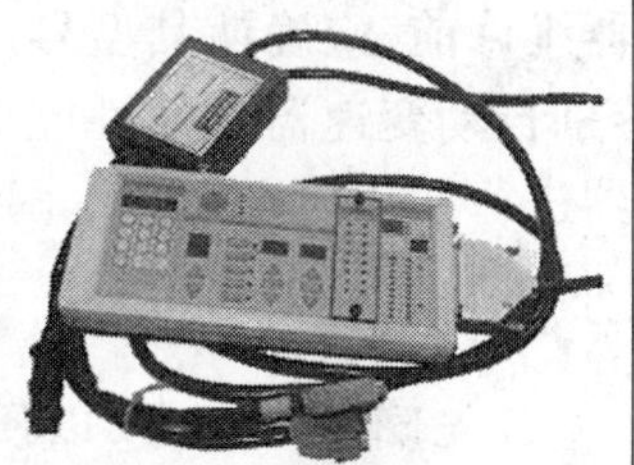 自动变速器专用检测仪 | |

## 三、检修自动变速器应注意的事项

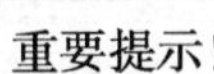

(1) 自动变速器因故障需拖车时,应把传动轴拆卸后用牵引车拖回,或者把驱动轮抬起后用牵引车拖回;

(2) 自动变速器发生故障,与发动机、电控系统和自动变速器的技术状况都有关系,只有确认故障在自动变速器内部后,方可对其进行拆卸检修;

(3) 自动变速器解体前,应彻底清洁变速器外壳,以防脏物污染内部零件,造成新的故障;

(4) 解体时,零件要按顺序排放,以便正确装复,避免漏装;

(5) 分解后的零件用自动变速器油或煤油彻底清洗,用压缩空气疏通油道;切勿用绵纱等绒状物擦拭零件;

(6) 总成装配前,仔细检查各零件与总成,发现损坏的零件应更换;若总成损坏,应分解进行检修;

(7) 对开口销、O 形密封圈等一次性使用零件不可重复使用；

(8) 衬套因磨损超限需更换时，配套零件必须一同更换；

(9) 滚针轴承和座圈滚道磨损或损坏应予更换；

(10) 更换新的离合器、制动器摩擦片时，在装配前必须将其放入自动变速器油中浸泡至少 15min；

(11) 所有密封圈、旋转件和滑动表面，在装配前都要涂抹自动变速器油；

(12) 在密封垫类零件上不能用密封胶；

(13) 各零件、总成按拆卸的相反顺序进行装配，螺钉应按规定力矩拧紧；

(14) 所有拆装过程应注意使用专用工具和设备。

## 课题二　自动变速器维修前的检查

自动变速器维修前，应确认其型号，以便于维修工作的顺利进行；为迅速地鉴别自动变速器工作性能或故障性质，有必要在维修前对自动变速器进行初步检查和基本调整。

### 一、自动变速器的识别

自动变速器维修前，必须首先确认其型号，以便于查询到正确的维修数据，保证正确的诊断、拆卸、维修和安装工序，选用正确的零部件，保证修理质量。

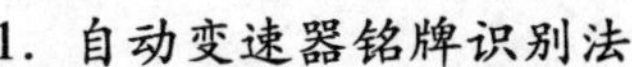

#### 1. 自动变速器铭牌识别法

在很多自动变速器壳体上都有一块小金属铭牌，上面一般标有自动变速器生产公司名称、型号、生产序号的代码、液力变矩器规格等内容，通过这一铭牌很方便地对自动变速器型号进行识别，如图 1-1 所示。其铭牌上的含义是：

ZH——德国 ZF 公司；4 H P-18——为变速器型号；

4——表示 4 个前进挡；H——表示液压；

P——表示是行星齿轮类；18——表示额定转矩为 18 N · m。

序列号
部件号
4 HP-18
变速驱动桥的型号

图 1-1　自动变速器铭牌

有的自动变速器铭牌上在编号后面还有表示控制类型的一些符号，一般有 E——电控；L——液控；EH——电液控等。

如 ZF4HP22-EH，表示是德国 ZF 公司生产的，有 4 个前进挡，液压式行星齿轮类电液控制自动变速器，额定转矩为 22N · m。

2. 汽车铭牌识别

一部分汽车在发动机舱内、驾驶室内、门柱等位置有汽车铭牌。这些铭牌上一般有生产厂商名称、汽车型号、车身型号、底盘型号、发动机型号、变速器型号、出厂编号等内容。通过汽车铭牌上的内容可对自动变速器的型号进行识别,如图 1-2 所示。

TOYOTA MOTOR CORPORATION JAP
MODEL UZJ100L－GNMEKV
ENGINE 2UZ－FE 4664 CC
FRAMENo. JTB11WJA0W8001992
变速器型号 COLOR TRIM GVM (KG)
607 LC10
TRANS/AXLE. A442F A04A
PLANT/BUILT A11
30881 トヨタ自動車株式会社

图 1-2 汽车铭牌

在图 1-2 所示的汽车铭牌上,表示日本丰田汽车公司 1992 年生产的陆地巡洋舰,发动机型号为 2UZ－FE,变速器型号为 A442F。其型号表示后轮驱动,4 个前进挡,带锁止离合器的自动变速器,系第三代产品。

3. 壳体标号识别法

一部分变速器的壳体和油底壳等部位,在生产时将其型号刻制在上面,因此,我们便可以很直观的识别出自动变速器的型号,如图 1-3、图 1-4 所示。

Ford 车用自动变速器型号:RF-F4AP-7006-AA。它表示 4 个前进挡,齿轮类,前轮驱动的自动变速器。

奥迪车用自动变速器 096 为大众汽车公司 01N 自动变速器的前身 VW096 (Volkswagen)。

图 1-3 Ford 车自动变速器壳体标号

图 1-4 奥迪车自动变速器壳体标号

4. 零部件特征识别法

自动变速器的型号就像人的名字,有时人们常用一些绰号来代指某人,因此,在汽车工程中也常用一些有特征的部件来代指某一装置。为了区分与识别一些自动变速器的型号,常用其具有特殊形状及特征的集滤器、油底壳、油底壳密封垫、电磁阀个数及导线端子数等进行区分与识别。图 1-5 所示为美国通用汽车公司生产的别克车两种型号的自动变速器的油底壳密封垫。一种是

4T60E 型,另一种是 4T65E 型自动变速器。都表示 4 个前进挡,前轮驱动,控制类型为电控的自动变速器,其额定驱动转矩分别为 60N · m 和 65N · m。

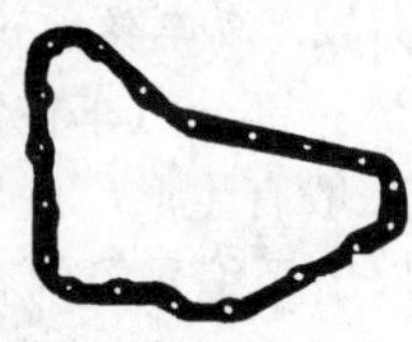


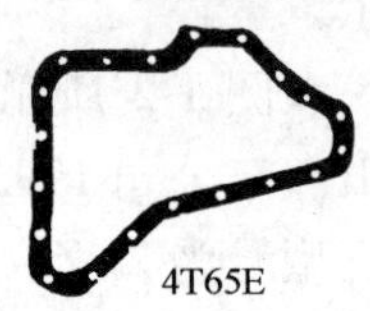


图 1-5 别克自动变速器油底壳密封垫

5. 变速器结构特征识别法

此外,还可以根据自动变速器的一些独特的结构特征来对自动变速器进行识别区分。比如油底壳在上方的日产千里马 RE4F04A 自动变速器;有一大一小两个油底壳的宝马或欧宝 4L30E 型自动变速器;有加长壳体的奔驰 S320 轿车的 722.502 型 5 挡自动变速器;外部有电磁阀阀体的克莱斯勒 41TE(A604)型自动变速器;油底壳在前侧的马自达 626 轿车 GF4A－EL 型自动变速器等。

6. 车型号对照表识别法

如果通过以上方法均不能准确地判断出自动变速器的型号,则可通过车型和出厂年代,查对与自动变速器的型号对照表以确定自动变速器的型号。





## 二、自动变速器的初步检查与基本调整

自动变速器维修前应先对其进行初步检查,以确认其性能。初步的检查和基本调整是自动变速器检修的第一步。初步检查与基本调整项目包括:自诊断检查、发动机的怠速检查、变速器油的检查与更换、节气门拉索的检查和调整、换挡杆位置的检查和调整、空挡起动开关的检查和调整等。

1. 自诊断检查

应首先查看故障指示灯,通过自诊断系统读取故障码,根据故障码的含义进行维修。

但应特别注意,自动变速器发生故障时,不一定都产生故障码;没有故障码不能说明没有故障。故障码只是对故障范围的一种提示,维修人员不应该仅仅依赖故障码,而应综合考虑和分析故障。

2. 发动机怠速检查

发动机热机后,分别将选挡杆置于 P 或 N 位,关闭空调及其他所有用电设备,放松加速踏板,待发动机声音正常、转速稳定时,观察转速表指示的转速值。发动机怠速一般为 750r/min。若怠速过低或过高,都应予以调整(图 1-6)。

图 1-6 怠速检查

怠速过低，换挡时容易引起车身振动或发动机熄火；怠速过高，换挡时容易产生冲击和振动，在D或R位时“爬行”严重。

### 3. 自动变速器油(ATF)的检查与更换

延长自动变速器使用寿命的关键就在于经常检查油面高度、油液的温度和状态。自动变速器油液温度过高或急剧上升是十分重要和危险的信号，说明自动变速器内部有故障或油量不够。若发现温度过高，应当立即停车检查。

自动变速器油的检查包括油面高度的检查、油的品质的检查和油的泄漏检查。

(1) 油面高度的检查(图1-7)

① 将汽车停放在水平地面上，拉紧驻车制动器操纵杆。

② 发动机怠速运转，使发动机和ATF的温度升至正常工作温度。

③ 踩住制动踏板，将操纵手柄拨至倒挡(P)、前进挡(D)、前进低挡(S、L或2、1)等位置，并在每个挡位上停留几秒钟，使液力变矩器和所有换挡执行元件中都充满液压油。

④ 将操纵手柄拨至停车挡(P)位置。

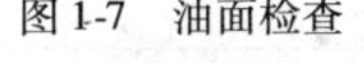

图1-7 油面检查

⑤ 从加油管内拔出自动变速器油尺，将擦干净的油尺全部插入加油管后再拔出，检查油尺上的油面高度(油面高度一般保持在最高和最低刻线为宜)。

液压油油面高度的标准(图1-8)：

如果自动变速器处于冷态(液压油的温度低于25℃)，液压油油面高度应在油尺刻线的下限附近；

如果自动变速器处于热态(如低速行驶5min以上，液压油温度已达40～50℃)，油面高度应在油尺刻线的上限附近。这是因为低温时液压油的粘度大，运转时有较多的液压油附着在行星齿轮等零件上，所以油面高度较低；高温时液压油粘度小，容易流回油底壳，因此，油面较高。

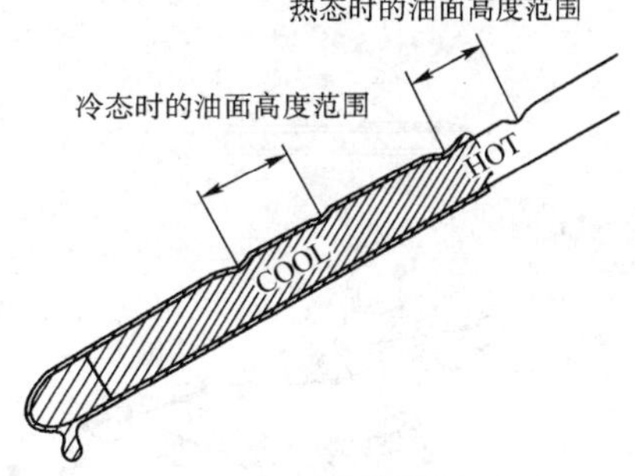


图1-8 液面高度标准

若油面高度过低，则可能造成离合器、制动器打滑，加速性能变坏和润滑不良。故应从加油管处添加适量的ATF，直至油面高度符合标准为止。

若油面高度过高，则可能造成自动变速器油产生泡沫、油液溢出，并使控制阀体排油孔阻碍，造成排油不畅，影响离合器和制动器的分离，因此应放掉多余的液压油。

在自动变速器调整、加注液压油并经试车之后，应重新检查自动变速器液压油的油面高度是否正常；油底壳、油管接头等处有无漏油。

(2) 油质检查(图 1-9)

从油尺上闻一闻液压油液的气味，在手指上点少许液压油液，用手指互相摩擦，检查是否有渣粒。或将油尺上的液压油液滴在干净的专用试纸上，检查油液的颜色及清净分散性等。油质状态及故障原因见表 1-3。

**油液状态及变质原因** 表 1-3

| 油液状态 | 变质原因 |
|---|---|
| 油液变为深褐色或深红色<br>(正常为桔红色或黄色) | 1. 没有及时更换油液<br>2. 长期重载荷运转，某些部件打滑或损坏引起变速器过热 |
| 油液中有金属屑 | 离合器盘、制动器盘或单向离合器严重磨损 |
| 油尺上粘附胶质油膏 | 变速器油温过高 |
| 油液有烧焦气味 | 1. 油温过高、油面过低<br>2. 油冷却器或管路堵塞 |
| 油液从加油管溢出 | 油面过高或通气孔堵塞 |

(3) ATF 油的更换(图 1-10)

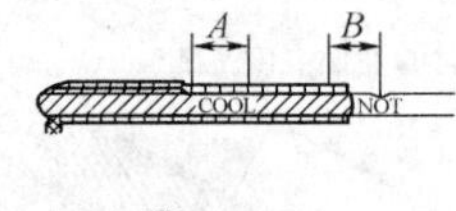

图 1-9 油质检查

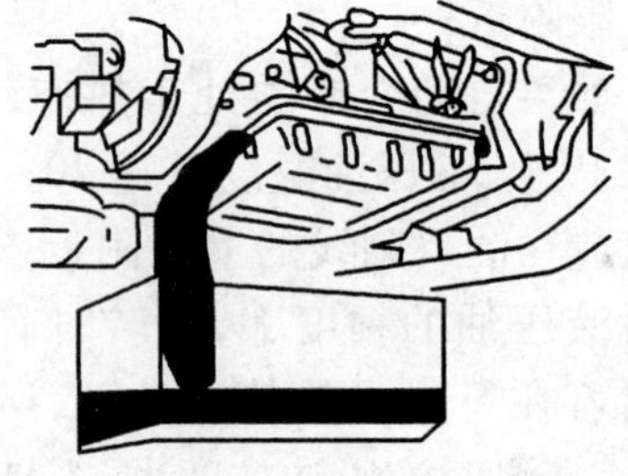

图 1-10 放油

换油周期：汽车每行驶 $1\times10^5 \sim 2\times10^5$ km，必须换油一次。

① 车辆运行至自动变速器达到正常工作温度后停车熄火。

② 拆下自动变速器油底壳上的放油螺塞,将液压油放净。有些自动变速器没有放油螺塞,应拆下整个油底壳,然后放油。

③ 拆下油底壳,将油底壳清洗干净。对有磁性的螺塞,清洗时注意将螺塞上的铁屑清洗干净。

④ 拆下散热器油管接头,用压缩空气吹净残余液压油后再装回。

⑤ 从自动变速器加油管中加入规定牌号的液压油。一般自动变速器油底壳内的储油量为4L左右。

⑥ 起动发动机,检查自动变速器油面高度。要注意由于新加入的油液温度较低,油面高度应在油尺刻线的下限附近。如油面高度太低,应继续加油至规定油面高度(图1-11)。

图1-11　加注ATF

⑦ 让汽车行驶至发动机和自动变速器达到正常工作温度,再次检查油面高度是否在油尺线的上限附近。如过低,应继续加油,直至满足规定要求为止。

⑧ 如果不慎加入过多液压油,使油面高于规定的高度,应把油放掉一些。有放油螺塞的自动变速器只要把螺塞打开即可放油;没有放油螺塞的自动变速器在做少量放油时,可从加油管处往外吸取。

一般自动变速器的总油量为10L左右,按上述方法换油时,变矩器内的液压油是无法放出的。若液压油严重变质,必须全部更换时,可先按上述方法换油,然后让汽车行驶约5min后再次换油。

(4) 漏油的检查

① 常见的漏油部位(图1-12):液压控制系统的各连接部位上都有油封和密封垫,这些部位是常见发生漏油的地方。液压系统漏油会引起油路压力下降,油位下降是换挡打滑和延迟的常见原因。

② 漏油部位的判断(图1-13):将变速器壳体上所有能与大气相通的部位(进油管和通风孔处)密封好,并在变速器壳体上涂肥皂水。然后通过冷却系统的回流管路向变速器壳体内泵入空气。变速器壳体上有气泡冒出的地方就是真正漏油的部位。

4. 节气门拉索的检查和调整

(1) 节气门拉索的检查(图1-14)

节气门的开度将影响自动变速器的换挡时间,发动机熄火后,节气门应全闭,当加速踏板踩到底时,节气门应全开。

节气门拉索的索芯不应松弛,索套端和索芯上限位块之间的距离应在0~1mm之间。

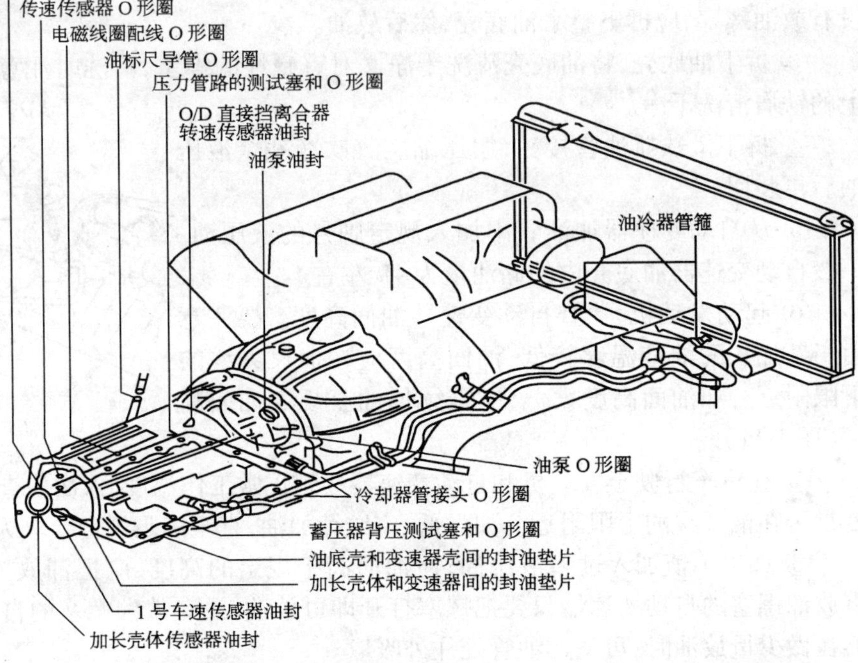


图1-12　自动变速器常见漏油部位

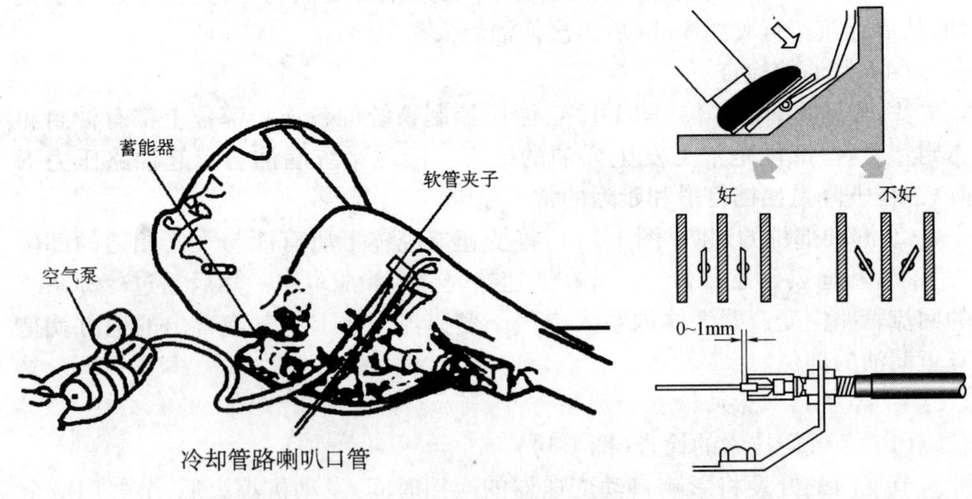


图1-13　漏油部位的判断

图1-14　节气门拉索的检查

(2) 节气门拉索的调整

通过调整螺母进行调整(图1-15):

① 推动加速踏板连杆，检查节气门是否全开，如不能全开，则应调整加速踏板连杆；

② 把加速踏板踩到底；

③ 把调整螺母拧松；

④ 调整节气门拉线；

⑤ 拧动调整螺母，使橡皮护套与拉线挡块间的距离为 0 ~ 1mm；

⑥ 拧紧调整螺母；

⑦ 重新检查调整情况。

图 1-15　通过调整螺母进行的调整

通过簧锁进行调整（图 1-16）：

① 关闭发动机；

② 将簧锁下端向上推，打开簧锁；

③ 在节气门处于全开位置时重新按下簧锁。

自动调整（图 1-17）：

① 关闭发动机；

② 按下锁止舌片，解除锁片；

③ 向节气门体内反方向拉动可调滑杆，直到它被挡板顶住不能拉动为止；

④ 放开锁止舌片；

⑤ 先使节气门处于全开位置，然后让它复位。在它复位的过程中，自调装置对节气门连杆机构进行自动调整。

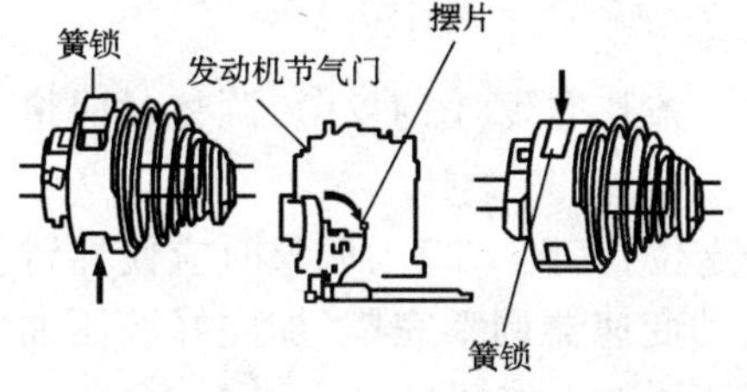


图 1-16　节气门拉索通过簧锁进行的调整

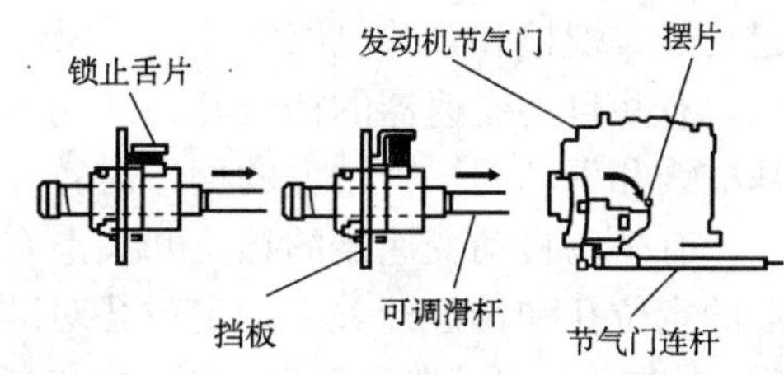


图 1-17　节气门拉索自动调整

5. 换挡操纵手柄位置的检查和调整

操纵手柄调整不当，会使操纵手柄的位置与自动变速器阀板中手动阀的实际位置不符，造成挂不进停车挡或前进低挡，或操纵手柄的位置与仪表盘上挡位指示灯的显示不符，甚至造成在空挡或停车挡时无法起动发动机。

操纵手柄位置的检查（图 1-18）：

使操纵手柄在各挡之间移动，检查其位置与仪表盘上挡位指示灯的显示是

否相符，如不相符应进行调整。

操纵手柄的调整方法（以丰田 A341 为例，见图 1-19）：

（1）拆下操纵手柄与自动变速器手动阀摇臂之间的连接杆。

（2）将操纵手柄拨至空挡位置。

（3）将手动阀摇臂向后拨至极限位置（停车挡位置），然后再退回 2 格，使手动阀摇臂处于空挡位置。

（4）稍稍用力将操纵手柄靠向 R 位方向，然后连接并固定操纵手柄与手动阀摇臂之间的连杆。

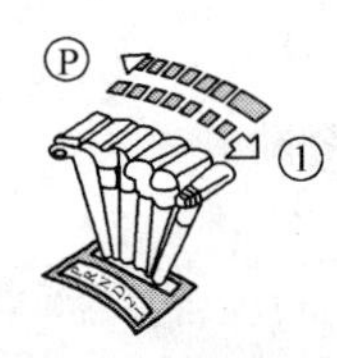


图 1-18　换挡操纵手柄位置的检查

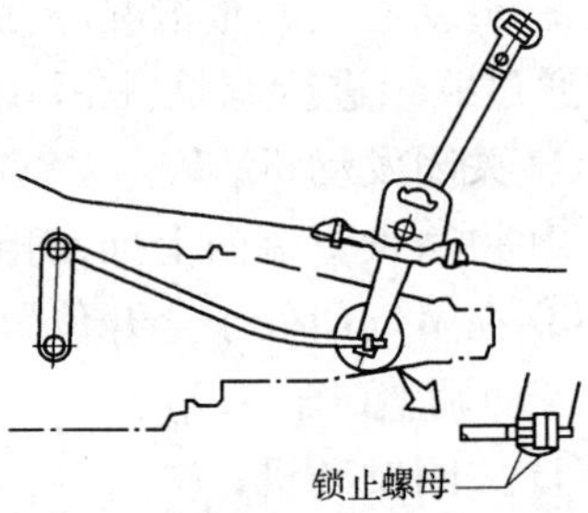


图 1-19　换挡操纵手柄位置的调整

6. 挡位开关的检查和调整

将操纵手柄拨至各个挡位（图 1-20），检查挡位指示灯与操纵手柄位置是否一致、P 位和 N 位时发动机能否起动，R 位时倒挡灯是否亮起。发动机应只能在空挡（N 挡）和驻车挡（P 挡）起动，其他挡位不能起动，若有异常，应调节空挡起动开关螺栓和开关电路。

有些自动变速器的挡位开关外壳上刻有一条基准线（图 1-21），调整时应将基准线和手动阀摇臂轴上的槽口对齐。

有一些自动变速器的挡位开关上有一个定位孔（图 1-22），调整时应使摇臂上的定位孔和挡位开关上的定位孔对准。自动变速器调整完毕，加注好液压油后，应进行台架试验和道路试验，检查自动变速器的工作情况。

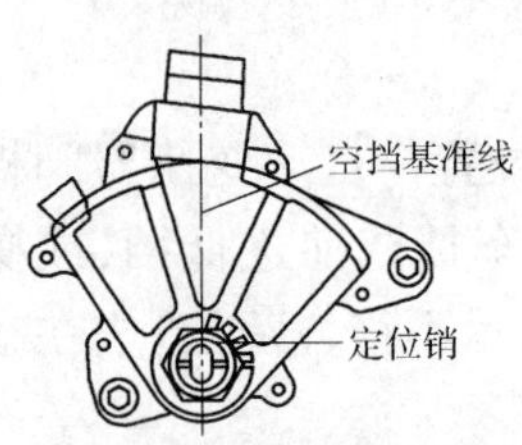


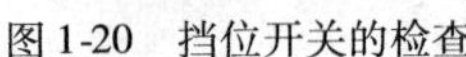

图 1-20　挡位开关的检查

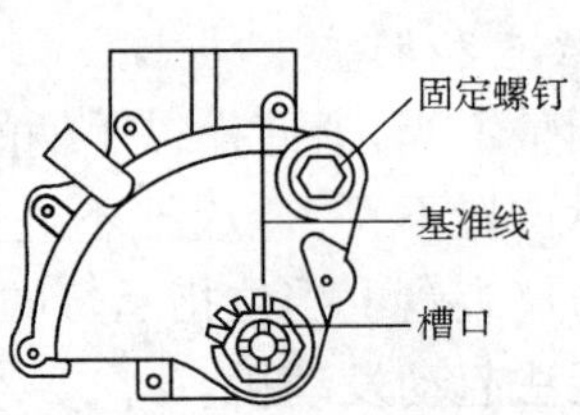


图 1-21　挡位开关的调整 1

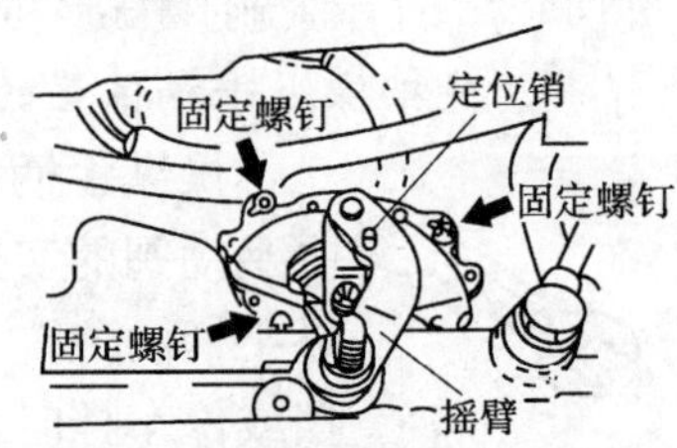


图 1-22　挡位开关的调整 2

# 课题三　自动变速器维修前的试验与分析

## 一、手动换挡试验与检查

技术提示：

手动换挡试验是将电子控制自动变速器换挡电磁阀的线束插头脱开（使自动变速器电脑失去自动控制换档作用），通过手动换挡，检查自动变速器是否能正常工作，以区分自动变速器故障是由机械系统、液压系统引起，还是由电子控制系统引起的。

手动换挡试验（图1-23）：

图1-23　手动换挡试验

（1）脱开电子控制自动变速器的换挡电磁阀线束插头。

（2）起动发动机，将操纵手柄拨至不同位置，做道路试验。

（3）观察发动机转速和车速对应关系，判断自动变速器所处的挡位。不同挡位时发动机转速与车速的关系可参考表1-4。

（4）若操纵手柄位于不同位置时，自动变速器所处的挡位与表相同，说明电子控制自动变速器的阀板及换挡执行元件工作正常。否则，说明自动变速器的阀板或换挡执行元件有故障。

（5）试验结束后，接上电磁阀线束插头。

（6）清除电脑中的故障代码，防止因脱开电磁阀线束插头而产生的故障代码保存在电脑中，影响故障自诊断工作。

自动变速器不同挡位时发动机转速和车速的关系（参考）　表1-4

| 挡位 | 发动机转速（r/min） | 车速（km/h） |
|---|---|---|
| 1挡 | 2000 | 18～22 |
| 2挡 | 2000 | 34～38 |
| 3挡 | 2000 | 50～55 |
| 超速挡 | 2000 | 70～75 |
| 说明 | 不是所有EAT均能做此试验，本书以01N型自动变速器为例，以下余同 | |

## 二、自动变速器的道路试验与分析

专家提示：自动变速器道路试验是其各项技术性能的综合试验测试。试验内容主要有：检查自动变速器机械状况、换挡车速、换挡品质、车辆行驶性能、液力变矩器锁定和发动机制动状况等。

在道路试验之前，应对车辆进行安全检视和油液检查，先让汽车以中低速行驶5～10min，让发动机和自动变速器都达到正常工作温度。在试验中，如无特殊需要，通常应将超速挡开关置于ON位置（即超速指示灯熄灭），并将模式开关置于普通模式或经济模式的位置。

道路试验的方法如下：

1. 升挡检查

▲检查步骤：

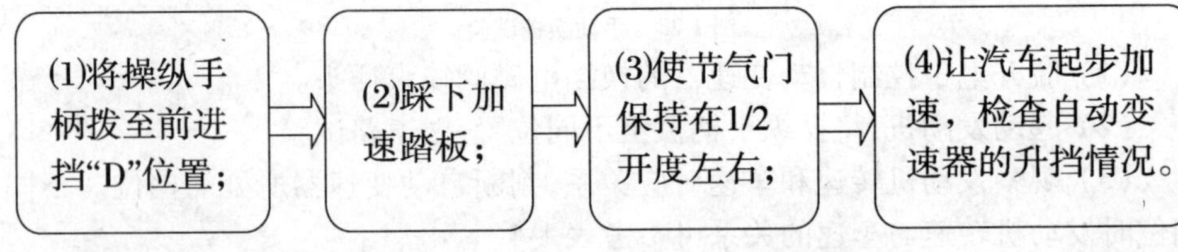


▲升挡现象及分析：

自动变速器在升挡时发动机会有瞬时的转速下降，同时车身有轻微的闯动感。正常情况下，汽车起步后随着车速的升高，试车者应能感觉到自动变速器能顺利地由1挡升入2挡，随后再由2挡升入3挡，最后升入超速挡。若自动变速器不能升入高挡（3挡或超速挡），说明控制系统或换挡执行元件有故障。

2. 升挡车速的检查

▲检查步骤:

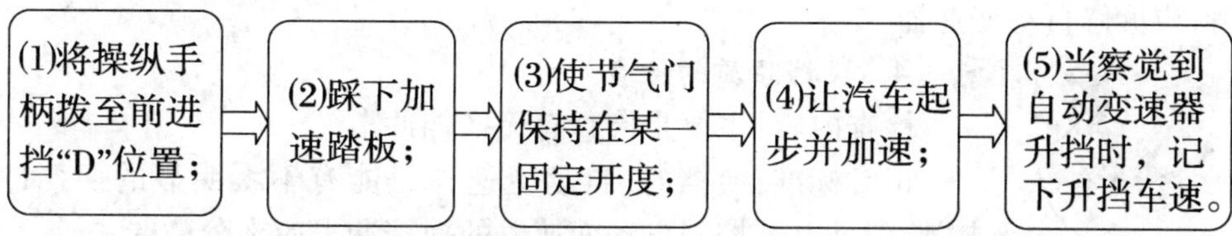


▲检查标准值见表1-5(参考):

升挡车速检查标准 表1-5

| 节气门开度 | 1挡升2挡 | 2挡升3挡 | 3挡升4挡 |
| --- | --- | --- | --- |
| 50% | 25~30km/h | 55~70km/h | 90~120km/h |

▲升挡检查分析:

只要升挡车速基本保持在上述范围内,而且汽车行驶中加速良好,无明显的换挡冲击,都可认为其升挡车速基本正常。若汽车行驶中加速无力,升挡车速明显低于上述范围,说明升挡车速过低(即升挡过早);若汽车行驶中有明显的换挡冲击,升挡车速明显高于上述范围,说明升挡车速过高(即升挡太迟)。

3. 升挡时发动机转速的检查

▲检查步骤:

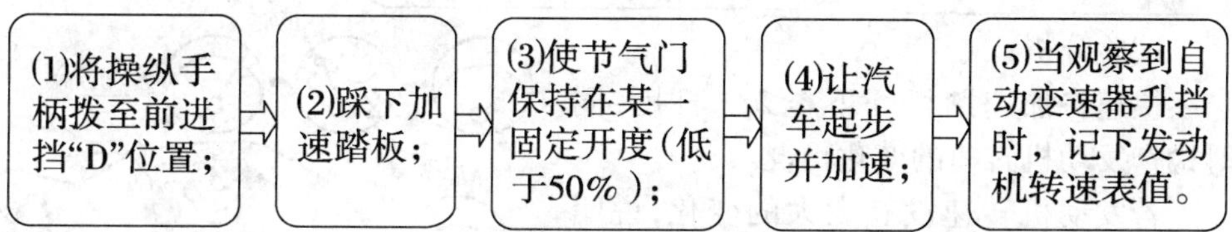


▲检查标准值见表1-6(参考):

升挡时发动机转速检查标准 表1-6

| 节气门开度 | 1挡升2挡 | 2挡升3挡 | 3挡升4挡 |
| --- | --- | --- | --- |
| 低于50% | 900r/min | 2200r/min | 3200r/min |

▲升挡检查分析:

在正常升挡过程中,发动机转速都将低于3000r/min;

通常发动机在加速至即将要升挡时的转速可达到2500~3000r/min,在刚刚升挡后的短时间内发动机转速将下降至2000r/min,说明升挡时间过早或发动机动力不足;

如果在行驶过程中发动机转速始终偏高,升挡前的转速在2500~3500r/min之间,且换挡冲击明显,说明升挡时间过迟;

如果在行驶中发动机转速过高，常高于3000r/min，在加速时达到4000～5000r/min，甚至更高，则说明自动变速器的换挡执行元件（离合器或制动器）打滑，应拆修自动变速器。

4. 换挡品质的检查

检查内容：主要是检查有无换挡冲击。

正常标准：换挡时，自动变速器只能有不太明显的换挡冲击，特别是电子控制自动变速器的换挡冲击应十分微弱。

分析：若换挡时冲击过大，说明自动变速器的控制系统或换挡执行元件有故障，其原因可能是油路油压高或换挡执行元件打滑，应做进一步的检查。

5. 锁止离合器工作状况的检查

检查步骤：

(1)将操纵手柄拨至前进挡“D”位置； ⇒ (2)踩下加速踏板； ⇒ (3)保持节气门开度低于1/2的位置； ⇒ (4)让汽车起步并加速到超速挡； ⇒

(5)以高于80km/h车速行驶，使变矩器进入锁止状态； ⇒ (6)快速将加速踏板踩下至2/3开度，同时检查发动机转速的变化情况。

试验分析：

快速将加速踏板踩下至2/3开度，同时检查发动机转速的变化情况。

若发动机转速没有太大的变化，说明锁止离合器处于接合状态；

若发动机转速升高很多，表明锁止离合器没有接合（图1-24），其原因通常是锁止控制系统有故障。

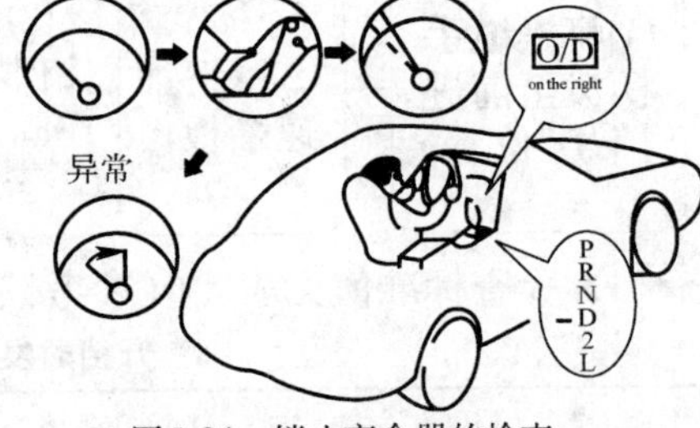


图1-24　锁止离合器的检查

6. 发动机制动作用的检查

检查步骤：(1)将操纵手柄拨至前进低挡（S、L或2、1）位置； ⇒ (2)在汽车以2挡或1挡行驶时，突然松开加速踏板； ⇒ (3)检查是否有发动机制动作用。 ⇒ 分析：若松开加速踏板后车速立即随之下降，说明有发动机制动； ⇒ 否则说明控制系统或前进挡强制离合器有故障。

7. 强制降挡功能的检查

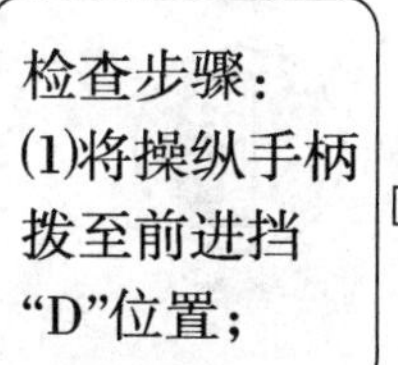


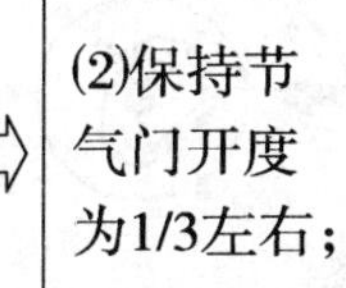


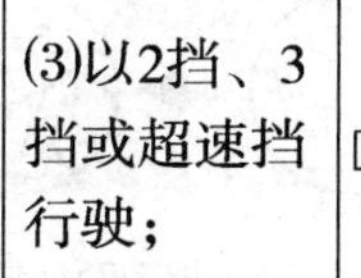


(4)突然将加速踏板完全踩到底，检查自动变速器是否被强制降低一个挡位。

检查标准：

在强制降挡时，发动机转速会突然上升至4000r/min左右，并随着加速升挡，转速逐渐下降。

试验分析：

若踩下加速踏板后没有出现强制降挡，说明强制降挡功能失效。

若在强制降挡时发动机转速升高反常（达5000～6000r/min），并在升挡时出现换挡冲击，则说明换挡执行元件打滑，应拆修自动变速器。

## 三、失速试验与分析

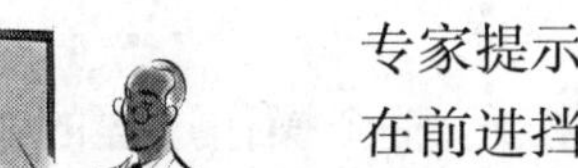

专家提示：

在前进挡或倒挡中，左脚踩紧制动踏板的同时，用右脚迅速将加速踏板踩到底，在发动机转速不再升高时发动机的转速即为失速转速，测试失速转速的试验方法即为失速试验。

失速试验是检查发动机、变矩器及自动变速器中有关换挡执行元件的工作是否正常的一种方法。

从加速踏板踩下到松开的整个过程的时间不得超过5s！

1. 准备工作

(1) 让汽车行驶至发动机和自动变速器均达到正常工作温度。

(2) 检查汽车的行车制动和驻车制动性能，确认其性能良好。

(3) 检查自动变速器液压油高度，应正常。

(4) 发动机工作正常。

2. 试验步骤

(1) 将汽车停放在宽阔的水平地面上，前后车轮用三角木块塞住（图1-25）。

(2) 拉紧驻车制动操纵杆，左脚用力踩住制动踏板。

(3) 起动发动机。

(4) 将自动变速器操纵手柄拨入D位置。

(5) 在左脚踩紧制动踏板的同时，用右脚将加速踏板踩到底，在发动机转

速不再升高时,迅速读取此时的发动机转速(图1-26)。

(6) 读取发动机转速后,立即松开加速踏板。

图1-25　失速试验1

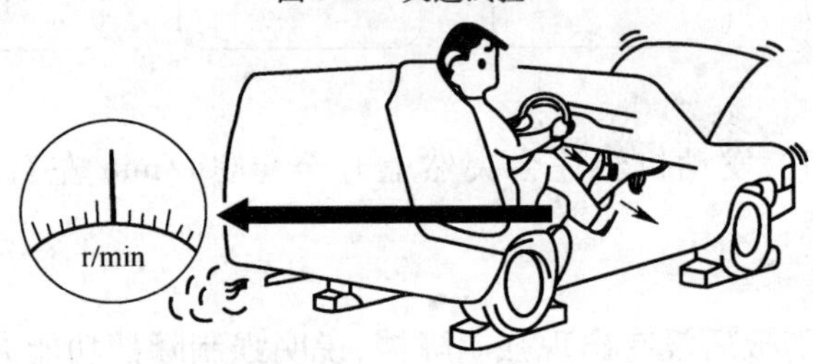


图1-26　失速试验2

(7) 将操纵手柄拨入P或N位置,让发动机怠速运转15min,以防止液压油因温度过高而变质。

(8) 将自动变速器操纵手柄拨入其他挡位(R、S、L或2、1),做同样的试验。

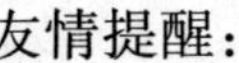

友情提醒:

在失速试验中,从加速踏板踩下到松开,整个操作过程的时间不得超过5s,否则,会使液压油因温度过高而变质,甚至损坏密封圈零件。

在一个挡位的试验完成之后,不要立即进行下一个挡位的试验,要等油温下降之后再进行。试验结束后不要立即熄火,应将操纵手柄拨入空挡或停止挡,让发动机怠速运转15min,以便让液压油温度降至正常。

3. 失速试验结果分析:

分析:

大部分自动变速器的失速转速标准为2300r/min左右(不同车型的自动变速器都有其失速转速标准)。

若失速转速与标准值相符,说明自动变速器的油泵、主油路油压及各个换挡执行元件的工作基本正常;

若失速转速高于标准值,可能是液压油量不足、油泵油压过低、油质过差、主油路压力低等原因;如转速高于规定值500r/min,则可能是液力变矩器有故障;

若失速转速低于标准值,则可能是发动机动力不足。失速转速不正常的原

因见表 1-7。

失速转速不正常的原因　　表 1-7

| 操纵手柄位置 | 失速转速 | 故　障　原　因 |
|---|---|---|
| 所有位置 | 过高 | 主油路油压过低<br>前进挡和倒挡的换挡执行元件打滑<br>低挡及倒挡制动器打滑 |
| | 过低 | 发动机动力不足<br>变矩器导轮的单向超越离合器打滑 |
| 仅在 D 位 | 过高 | 前进挡油路的油压过低<br>前进离合器打滑 |
| 仅在 R 位 | 过高 | 倒挡油路的油压过低<br>倒挡及高挡离合器打滑 |

## 四、油压试验与分析

油压试验(图 1-27):

在自动变速器工作时,通过测量液压控制系统各油路的压力来判断液压控制系统及电子控制系统各零件的功能是否正常的一种试验方法。

试验目的:

是检查油泵、油压调节器、节气门阀、油压电磁阀、调速器及自动变速器液压油等的工作状况,是自动变速器性能分析和故障判断的主要依据。

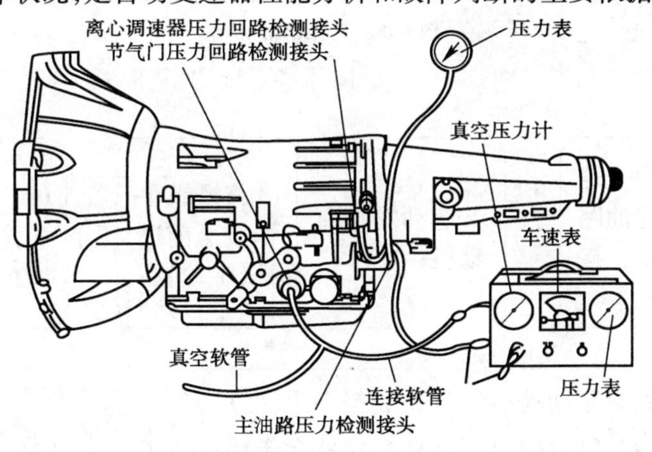


图 1-27　油压试验

准备工作:

行驶汽车,让发动机及自动变速器达到正常工作温度;检查发动机怠速和自动变速器液压油的油面高度并调整。

重要提示：

自动变速器液压油的油压过高，会使自动变速器出现严重的换挡冲击，甚至损坏控制系统；油压过低，会造成换挡执行元件打滑，加剧其摩擦片的磨损，甚至使换挡执行元件烧毁。对于因油压过低而造成换挡执行元件烧毁的自动变速器，如果仅仅更换烧毁的摩擦片而没有找出故障的真正原因修复，换后的摩擦片经过一段时间的使用后往往会再次烧毁。因此，在分解修理自动变速器之前和自动变速器修复之后，都要对自动变速器做油压试验，以保证自动变速器的修理品质。

1. 主油路油压测试(图 1-28)

▲测试方法和步骤：

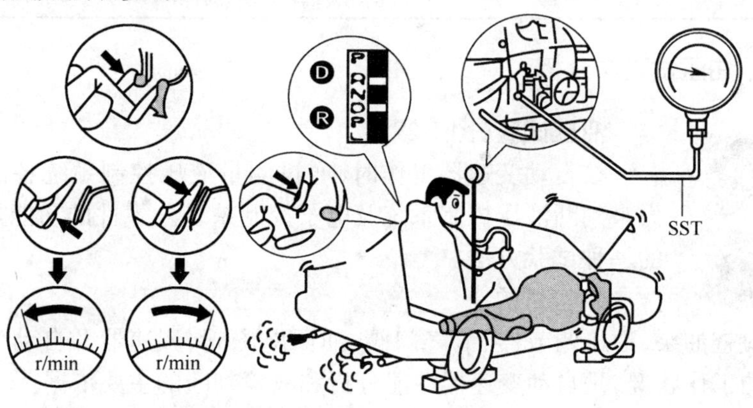


图 1-28　主油路油压测试

(1)拆下自动变速器壳体上主油路测压孔螺塞，接上油压表；⇨(2)起动发动机；⇨(3)将操纵手柄拨至前进挡“D”位置；⇨(4)读出发动机怠速运转时的油压；⇨

(5)用左脚踩紧制动踏板，同时用右脚将加速踏板完全踩下，在失速工况下读取油压；⇨(6)将操纵手柄拨至空挡或停车挡，让发动机怠速运转1min以上；⇨(7)将操纵手柄拨至各个前进低挡（S、L或2、1）位置和R挡，作同样的试验。

▲主油路测试分析(表1-8)

主油路测试分析　　表1-8

| 工况 | 测试结果 | 故障原因 |
|---|---|---|
| 怠速 | 所有挡位的主油路油压均太低 | 油泵故障;主油路调压阀卡死;主油路泄漏;主油路调压阀弹簧太软;节气门阀卡滞;节气门拉索或节气门位置传感器调整不当 |
| | 前进挡和前进低挡的主油路油压均太低 | 前进挡离合器活塞漏油;<br>前进挡油路泄漏 |
| | 前进挡的主油路油压正常;<br>前进低挡的主油路油压太低 | 1挡强制离合器或2挡强制离合器活塞漏油;前进低挡油路泄漏 |
| | 前进挡主油路油压正常;<br>倒挡主油路油压太低 | 倒挡及高挡离合器活塞漏油;<br>倒挡油路泄漏 |
| | 所有挡位的主油路油压均太高 | 节气门拉索或节气门位置传感器调整不当;主油路调压阀卡死;节气门阀卡滞;主油路调压阀弹簧太硬;油压电磁阀损坏或线路故障 |
| 失速 | 稍低于标准油压 | 节气门拉索或节气门位置传感器调整不当;油压电磁阀损坏或线路故障;主油路调压阀卡死或弹簧太软 |
| | 明显低于标准油压 | 油泵故障;主油路泄漏 |

2. 调速器油压的测试(图1-29)

重要提示:

大部分液力控制自动变速器都可以做这项测试。在测试调速器的油压时,应当用举升器将汽车升起,或用千斤顶将驱动桥顶起,也可以接上压力表后进行路试。

▲测试方法和步骤:



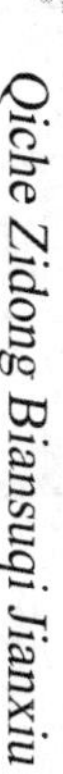

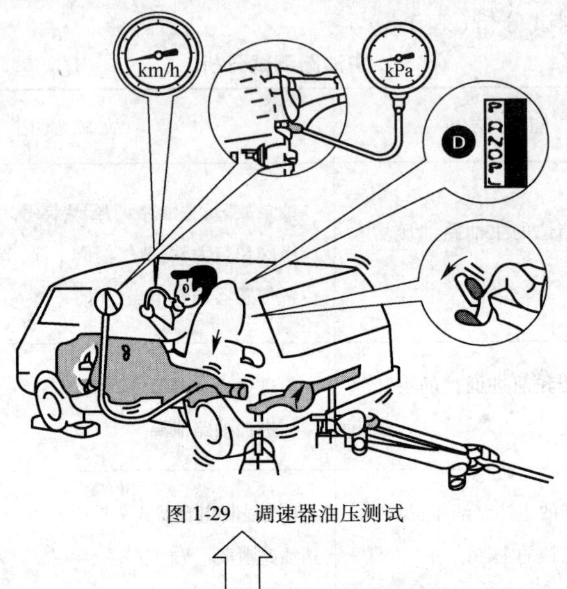


图 1-29　调速器油压测试

(1)拆下自动变速器壳体上的调速器测压螺塞，接上油压表；
⇨ (2)起动发动机；
⇨ (3)将操纵手柄拨至前进挡“D”位置；
⇨ (4)松开驻车制动拉杆，缓慢地踩下加速踏板驱动转动；
⇨ (5)读取不同车速下的调速器油压；
⇨ (6)将测试结果与标准值进行比较。

▲调速器油压测试分析(表 1-9)

3. 蓄压器背压测试(图 1-30)

▲测试方法

调速器油压测试分析　　表 1-9

| 测试结果 | 原因分析 |
|---|---|
| 调速器油压过低 | 主油路油压过低<br>调速器油路泄漏<br>调速器工作不正常 |

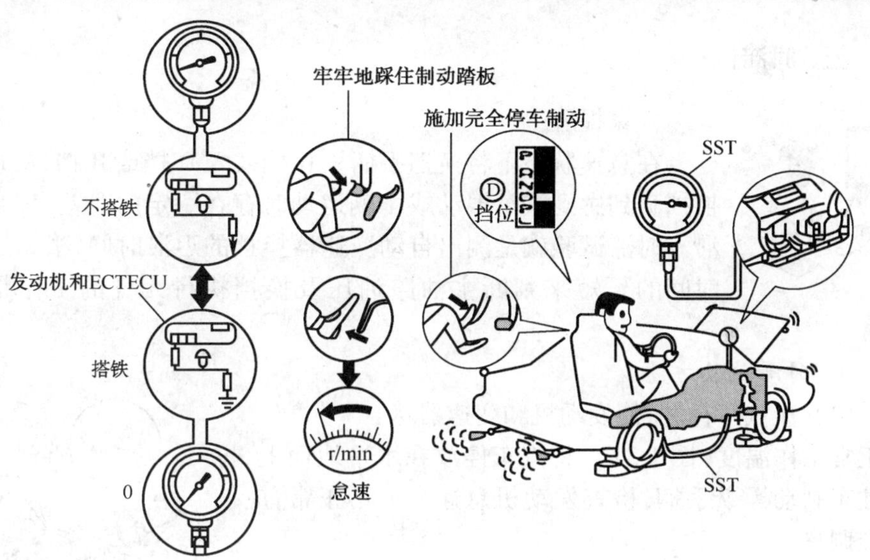


图 1-30　蓄压器背压测试

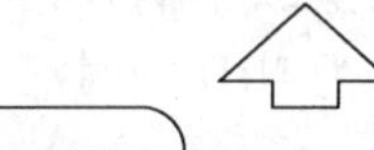

(1)与管路压力试验一样，检查加速踏板拉索，调节油温，接上压力表，拉紧驻车制动操纵手柄，检查发动机怠速；

(2)打开驾驶室里的发动机和自动变速器电控单元（ECU）配线，通过8W的电阻式灯泡，接SLN端子以便进行搭铁和不搭铁试验；

(3)在正常怠速情况下，踩住制动踏板并固定4只车轮后，换至D挡；

(4)读出SLN端子搭铁和不搭铁两种情况的蓄压器背压；

(5)与标准进行比较。蓄压器背压一般为175～255 kPa。

▲蓄压器背压测试分析(表 1-10)

**蓄压器背压测试分析**　　表 1-10

| 故　障 | 可 能 原 因 |
|---|---|
| 当端子 SLN 不搭铁时，蓄压器背压与规定不符（高或低） | 节气门拉线失调；节气门控制阀故障；电磁调节阀故障；SLN 电磁阀故障；蓄压器控制阀故障 |
| 当端子 SLN 搭铁时，蓄压器背压不为 0 | SLN 电磁阀故障 |

## 五、时滞试验与检查

专家提醒：

在怠速状态下将换挡手柄从N挡换入D挡或R挡，从开始换挡直到感到汽车振动或车辆运动时存在一定的时差，称为时滞。时滞试验就是测出自动变速器换挡的迟滞时间，根据迟滞时间的长短来判断主油路油压及换挡执行元件的工作是否正常。

1. 时滞试验方法

(1) 让汽车行驶，使发动机和变速器达到正常工作温度（图1-31），将汽车停放在水平地面上，拉紧驻车制动操纵手柄，检查发动机怠速。如不正常，应按标准调整。

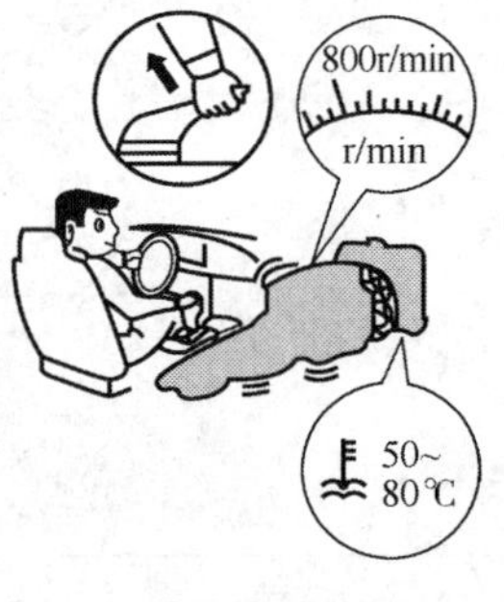


图1-31　时滞试验1

(2) 将自动变速器操纵手柄从空挡（N）位置拨至前进挡（D）位置（图1-32），用秒表测量从拨动操纵手柄开始到感觉汽车振动为止所需的时间，该时间称为N-D的时滞时间。

(3) 将操纵手柄拨至N位置，让发动机怠速运转1min后，再做一次同样的试验（每次试验的间隔时间为1min）。做3次试验，取平均值（图1-33）。

(4) 按上述方法，将操纵手柄由N位置拨至R位置（图1-34），测量N-R的时滞时间。

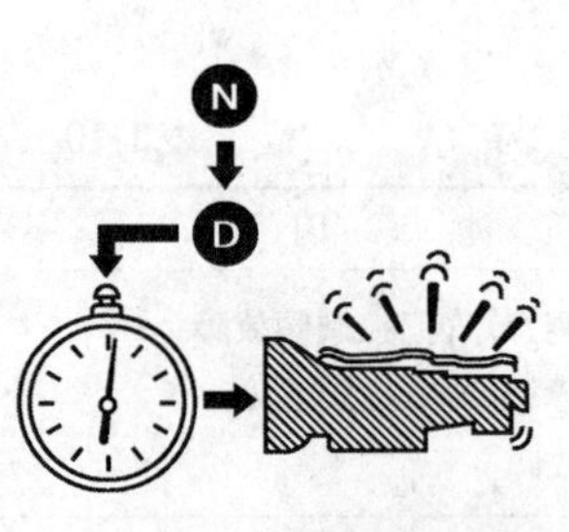


图1-32　时滞试验2

| | D | R |
|---|---|---|
| 1 | 1.2 | 1.4 |
| 2 | 1.1 | 1.2 |
| 3 | 1.0 | 1.3 |
| | 1.1 | 1.3 |

图1-33　时滞试验3

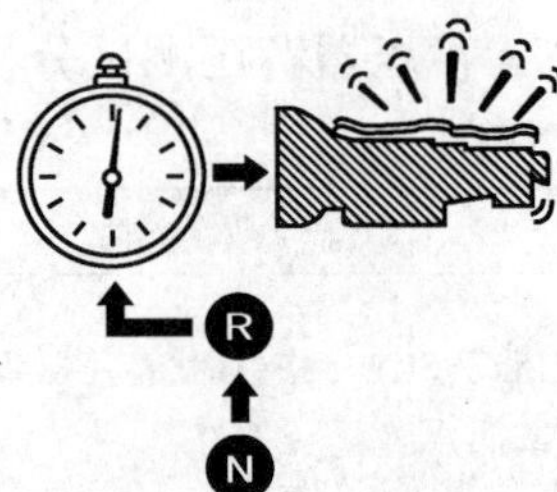


图1-34　时滞试验4

2. 时滞试验结果分析(表 1-11)

时滞试验结果分析　　表 1-11

| 提　示 | 现　象 | 原 因 分 析 |
| --- | --- | --- |
| 大部分自动变速器 N-D 延时时间小于 1.0s ~ 1.2s，N - R 延时时间小于 1.2s ~ 1.5s | 从“N”推入“D”挡滞后时间大于规定值 | (1) 油路压力过低<br>(2) 前进离合器摩擦片磨损过甚<br>(3) 超越单向离合器打滑(有此配置时)<br>(4) 超速离合器磨损(有此配置时) |
| | 从“N”推入“R”挡滞后时间大于规定值 | (1) 主油路油压过低<br>(2) 倒挡离合器磨损<br>(3) 倒挡制动器磨损<br>(4) 超越单向离合器打滑(有此配置时)<br>(5) 超速离合器磨损(有此配置时) |

# 单元二 自动变速器的拆解与装配

**知识目标**

1. 正确描述典型自动变速器的基本结构和工作原理;
2. 正确描述典型自动变速器各系统的组成和作用;
3. 简单叙述典型自动变速器分解与装配顺序。

**能力目标**

1. 会使用自动变速器维修的工具和设备;
2. 会拆装典型自动变速器总成的;
3. 会进行典型自动变速器的解体、装配。





## 课题一 自动变速器总成的拆卸与安装

本课题以01N自动变速器为例,主要介绍自动变速器从汽车上拆卸的具体步骤,将性能良好的自动变速器装回汽车应注意的事项、安装步骤和有关技术标准。其他型号的自动变速器拆装可以此作参考。

### 一、变速器的拆卸

(1) 对有密码收音机的车辆,先取得密码。

(2) 脱开蓄电池的搭铁线。

(3) 拆下发动机上盖板。

(4) 把前轴适配器10-222A/3安装在支撑杆上。安装好带支撑脚10-222A/1的支撑杆10-222A并且把发动机/变速器支撑在该位置上(图2-1)。

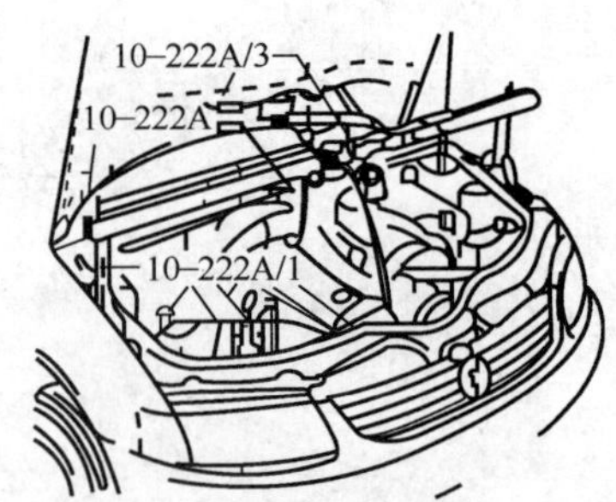


图2-1 安装转接器和支撑架

(5) 升起汽车,拆下前轮,拆下隔音盘和隔音盘支架(图2-2)。

(6) 在箭头C和D的连接处作标记以便重新安装(图2-3)。

(7) 拆下变速器上的 A 至 D 的电气连接点和 E 处的线束卡箍(图 2-3)。

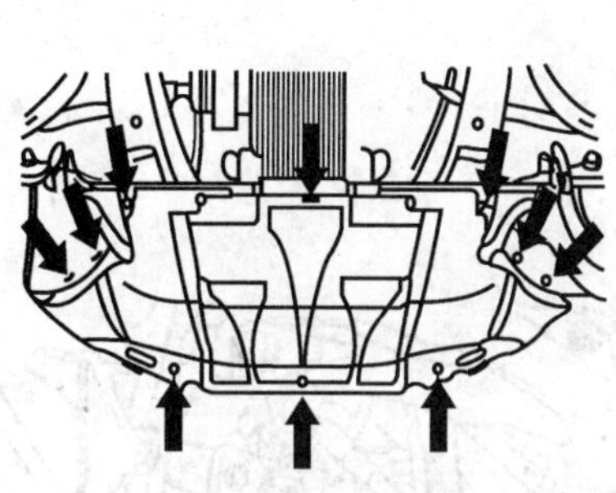

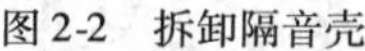

图 2-2　拆卸隔音壳

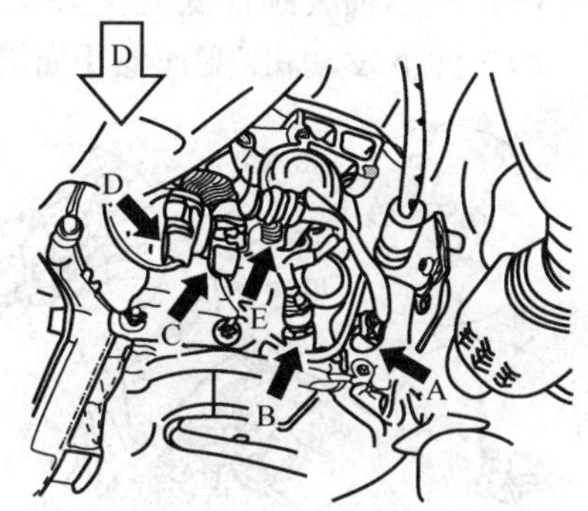


图 2-3　装配标记

(8) 拆下变速器上转速表插头,如图 2-4 中剪头 A 所示。

(9) 拆下变速器左前部的发动机转速传感器 G28,如图 2-4 中剪头 B 所示。

(10) 拆下带三元催化装置的前部排气系统。

(11) 拆下右传动轴保护板。

(12) 拆下变速杆拉索保护板。

(13) 拆下变速器右侧粘结橡胶支架保护板。

(14) 拆下 ATF 管路,并用捆扎好。脱开凸缘处的传动轴并且捆扎好(图 2-5)。

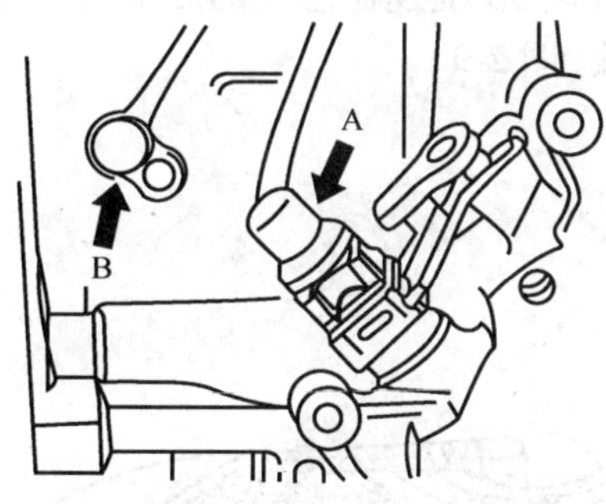


图 2-4　拆卸转速传感器

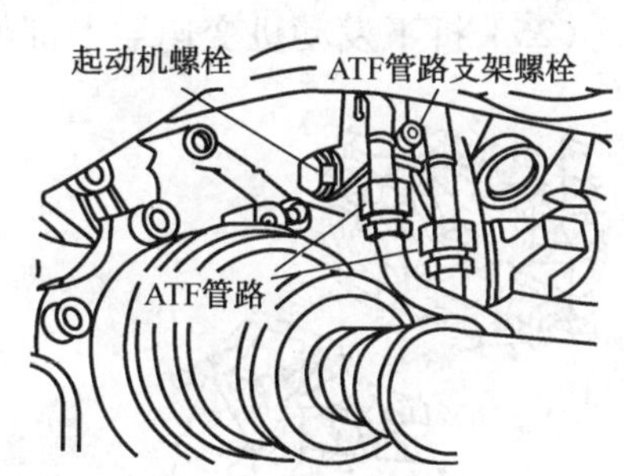


图 2-5　拆卸 ATF 管支架和管路

(15) 拆卸起动机侧附近部件(图 2-6)。

(16) 拆卸起动机和液力变矩器(图 2-7)。

(17) 安装变速器托架 3282。通过调整板 3282/2 安装拆卸自动变速器 01N 的变速器托架。

(18) 将千斤顶 V. A. G1383A 连同变速器支架 3282 一同放到变速器下面

并支起变速器。

（19）将芯轴装到油底壳上并紧固到变速器壳体上。

（20）拆下发动机/变速器下部连接螺栓。

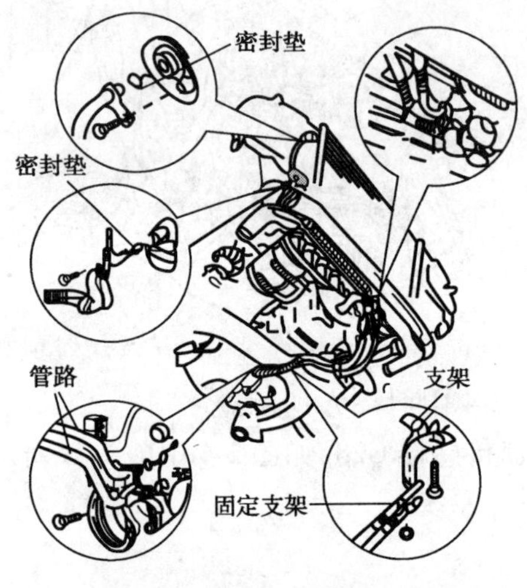


图 2-6　拆卸起动机侧附近部件

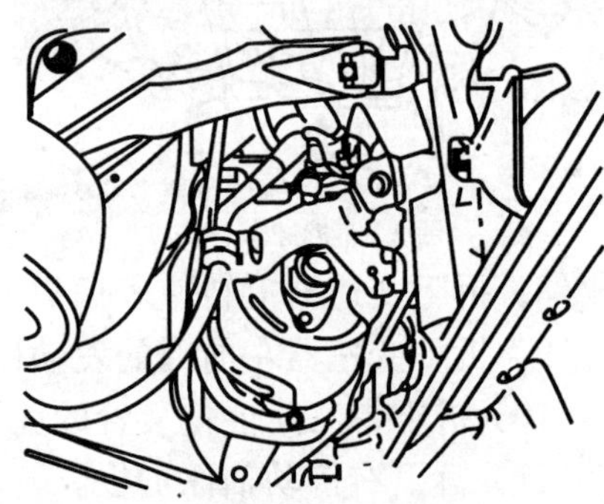

图 2-7　拆卸起动机

（21）把换挡杆移动到“P”挡并且拉出换挡杆拉索上的换挡杆轴。

（22）拆下换挡杆拉索支撑支架上的螺栓，并且拆下换挡杆拉索。

（23）拆下带黏结橡胶支架的右侧变速器支架（图 2-8）。

（24）用千斤顶 V. A. G1383A 稍稍放下发动机/变速器总成的后部。

（25）拆下发动机变速器上部的连接螺栓（图 2-9）。

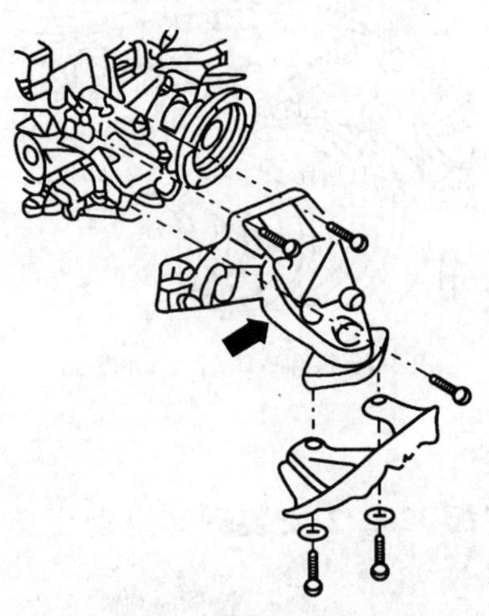

图 2-8　拆下变速器支架

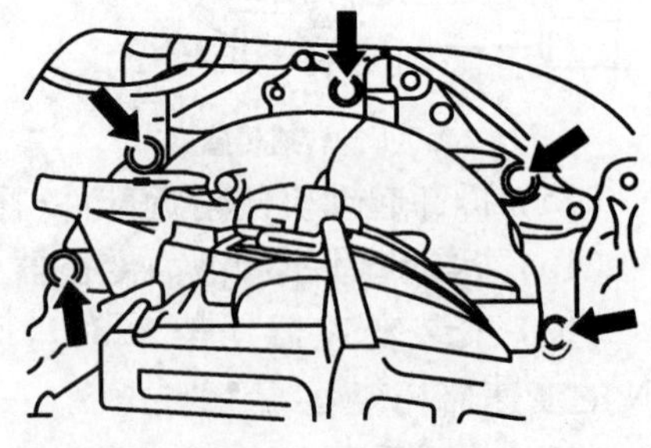

图 2-9　拆下连接螺栓

(26) 把变速器和发动机分开,同时压入液力变矩器。如图 2-10 箭头所示,朝着 ATF 泵方向推液力变矩器。

(27) 按住液力变矩器,使得它紧靠 ATF 泵。

(28) 如图 2-11 所示,慢慢地按箭头方向将变速器向内摆并且小心地将变速器从支架和汽车底盘之间滑出。

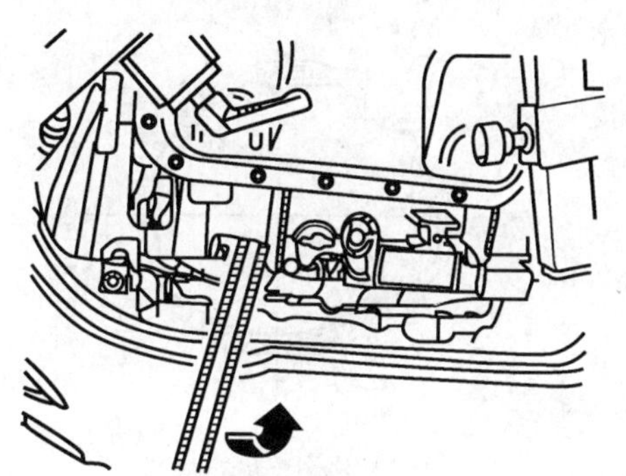

图 2-10　推动液力变矩器

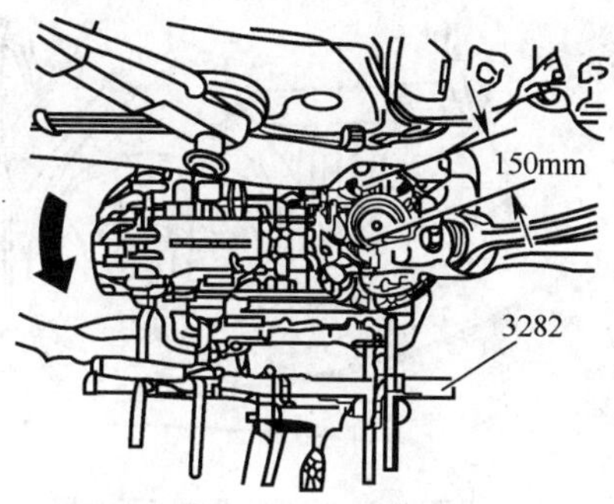


图 2-11　拆下变速器

(29) 降下变速器。必要时,减小吊具轴的预紧力。降下变速器时,注意车身前端和发动机之间要有足够空间并防止变矩器掉出来。

(30) 自动变速器的运输

运输自动变速器及安装变速器支架 3282 可使用专用工具 3336。将专用工具 3336 固定到变速器壳体的凸缘上。安装紧固螺栓时,应能从链条方向看到 8 个孔。

## 二、变速器的安装

注意事项:

(1) 在装入更换的变速器之前,应清洁 ATF 冷却器和 ATF 加注管;

(2) 装入变速器之前,应保证液力变矩器已正确坐落在变速器内;

(3) 装入之前,应保证销钉套筒已正确地定位;

(4) 保证中间板已正确地坐落在发动机上。

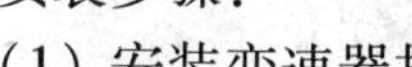

安装步骤:

(1) 安装变速器托架 3282;

(2) 把变速器放置在变速器千斤顶上;

(3) 把安全支架锁定在变速器上;

(4) 把变速器千斤顶上放置在汽车下面合适位置;

(5) 使得变速器与发动机对齐;

（6）安装发动机/变速器上部固定螺栓；

（7）用千斤顶 V. A. G1383A 稍稍举升发动机/变速器总成的后部；

（8）装入左右侧带粘结支架的变速器支架；

（9）装入发动机/变速器下部的固定螺栓（图 2-12）。变速器到发动机连接螺栓（图 2-13）；

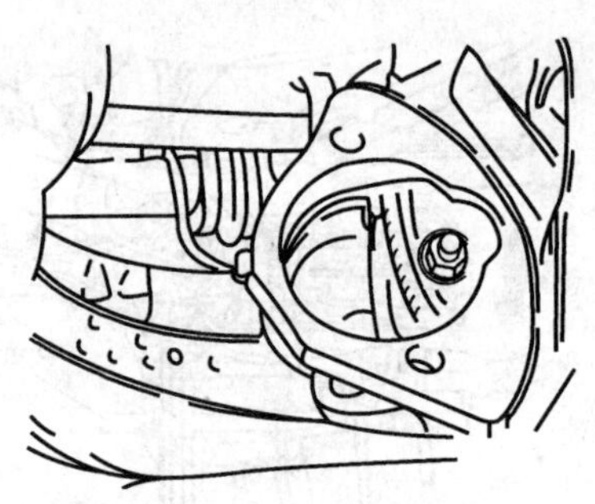

图 2-12　安装发动机/变速器固定螺栓

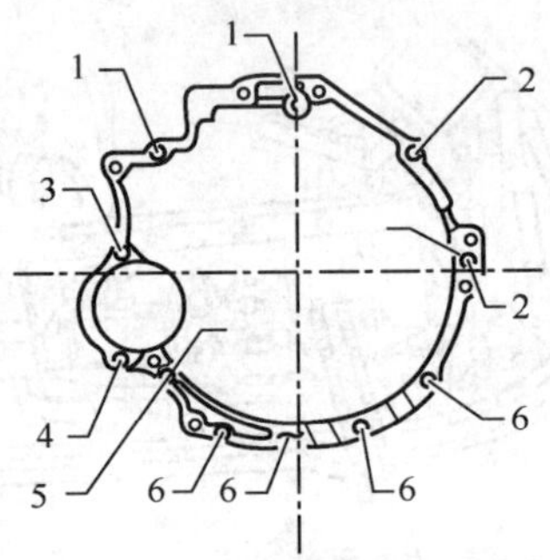


图 2-13　变速器到发动机连接螺栓





（10）安装起动机；

（11）把传动轴安装至变速器。加入 ATF 至规定量；

（12）安装橡胶支架保护板、换挡杆拉索保护板、右传动轴保护板；

（13）安装带三元催化装置的前排气系统；

（14）重新连接转速表传感器，各电气连接点接线及线束卡箍；

（15）装入隔音盘支架和隔音盘；

（16）装入前车轮，拆下托架 10－222A；

（17）装入发动机盖板。连接蓄电池的接地线；

（18）把换挡杆移动至“P”挡并把换档杆拉索压入换挡杆轴中，装入支撑支架上的螺栓和换挡杆拉索；

（19）检查换挡杆拉索的调整状态，如有必要，重新进行调整；

（20）装入变速器后，检查主传动的机油液位，如有必要，补充 ATF。

变速器总成的螺栓拧紧力矩见表 2-1。

**变速器固定螺栓的拧紧力矩**　　表 2-1

| 位　置 | 螺　栓 | 力矩（N·m） |
|---|---|---|
| 变速器至发动机（图 2-20 中 1） | M12×75 | 65 |
| 变速器至发动机（图 2-20 中 2） | M12×90 | 65 |
| 变速器至发动机（图 2-20 中 3） | M12×67 | 65 |

续上表

| 位　　置 | 螺　栓 | 力矩(N·m) |
|---|---|---|
| 变速器至发动机(图 2-20 中 4) | M12×67 | 65 |
| 变速器至发动机(图 2-20 中 5) | M12×90 | 65 |
| 变速器至发动机(图 2-20 中 6) | M10×45 | 45 |
| 传动轴至变速器 | M8 | 40 |
| 传动轴至变速器 | M10 | 77 |
| 液力变矩器至驱动盘 | | 85 |
| 传动轴保护板至变速器 | | 25 |
| 换挡杆拉索保护板至变速器 | M6 | 10 |
| 换挡杆拉索保护板至变速器 | M10 | 25 |
| 右侧黏结橡胶支架保护板至变速器 | | 10 |
| 支撑支架/换挡杆拉索至变速器 | | 23 |
| 换挡杆拉索至支撑支架 | | 12 |
| 起动机至变速器 | | 65 |
| 车轮螺栓至车轮轮毂 | | 120 |





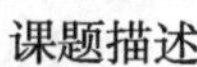


## 课题二　自动变速器的解体与装配

本课题主要以 01N 自动变速器为例,介绍了 ATF 加注管的拆卸与安装、行星齿轮系的解体与装配的步骤和要求。其他形式的自动变速器的解体与装配根据自身的特点,参照该步骤和方法进行。

### 一、ATF 加注管的拆卸和安装

1. 注意事项:

(1) 松开接头之前,应彻底清洁接头及周围区域;

(2) 松开接头后,立即用手把 ATF 加注管插入变速器或冷却器上的制动块,然后拧紧;

(3) 更换 ATF 加注管后,检查 ATF 液位并进行补充。

2. 自动变速器管路示意图(图 2-14)

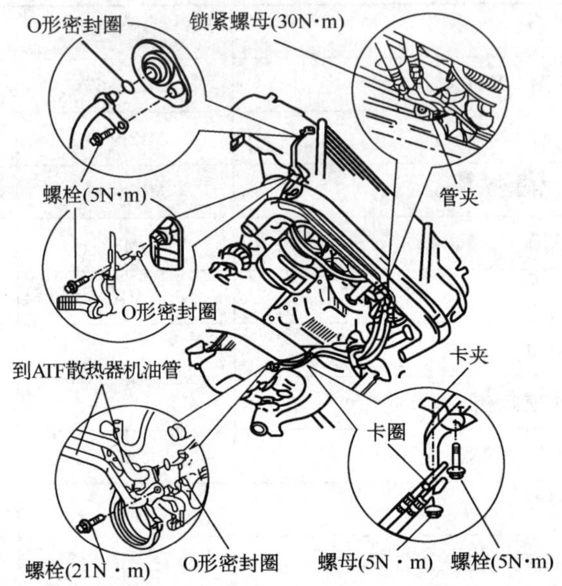


图 2-14　自动变速器管路

3. 自动变速器管路和自动变速器散热器的清理

安装机油散热器和 ATF 管路之前要用压缩空气吹干净。在安装 ATF 管时,将自动变速器管路插到变速器及散热器时,要插到位后再拧紧(图2-15)。

4. ATF 加注管和 ATF 冷却器的清洁步骤

(1) 拆下变速器和发动机上固定 ATF 加注硬管的支架;

(2) 放上接油槽 V. A. G1306;松开螺栓(图 2-16);

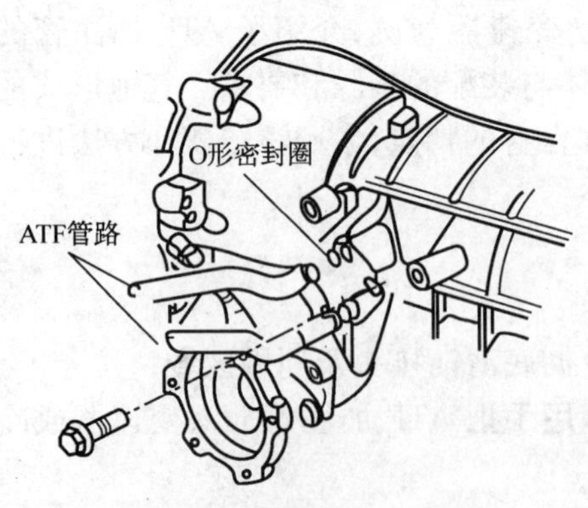


图 2-15　清理自动变速器管路

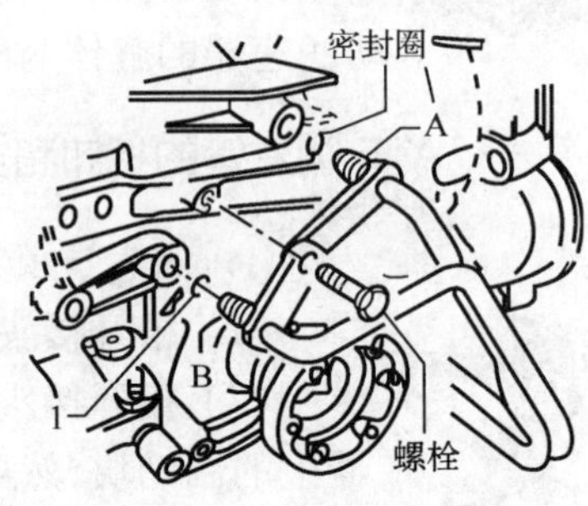


图 2-16　拆下 ATF 冷却器

(3) 从变速器上拔下 ATF 管路,把直径 18mm 的软管插到 ATF 管路 A 上,并且用管箍夹住,软管另一头挂到一适宜的容器内;

(4) 用压缩空气枪吹通 ATF 管路 B;

(5) 把管路从 ATF 管路 A 换到 ATF 管路 B 上,重复上面工作;

(6) 重新固定 ATF 管路,检查 ATF 油及补加至规定液位。

## 二、行星齿轮系的分解和组装

### 1. 行星齿轮系的结构(图 2-17)

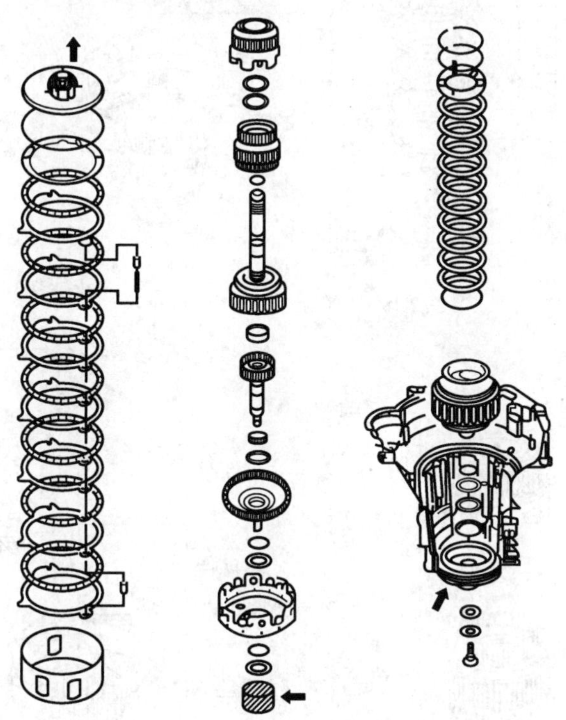

图 2-17　行星齿轮系分解图

(1) ATF 泵至支撑管的元件图(图 2-18);

(2) 倒挡齿轮离合器 K2 至大太阳轮齿轮之间的零件图(图 2-19);

(3) 自由轮和倒挡制动器 B1 零件图(图 2-20);

(4) 行星齿轮架与带输入齿轮和盖板的变速器壳体图(图 2-21)。

### 2. 行星齿轮系的分解

(1) 拆下自动变速器机油溢流管和密封螺塞,排空 ATF 油;

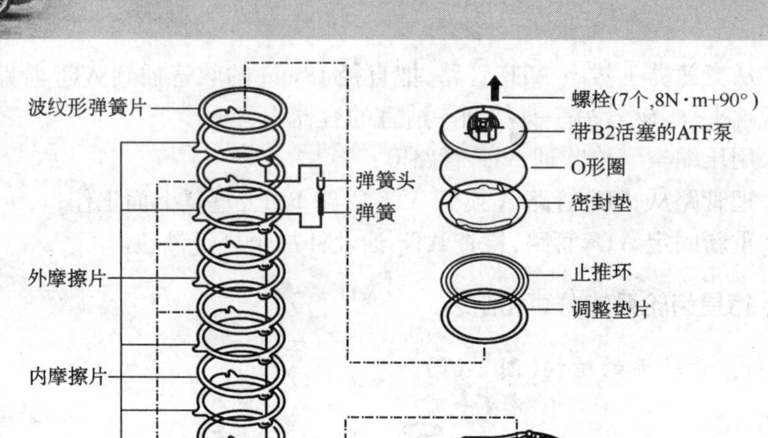


图 2-18　ATF 泵至支撑管的元件图

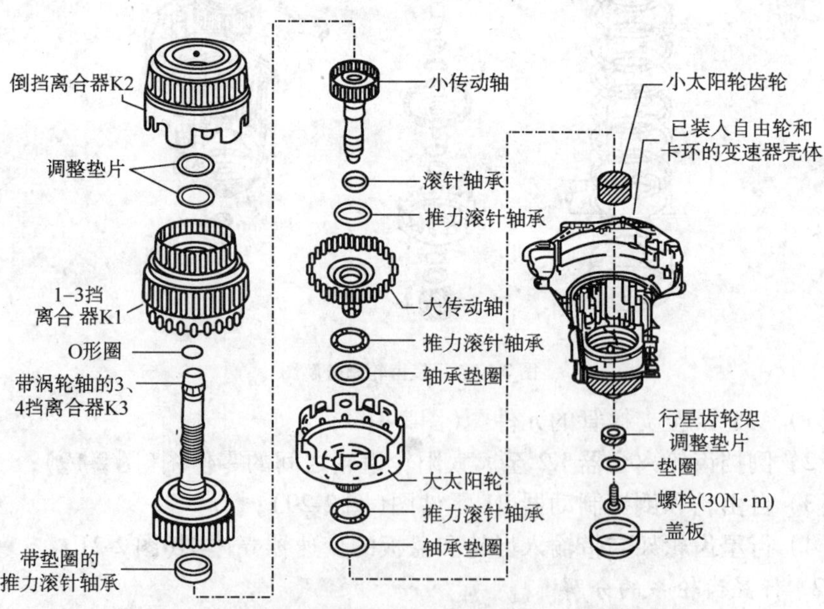


图 2-19　倒挡齿轮离合器 K2 至大太阳齿轮之间的零件图

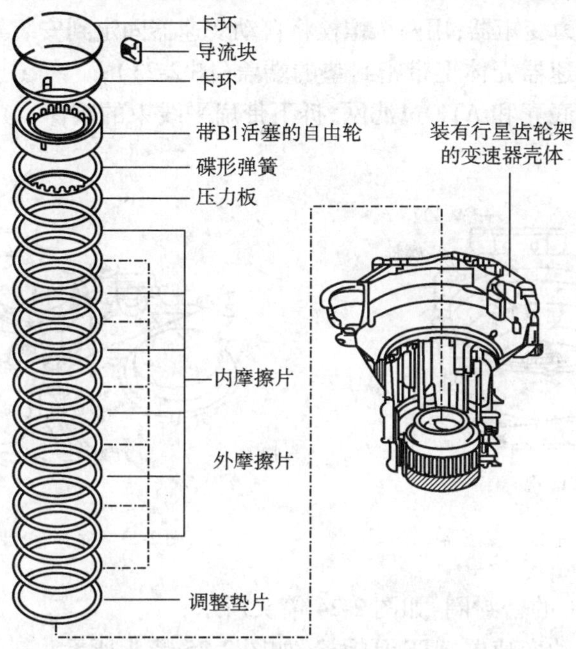


图 2-20　自由轮和倒挡制动器 B1 零件图

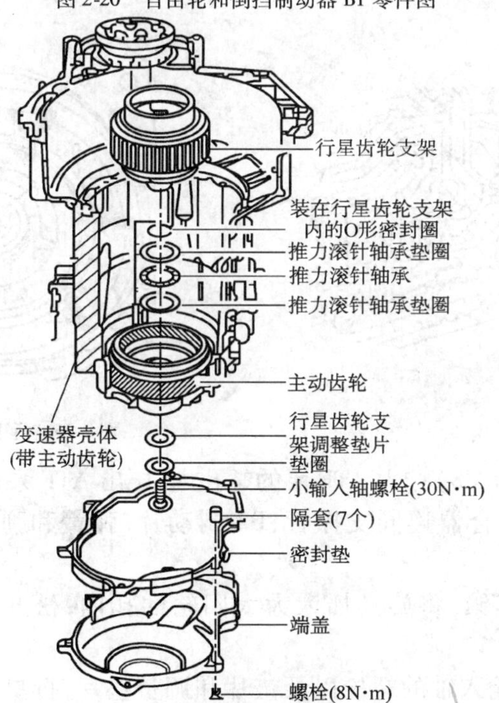


图 2-21　行星齿轮支架及带主动齿轮和端盖的变速器壳体

(2) 拆下液力变矩器;用两个螺栓将自动变速器固定到安装架上(图2-22);

(3) 拆下变速器壳体上带密封垫的端盖(图 2-23);

(4) 拆下油底壳和 ATF 过滤网,拆下带扁平线束的阀体;

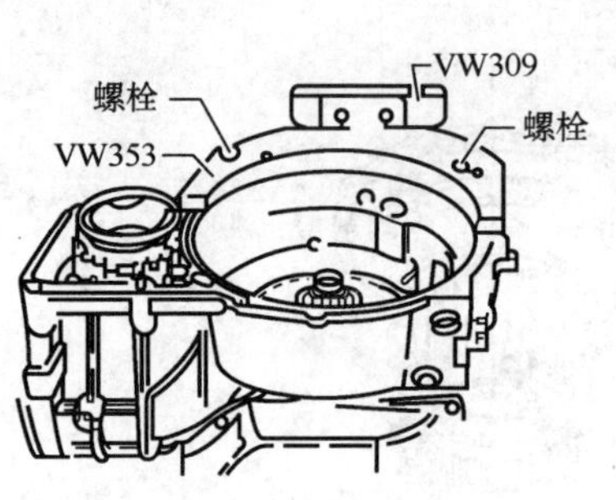


图 2-22 固定自动变速器

图 2-23 拆下带密封垫的端盖

(5) 拆下 B1 的密封圈,如图 2-24 箭头所示;

(6) 拆下自动变速器 ATF 泵螺栓,如图 2-25 箭头所示;

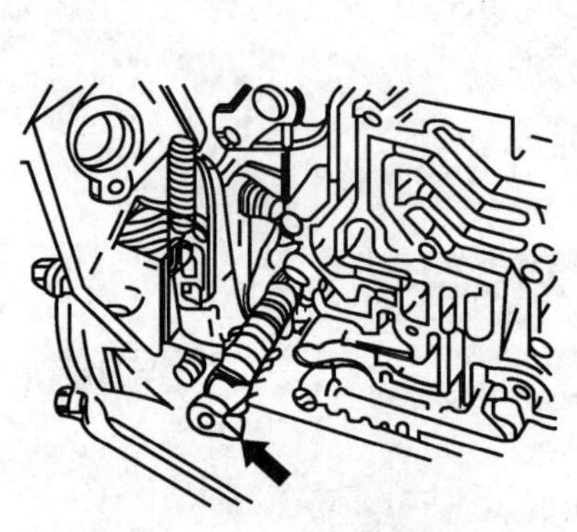

图 2-24 拆下 B1 的密封圈

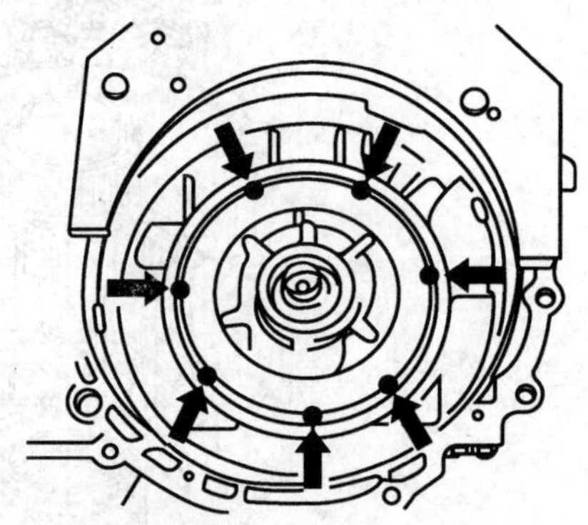

图 2-25 拆下 ATF 泵螺栓

(7) 将螺栓 A(M8)拧入 ATF 泵的螺孔内,压出 ATF 泵(图 2-26);

(8) 将所有离合器连同支撑管、B2 制动片、弹簧和弹簧头一起取出(图 2-27);

(9) 啮合驻车锁,将旋具插入大太阳轮的孔内,松开小输入轴螺栓(图 2-28);

(10) 拆下小输入轴的螺栓以及垫片和调整垫片,行星齿轮架的推力滚针轴承留在变速器/输入齿轮内。抽出小输入轴(图 2-29);

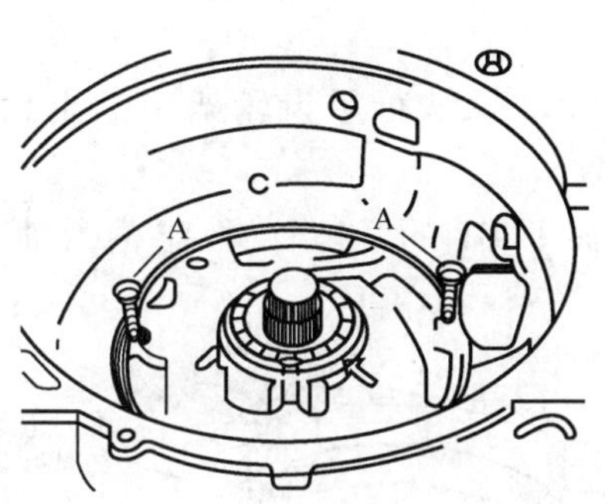


图 2-26　拆下 ATF 泵

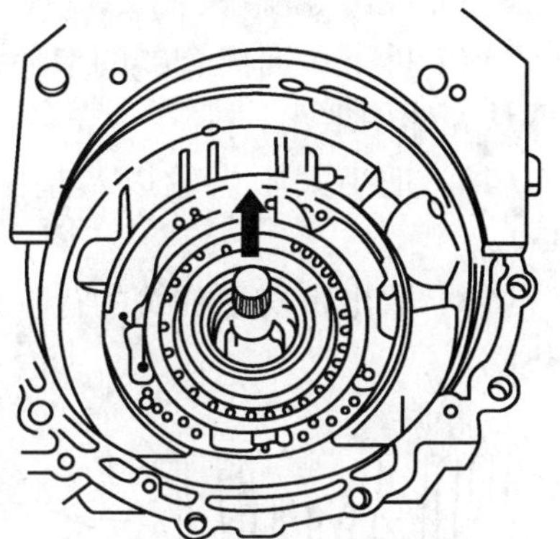

图 2-27　取出所有离合器

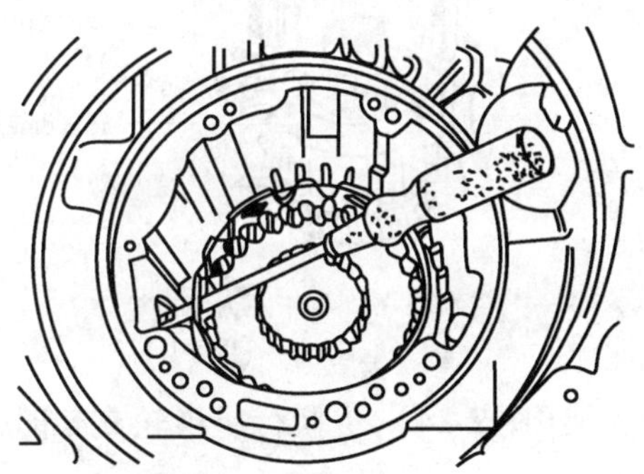

图 2-28　松开小输入轴螺栓

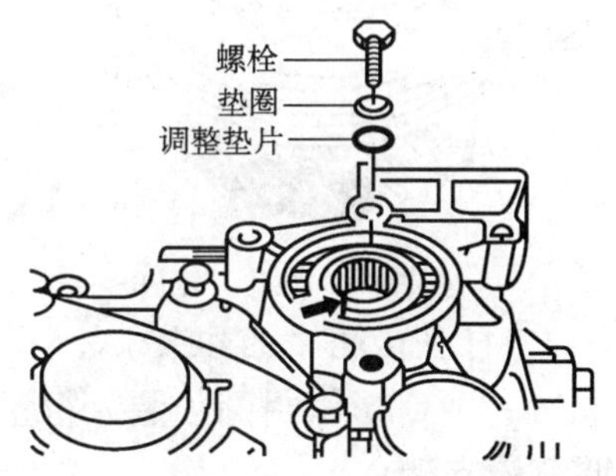


图 2-29　抽出小输入轴

(11) 抽出大输入轴和大太阳轮,如图 2-30 箭头所示;

(12) 拆下变速器速度传感器 G38;拆下支撑管卡环(图 2-31);

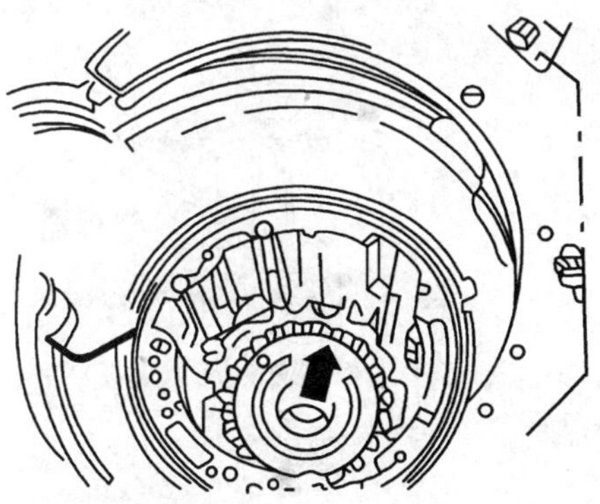

图 2-30　抽出大输入轴和大太阳轮

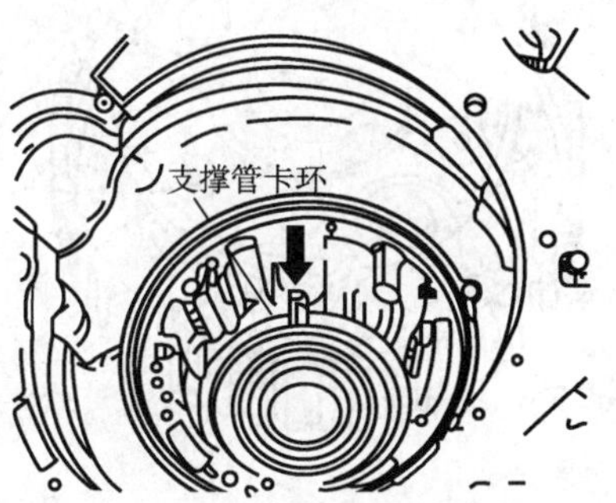


图 2-31　拆下支撑管卡环

(13) 拔出导流块(图2-32);

(14) 拆下单向离合器的卡环,用钳子夹住单向离合器的定位键,把单向离合器从壳体中取出;

(15) 把小太阳齿轮以及垫圈和推力滚针轴承从行星齿轮架中抽出(图2-33);

(16) 取出带碟形弹簧的行星齿轮支架,拆下B1的摩擦片,取出推力轴承和垫圈。

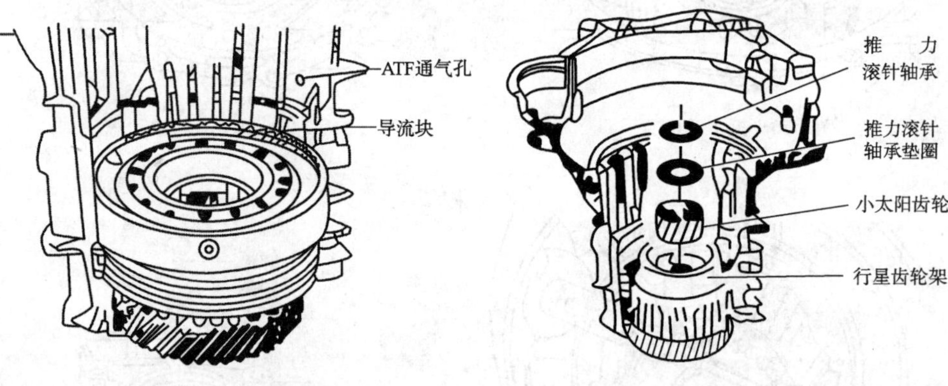


图2-32 拔出导流块　　图2-33 拆下小太阳齿轮

3. 行星齿轮系的组装

(1) 将O形密封圈子装入行星齿轮支架(图2-34),更换行星齿轮支架时需要调整该支架;

(2) 把带垫圈的推力滚针轴承和行星齿轮支架装入主动齿轮(图2-35);

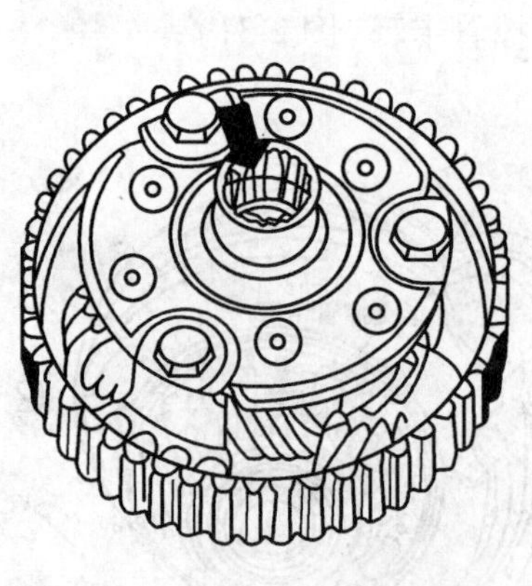

图2-34 装入O形密封圈

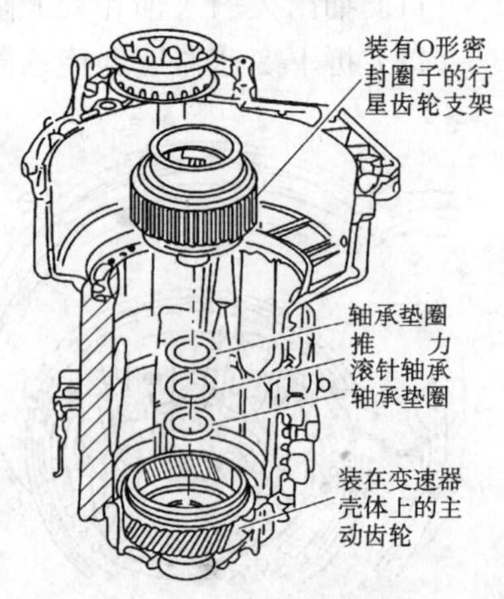


图2-35 装入推力滚针轴承和垫圈

(3) 将小太阳轮以及垫圈和推力滚针轴承一同插入行星齿轮架内(图2-33);

(4) 将垫圈和推力滚针轴承调整到小太阳轮的中心;装倒挡制动器B1的钢片和摩擦片;

(5) 装入压力板,平面一侧朝向摩擦片组;压力板的厚度根据摩擦片数量不同而不同;

(6) 装入碟形垫圈,凸起的一侧朝向单向离合器;如果更换变速器壳体、单向离合器、倒挡制动器B1活塞和摩擦片,则需要调整倒挡制动器B1;

(7) 用专用工具装配环3267对单向离合器滚柱施加预紧力,并且装入单向离合器(图2-36);

(8) 安装单向离合器弹性挡圈和隔离管弹性挡圈。弹性挡圈的开口卡到单向离合器的定位键上,如图2-31箭头所示;

(9) 将导流块装入变速器壳体上具有ATF通气孔的槽内;

(10) 将支撑管卡环的开口装到单向离合器的定位键上;安装变速器速度传感器G38;

(11) 依次将大太阳轮直至小输入轴部件装入变速器壳体内(图2-37);





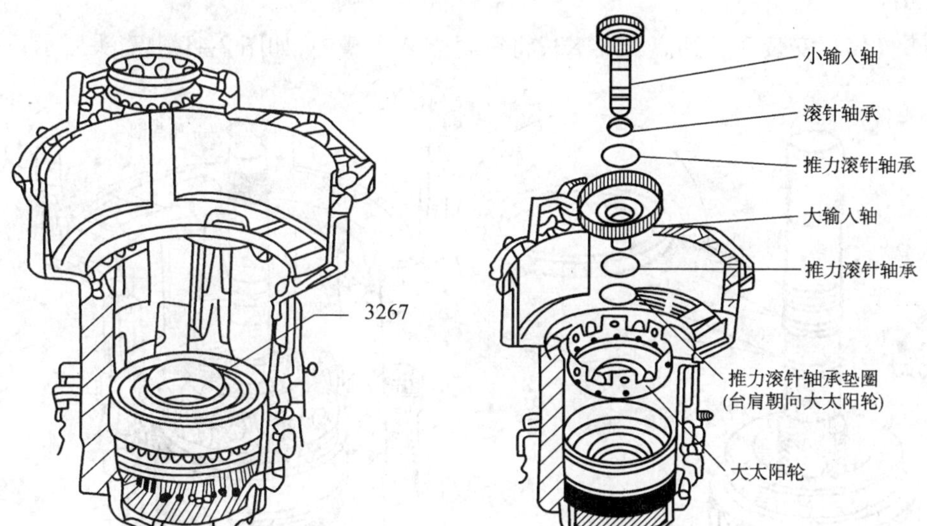


图2-36 安装单向离合器

图2-37 装大太阳轮及小输入轴

(12) 装入带有垫圈和调整垫圈的小输入轴螺栓(图2-38),螺栓的拧紧力矩为30N·m;将调整垫圈装到小输入轴台肩上(箭头所示),确定调整垫圈厚

度，调整行星齿轮支架；

（13）将带垫圈的推力滚针轴承装到4挡离合器K3上（图2-39）；用自动变速器油沾湿推力滚针轴承垫圈，以便安装时轴承粘到K3上；

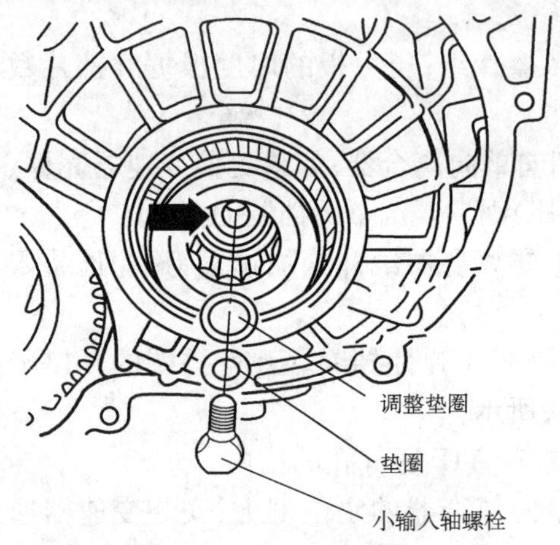


图2-38　装小输入轴螺栓　　图2-39　将推力滚针轴承装到K3上

（14）装配活塞环，保证其正确座落在K3上及活塞环的两端相互钩住（图2-40）；

（15）安装3、4挡离合器K3；将密封圈装入槽内，如图2-41中箭头所示；

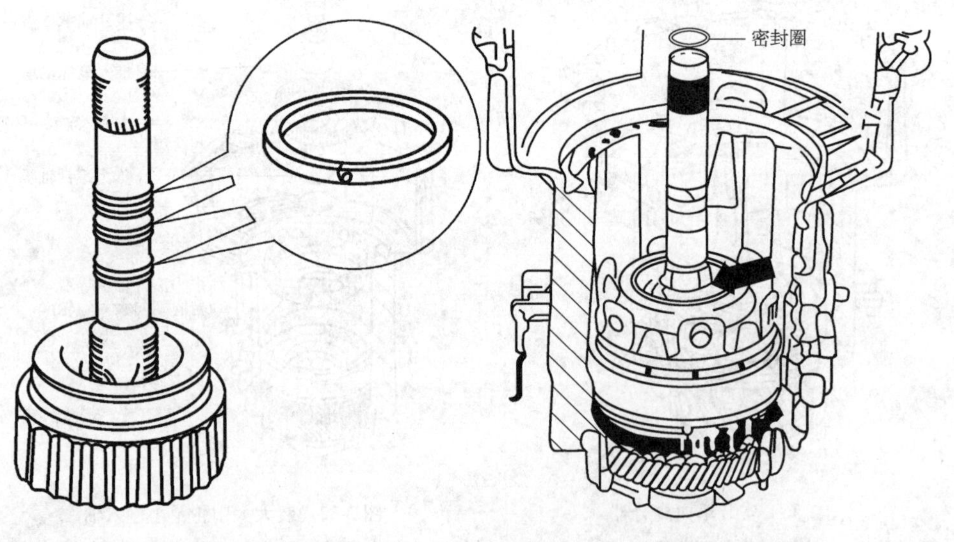


图2-40　活塞的正确装配　　图2-41　安装4挡离合器K3

（16）装入1挡/3挡离合器K1（图2-42），将调整垫圈装入K1，如图2-43箭头所示（注：更换K1、K2或ATF泵后，需重新测量调整垫片厚度，可用1个或2个调整垫圈）；

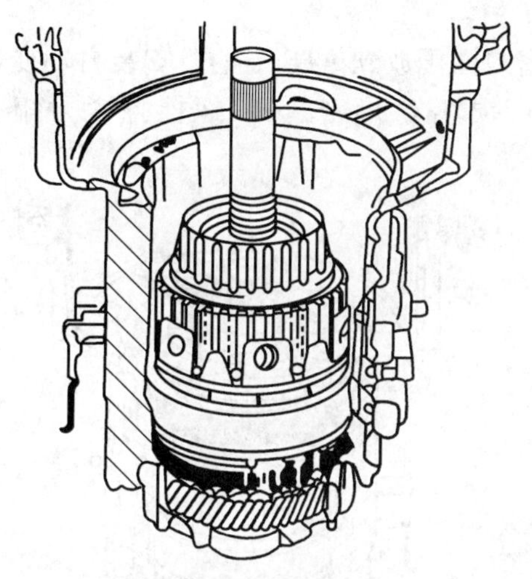

图2-42　装入1挡/3挡K1

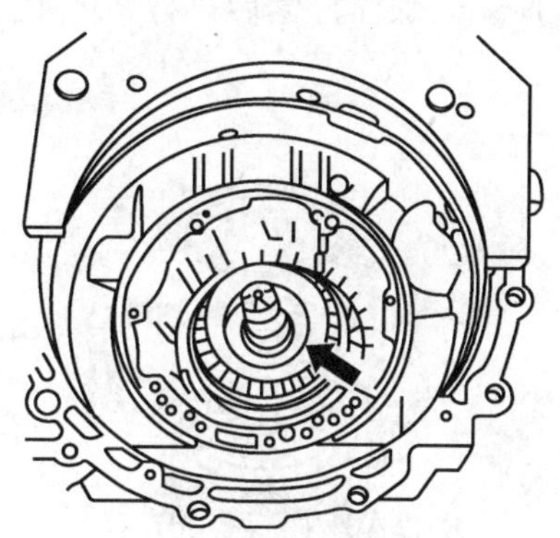

图2-43　将调整垫圈装入K1





（17）装入倒挡离合器K2（图2-44）；

（18）装入制动器B2摩擦片组的支撑管，使隔支撑管上的槽卡在单向离合器的定位键上（图2-45）；

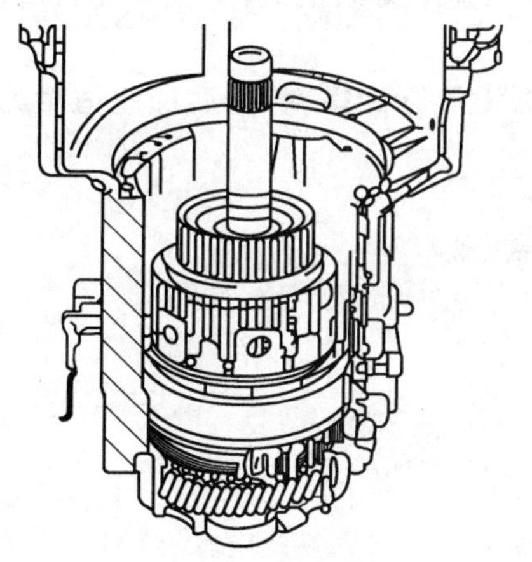

图2-44　装入倒挡离合器K2

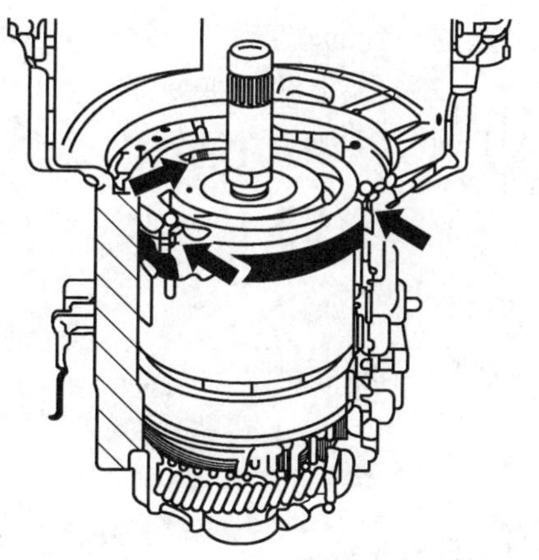

图2-45　安装B2的制动片

（19）安装B2摩擦片：①先装入一个3mm厚的钢片；②将3个弹簧头装到钢片上；③装入压缩环；④依次装入钢片和摩擦片，但不装入最后一片钢片；⑤

装入最后经测量过的摩擦片；⑥装入波形垫圈（如果更换了支撑管、自动变速器油泵、制动片，则应调整2挡和4挡制动器B2）；

（20）装入最后一个3mm厚度的钢片。装入调整垫片，把止推环放到调整垫片上，光滑侧朝着调整垫片（图2-46）；

（21）安装ATF泵密封圈，将O形密封圈子放到ATF泵上。安装自动变速器油泵，均匀交叉拧紧螺栓。注意不可损坏O形密封圈，螺栓拧紧力矩为8 N·m，螺栓拧紧后再拧90°（图2-47）；

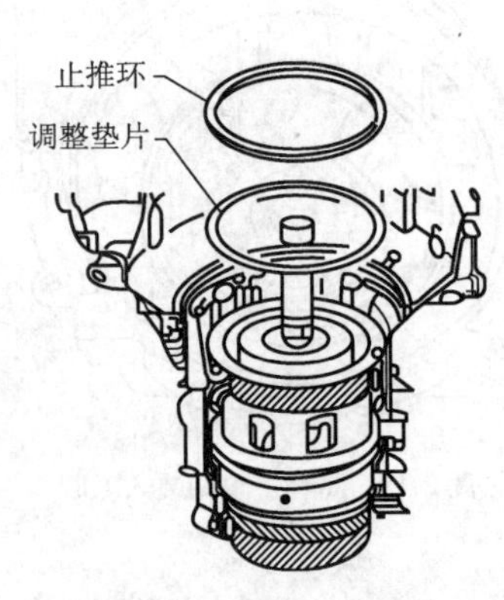


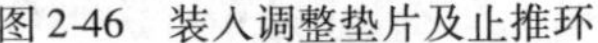

图2-46　装入调整垫片及止推环

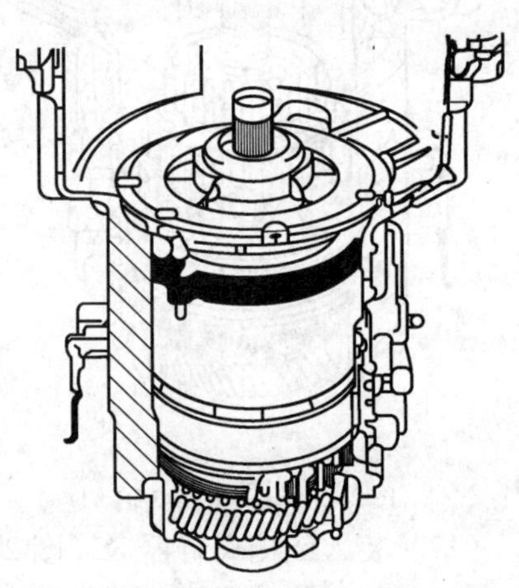

图2-47　安装自动变速器油泵

（22）测量离合器间隙合格后，依次装入带扁状导线的阀体、油底壳、带密封垫的隔套的端盖；

（23）装上液力变矩器，装上自动变速器溢流管和螺塞，最后加注适量的ATF油。

# 单元三　典型自动变速器的检修

**知识目标**

1. 正确描述典型自动变速器的检修项目；
2. 正确描述典型自动变速器各检修项目的内容及检修方法和步骤；
3. 熟悉典型自动变速器检修中的主要技术参数。

**能力目标**

1. 熟练使用自动变速器检修操作中的工、量具和设备；
2. 熟练掌握典型自动变速器过程中的各种方法；
3. 熟练掌握典型自动变速器检修各项目的步骤和操作要领；
4. 能够运用标准数据，结合检测所得数据进行综合分析诊断故障。





## 课题一　液力变矩器的检修

课题描述

自动变速器的液力变矩器的外壳采用焊接式的整体结构，不可分解。液力变矩器内部除了导轮的单向超越离合器和锁止离合器压盘之外，没有互相接触的零件，因此，液力变矩器的维修工作主要是检查和清洗。

### 一、目视检查

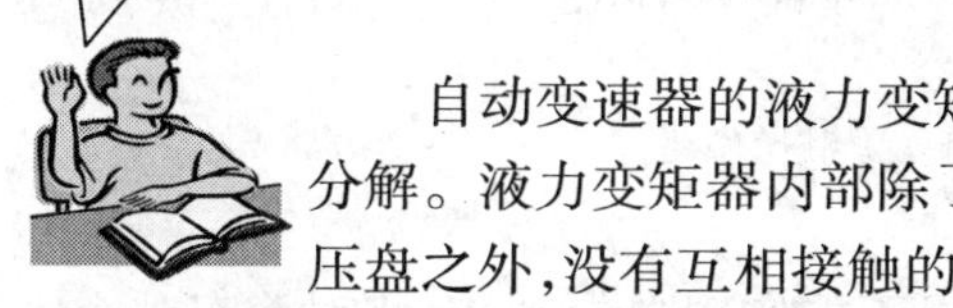

检查液力变矩器的外部有无损坏和裂纹，是否由于油温高而导致外表发蓝，是否有明显的高温烧灼现象。检查液力变矩器的连接螺栓，如有损坏，则予以更换。检查液力变矩器的传动毂是否光滑，如果毂磨损，则仔细检查油泵驱动部分，必要时更换液力变矩器，毂表面轻度的擦痕或损伤可以用细砂布磨光。

### 二、轴套径向跳动量检查

检查飞轮及挠性板是否翘曲，是否有裂纹（图 3-1）。检查起动机齿圈的齿

表是否损坏，如有损坏的，应更换飞轮。如遇到后凸缘表面磨损、接缝或焊缝处漏油，传动毂松动、传动毂肩磨损或毂的径向跳动过大情况，测量时至少要选取三个测量点（图 3-2）。观察百分表读数，所得跳动量若大于0.03mm，则应采用转换一个角度重新安装的方法予以校正，并在校正后的位置上作一记号，以保证安装正确。若无法校正，应更换液力变矩器。

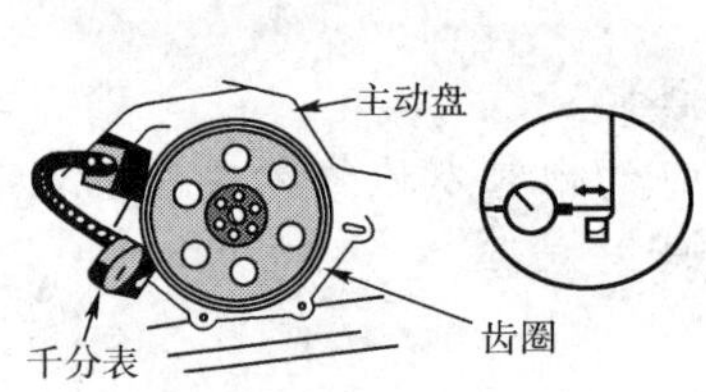


图 3-1　测量主动盘径向跳动

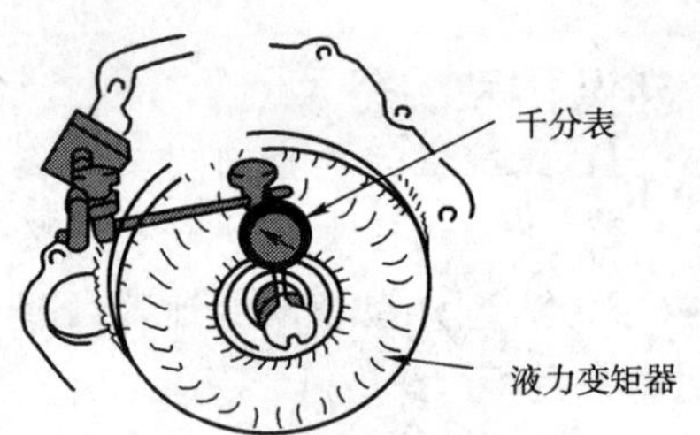


图 3-2　测量轴套的径向跳动

## 三、液力变矩器涡轮轴轴向间隙检查

涡轮轴向间隙是指涡轮前后间隙量。如果间隙值不准确，会导致液力变矩器内部元件运动干涉。将百分表固定在液力变矩器壳体上，使表头在涡轮轴上方，测量涡轮轴的轴向间隙（图 3-3）。如果涡轮轴轴向间隙大于 0.08mm，则更换液力变矩器。

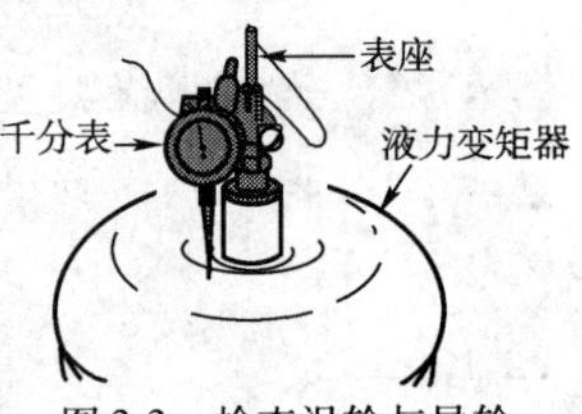


图 3-3　检查涡轮与导轮的轴向间隙

## 四、导轮单向离合器的检查

导轮是起增矩作用的重要元件，如果不能实现单向锁止，将对汽车整个动力性能产生很大的影响，必须仔细检查导轮单向离合器的工作情况。

（1）对于已拆下的液力变矩器，可用两个手指伸入滚子离合器花键内圈，并试着在两个方向上转动内圈，以此检查导轮滚子离合器，内圈应能顺时针自由转动，而逆时针不能转动或转动困难（图 3-4）。如有条件需用专用工具检查

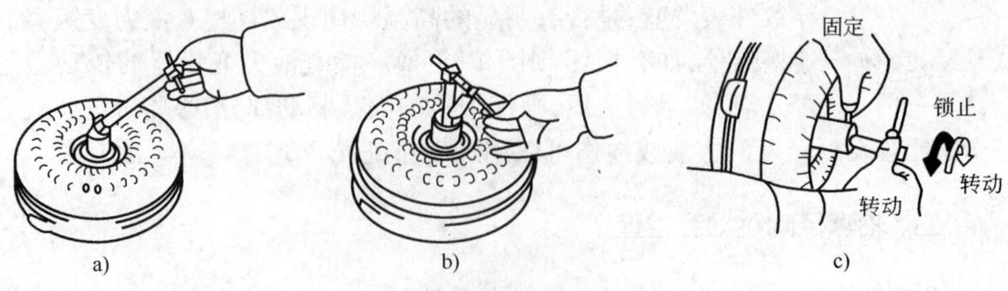


图 3-4　导轮的单向超越离合器的检查

单向离合器是否顺转自如而逆转锁止。

（2）变速器装车后，在发动机性能正常的情况下，汽车在从静止到起步的加速性较差，车速在 30～35km/h 以后表现正常。可能是变矩器导轮单向离合器损坏。

## 五、内部干涉检查

液力变矩器内部的泵轮、导轮和涡轮之间应该是相互独立运动的，如有相互碰撞和干涉将产生噪声，并可能损坏变矩器。放置时，应将变矩器油泵驱动轴侧朝下。当然噪声也可能是泵轮、导轮和涡轮中某叶片脱焊造成的，同时也会造成动力性变差，ATF的脉动声。

## 六、锁止离合器检查

摩擦材料和锁止功能的检查是非常重要的。如果变矩器中有大量磨损材料脱落和金属残渣，可能是锁止离合器中摩擦片磨损过量导致的。锁止离合器在变矩器的内部，只有解体时才能进行彻底的直观检查。一般建议送到专业的自动变速器修理厂进行修理或更换变矩器总成。

## 七、清洗

有两种方法可以清洗液力变矩器，必须到专业自动变速器修理厂去做。

（1）可以将变矩器壳切割成两半，然后清洗部件。检查它们是否磨损，并更换磨损或断裂的部件，然后再将变矩器壳焊在一起做动平衡测试（专业的自动变速器修理厂）。

（2）用专用清洗机清洗液力变矩器。将液力变矩器安装在清洗机的固定架上，清洗机用加压的清洗剂对液力变矩器进行冲洗，清洗机的驱动装置在冲洗的同时还驱动变矩器涡轮。清洗工作需要时间 15min，可冲洗掉绝大多数的金属颗粒，完毕后将洗净的液力变矩器从清洗机上拆下，从放油螺栓孔放出残存的清洗剂。

# 课题二　自动变速器行星齿轮机构的检修

课题描述

## 一、自动变速器行星齿轮机构的检修

检修自动变速器时,应用煤油仔细清洗所有零件(摩擦片、橡胶密封垫除外),并用压缩空气吹干,然后按照拆卸的顺序排放整齐。检修时应注意正确合理地使用专用工具和检测仪器,严格遵守安全操作规程,防止零件的损坏及人员的伤害。

### 1. 摩擦片和制动带的检修

分别目视检查摩擦片。如出现表面烧焦、耐磨层脱落、内花键拉毛、沟槽磨平或翘曲变形或与钢片烧结在一起等现象应更换。摩擦片的表面通常印有符号(图 3-5a),若这些符号被磨平,说明摩擦片已经磨损到极限,应更换。也可以通过测量摩擦片的厚度来判断是否应该更换(图 3-5b)。如是制动带也可检查内表面,如有烧焦、表面粉末冶金层脱落或表面符号已被磨去,应更换。

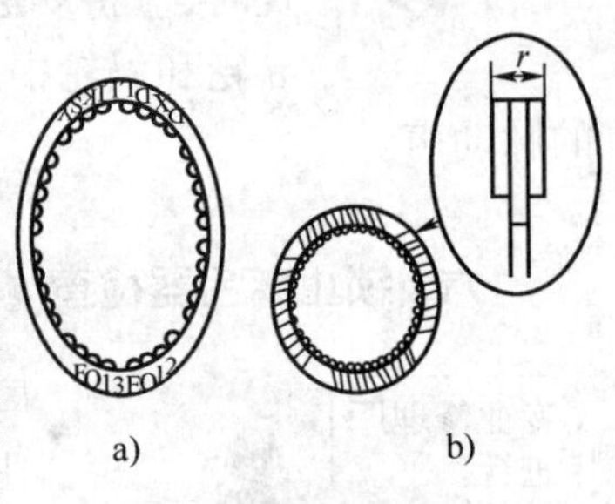


图 3-5　摩擦片检修

注意:摩擦片应成组更换,新更换的摩擦片在使用之前要在 ATF 油液中浸泡 1h 以上,可以使用的摩擦片应浸泡 15min 以上。

### 2. 钢片的检修

分别检查钢片,如有严重磨损、有拉痕、划痕、外花键或凸台磨平、拉毛或翘曲变形,与摩擦片烧结在一起,应更换。

### 3. 卡环的检修

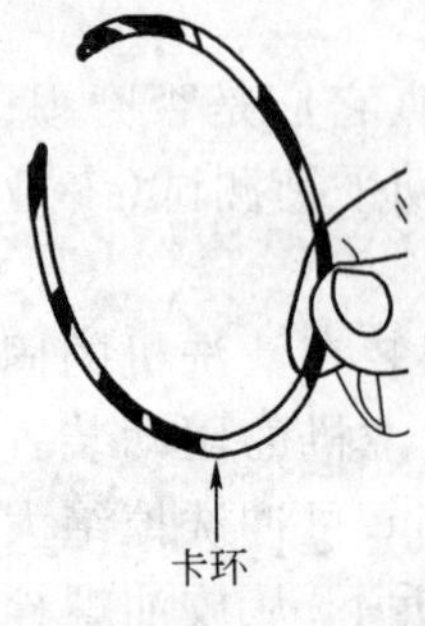


图 3-6　卡环的检修

检查每个固定部位的卡环(图 3-6),如有弯曲变形、弹性变弱或有过热变色的痕迹等,应及时更换。注意:每个部位卡环都有尺寸或厚度的差异,要注意区分分别保存及安装。

### 4. 滚针轴承的检修

检查自动变速器所有滚针轴承及座圈,如有滚针松旷、失圆、过热变色或保持架变形,座圈磨损过量、出现沙眼或凹槽以及轴承运转时有异响均应更换。如图 3-7、图 3-8 所示为 01N 型变速器轴承的安装位置。

注意:轴承要按规定的方向安装。

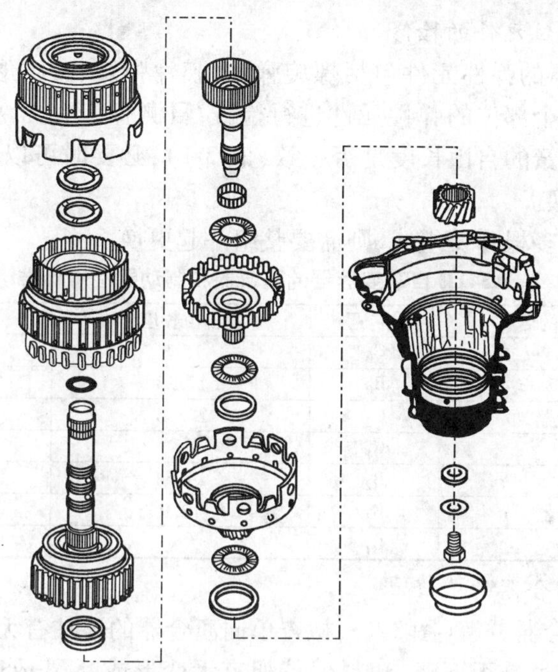

图 3-7　轴承及轴承座位置

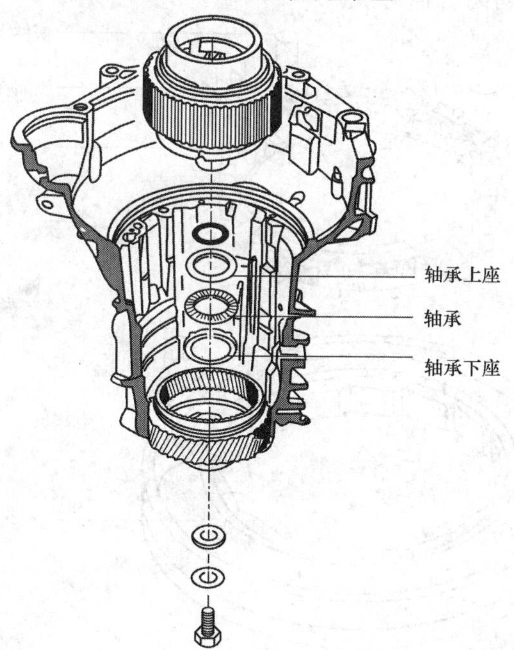



图 3-8　轴承及座圈位置

5. 弹性复位元件的检修

自动变速器的弹性元件包括螺旋弹簧、膜片弹簧、波纹形弹簧、碟形弹簧。检修时,应对每个部位的弹性元件进行检查,目测弹簧有无弯曲、扭曲、倾斜等变形,同一组弹簧的自由长度是否一致(表 3-1),必要时可以进行弹力试验,如损伤较大则更换。

注意:如由多根弹簧组成,则需要整组一起更换。

**A341E 自动变速器的离合器和制动器检修标准** 表 3-1

| 离合器或制动的名称 | 代　号 | 弹簧自由长度标准 | 自由间隙(mm) |
| --- | --- | --- | --- |
| 直接离合器 | $C_0$ | 15.8 | 1.45 ~ 1.70 |
| 超越离合器 | $B_0$ | 17.23 | 1.75 ~ 2.05 |
| 倒挡及高挡离合器 | $C_2$ | 24.35 | 1.37 ~ 1.60 |
| 前进离合器 | $C_1$ | | 0.70 ~ 1.00 |
| 2 挡离合器 | $B_2$ | 19.64 | 0.63 ~ 1.98 |
| 低挡及倒挡离合器 | $B_3$ | 12.9 | 0.70 ~ 1.22 |
| 2 挡强制制动器 | $B_1$ | | 2.0 ~ 3.0 |

6. 单向离合器的检修

将单向离合器分解(图 3-9),检查单向离合器的滚柱有无圆度磨损,压缩弹簧有无变形,弹力是否下降,塑料保持架有无变形或断裂,外环是否磨损等,如损伤严重则更换单向离合器总成。

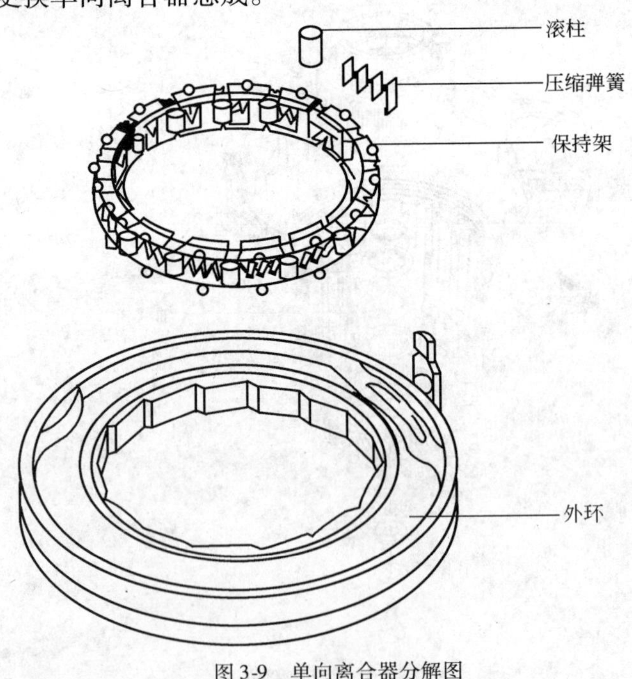


图 3-9　单向离合器分解图

单向离合器组合后，将行星齿架插入单向离合器总成，用专用工具转动齿架，要求是只能单向转动。否则证明单向离合器失效，应更换单向离合器总成。注意：不能装反，否则升挡时出现制动现象。

7. 行星齿轮机构的检修

行星齿轮机构是变速器产生运转噪音的主要来源。拆卸后，应仔细检查行星齿轮机构所有轮齿是否有磨损、裂纹、变色或剥落，所安装的花键轴的花键是否有变形或破损，齿轮与花键轴之间的配合间隙是否过大。如出现以上损伤均应更换整个行星齿轮。

检查行星轮与行星架之间的轴向间隙（图 3-10），其标准间隙为 0.178 ~ 0.635mm，否则，应更换止推垫片或行星齿架组件。

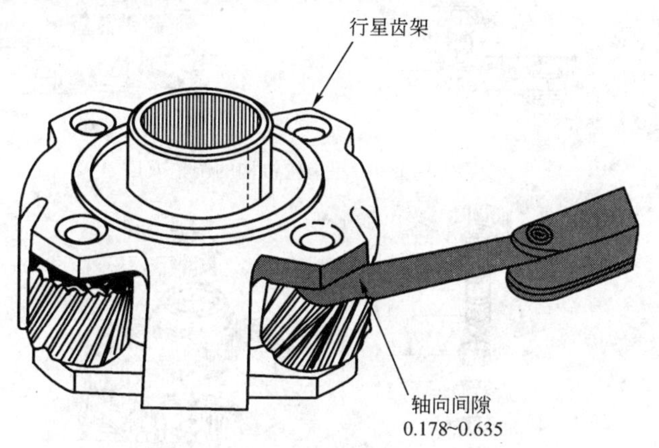


图 3-10 测量轴向间隙

## 二、大众 01N 型自动变速器行星齿轮机构的调整

01N 型自动变速器行星齿轮机构的调整项（图 3-11）

1. 行星齿轮架的轴向间隙调整

（1）调整行星齿轮架时，将所有零件（图 3-12 所示 1 ~ 17）装入变速器壳体 7 中。

（2）啮合驻车锁止机构。

（3）装入小传动轴的螺栓和垫圈（图 3-13），但不要装入调整垫片。

（4）将螺丝刀穿过大太阳齿轮的孔（图 3-14），拧紧小传动轴的螺栓（拧紧力矩为 30N · m）。

（5）装上百分表（图 3-15），百分表的测量头顶在螺纹头中间，并且压入 1mm 的预紧力，将百分表调整至 0 位。向上移动传动轴并且读取测量值，根据测量值，依据表 3-2 选择恰当的调整垫片的厚度。例如：测量值为 2mm，从表3-2

中选择的调整垫片为1.7mm。

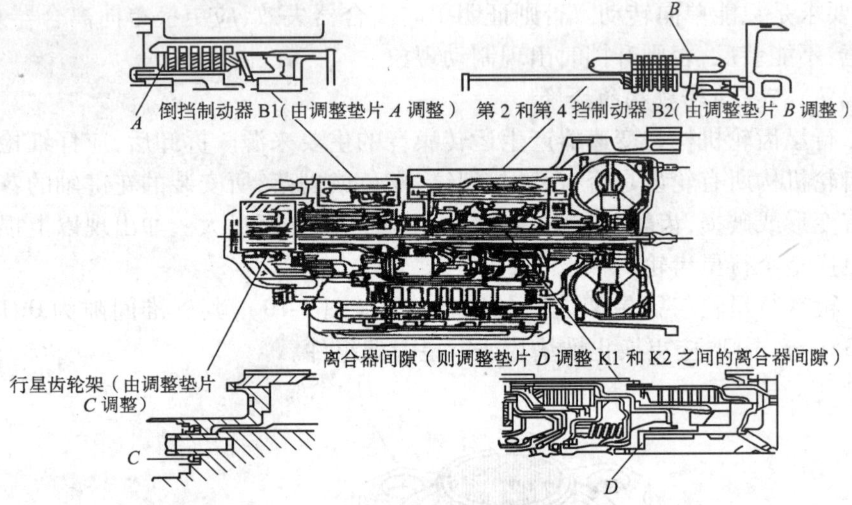


图3-11 行星齿轮机构的调整项目

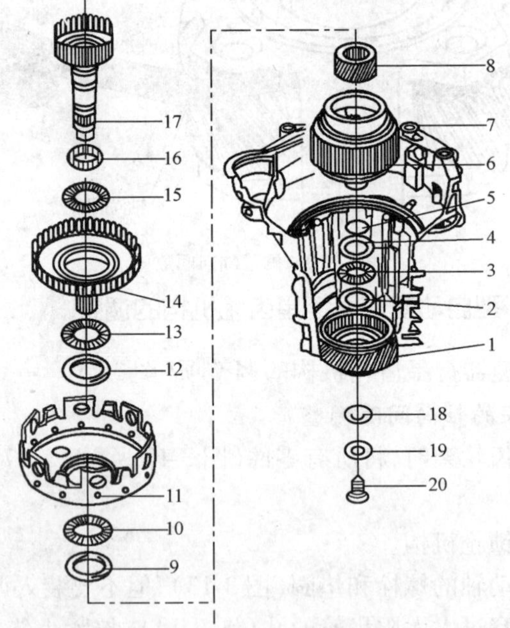


图3-12 调整行星齿轮架

1-输入齿轮(调整行星齿轮架时,不要拆下);2-推力滚针轴承垫圈(光滑一侧朝向输入齿轮);3-推力滚针轴承;4-推力滚针轴承垫圈;5-O形圈(装入行星齿轮架);6-行星齿轮架;7-变速器壳体(装入行星齿轮和推力滚针轴承,推力滚针轴承保留在输入齿轮中);8-小太阳齿轮(仅DFG变速器才能从行星齿轮架中拆出);9-垫圈;10-推力滚针轴承;11-大太阳齿轮;12-垫圈(装在小太阳齿轮内);13-推力滚针轴承;14-大传动轴;15-推力滚针轴承;16-滚针轴承;17-小传动轴;18-调整垫片(调整时,不要装入行星齿轮架内);19-垫圈;20-小传动轴螺栓(30N·m)

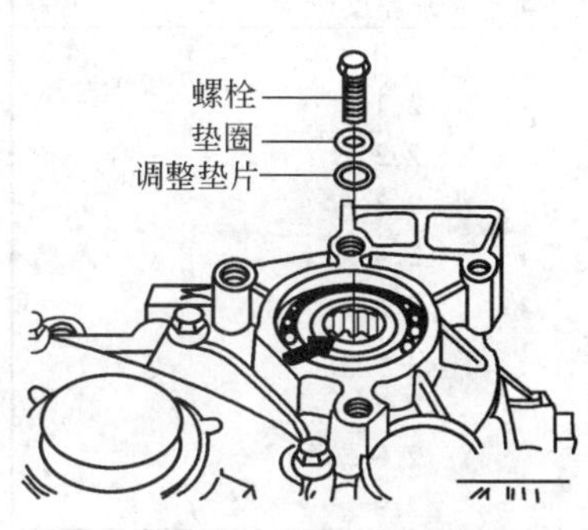


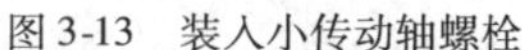

图 3-13　装入小传动轴螺栓

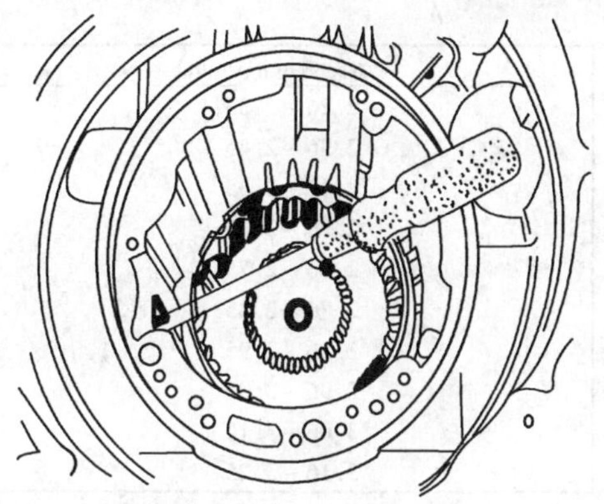

图 3-14　拧紧小传动轴螺栓

（6）拆下小传动轴的螺栓（图 3-13），将确定的调整垫片装到小传动轴上（图中箭头所示）。拧紧带垫圈的小传动轴螺栓。

如果行星齿轮架的调整是在拆下了倒挡制动器 B1 和自由轮进行的，则必须在安装行星齿轮架之前装入倒挡制动器 B1。

（7）把百分表装在 VW382/7 上（图 3-15），然后把它们放在小传动轴的螺栓头上。上下移动小传动轴并且读取百分表上的间隙值，间隙为 0.23～0.37mm 则正常。

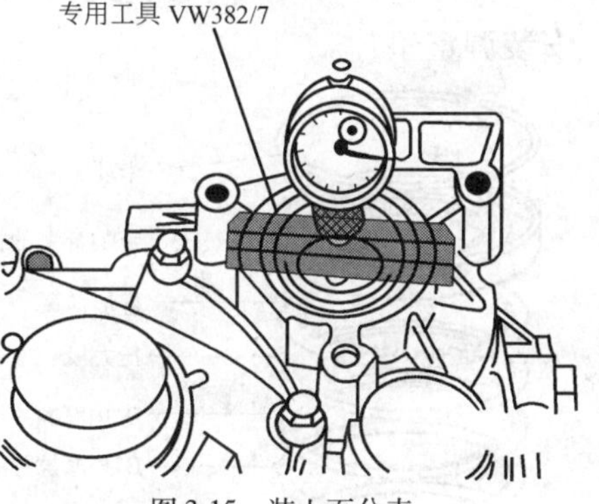


图 3-15　装上百分表

**调整垫片尺寸表**　　表 3-2

| 千分表测量值(mm) | 调整垫片厚度(mm) |
|---|---|
| 1.26～1.35 | 1.0 |
| 1.36～1.45 | 1.1 |
| 1.46～1.55 | 1.2 |
| 1.5～1.65 | 1.3 |
| 1.66～1.75 | 1.4 |
| 1.76～1.85 | 1.5 |
| 1.86～1.95 | 1.6 |
| 1.96～2.05 | 1.7 |
| 2.06～2.15 | 1.8 |
| 2.16～2.25 | 1.9 |

续上表

| 千分表测量值(mm) | 调整垫片厚度(mm) |
|---|---|
| 2.26～2.35 | 2.0 |
| 2.36～2.45 | 2.1 |
| 2.45～2.55 | 2.2 |
| 2.56～2.65 | 2.3 |
| 2.66～2.75 | 2.4 |
| 2.76～2.85 | 2.5 |
| 2.86～2.95 | 2.6 |
| 2.96～3.05 | 2.7 |
| 3.06～3.15 | 2.8 |
| 3.16～3.25 | 2.9 |

2. 倒挡制动器 B1 的间隙调整

如图 3-16 所示,将调整到挡制动器 B1 的零部件装入变速器壳体内,但不安装调整垫片。

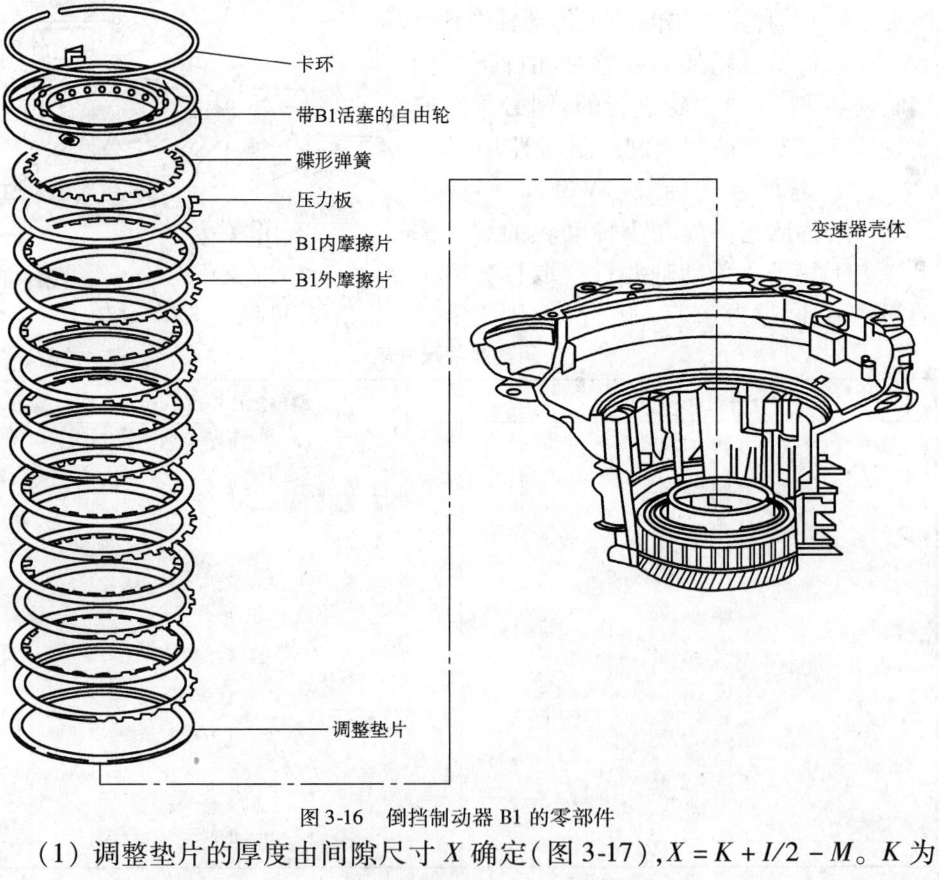

图 3-16　倒挡制动器 B1 的零部件

(1) 调整垫片的厚度由间隙尺寸 $X$ 确定(图 3-17),$X = K + I/2 - M$。$K$ 为

常数 30.5 mm。

（2）计算 $I$：将活塞按箭头方向压到底（图 3-18）。将直尺放在自由轮的外圈上，用深度游标卡尺测量直尺上边缘至活塞内边缘的距离，然后计算出 $I$ 值。例如：测量值为 51.8mm，直尺高度为 48.2mm，$I = 51.8 - 48.2 = 3.6$mm。

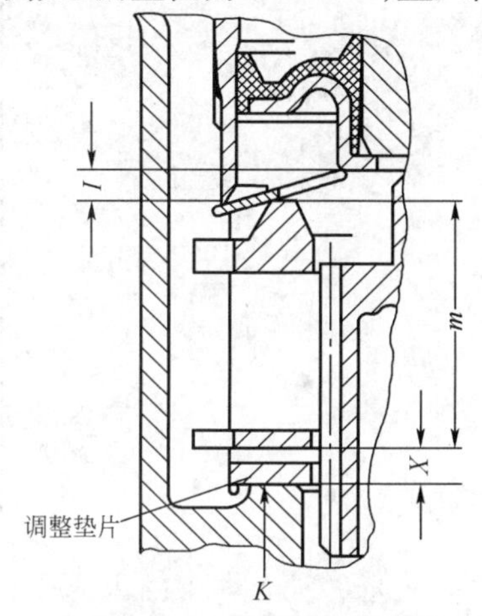


图 3-17　确定尺寸 $X$

图 3-18　确定尺寸 I

（3）计算 $M$：将直尺放在止推板上（图 3-19）。将包括压力板的摩擦片组件沿箭头方向压紧，用深度游标卡尺测量并计算出摩擦片组的厚度。例如：测量值为 77.2mm，直尺高度 48.2mm，则 $M = 77.2 - 48.2 = 29.0$mm。

（4）计算 $X$：$X = K + I/2 - M = 30.5 + 3.6/2 - 29.0 = 3.3$mm，从表 3-3 中选择 $X = 3.3$mm 的调整垫片为 1.9mm。

（5）检测 B1：将选取的调整垫片装入相应部位，组装倒挡制动器 B1 及自由轮 F，并且用卡环固定。用塞尺测量摩擦片之间的间隙，如图 3-20 所示正常

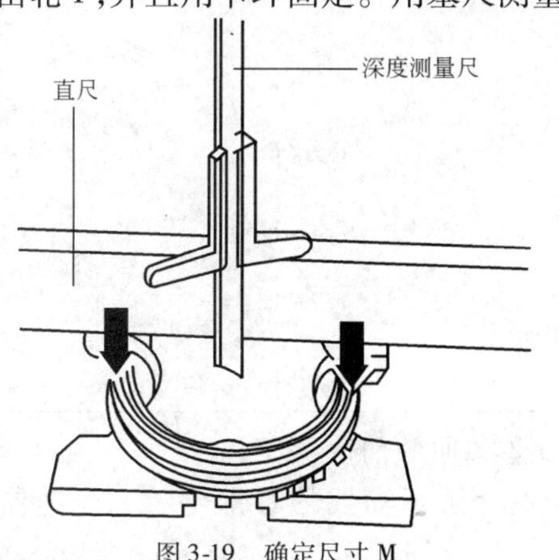


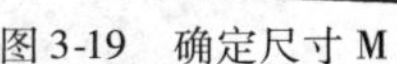
图 3-19　确定尺寸 M

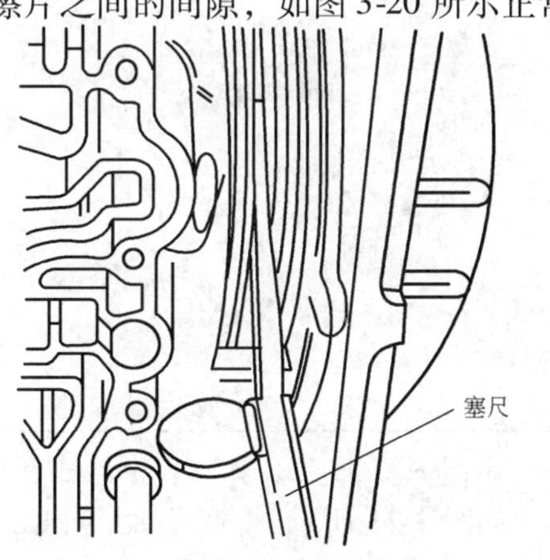


图 3-20　检测 B1

间隙 1.25 ~ 1.55mm。

调整垫片尺寸表 表 3-3

| 间隙 $X$(mm) | 调整垫片(mm) |
|---|---|
| 2.36 ~ 2.45 | 1.0 |
| 2.46 ~ 2.55 | 1.1 |
| 2.56 ~ 2.65 | 1.2 |
| 2.66 ~ 2.75 | 1.3 |
| 2.76 ~ 2.85 | 1.4 |
| 2.86 ~ 2.95 | 1.5 |
| 2.96 ~ 3.05 | 1.6 |
| 3.06 ~ 3.15 | 1.7 |
| 3.16 ~ 3.25 | 1.8 |
| 3.26 ~ 3.35 | 1.9 |
| 3.36 ~ 3.45 | 1.0 + 1.0 |
| 3.46 ~ 3.55 | 1.0 + 1.1 |
| 3.56 ~ 3.65 | 1.1 + 1.1 |
| 3.66 ~ 3.75 | 1.1 + 1.2 |
| 3.76 ~ 3.85 | 1.2 + 1.2 |
| 3.86 ~ 3.95 | 1.2 + 1.3 |
| 3.96 ~ 4.05 | 1.3 + 1.3 |
| 4.06 ~ 4.15 | 1.3 + 1.4 |
| 4.16 ~ 4.25 | 1.4 + 1.4 |

3. 1 ~ 3 挡离合器 K1 和倒挡离合器 K2 之间的间隙调整

如图 3-21 所示,将调整 K1 和 K2 离合器间隙所需要的零部件装入变速器壳体内,但是不安装调整垫片。

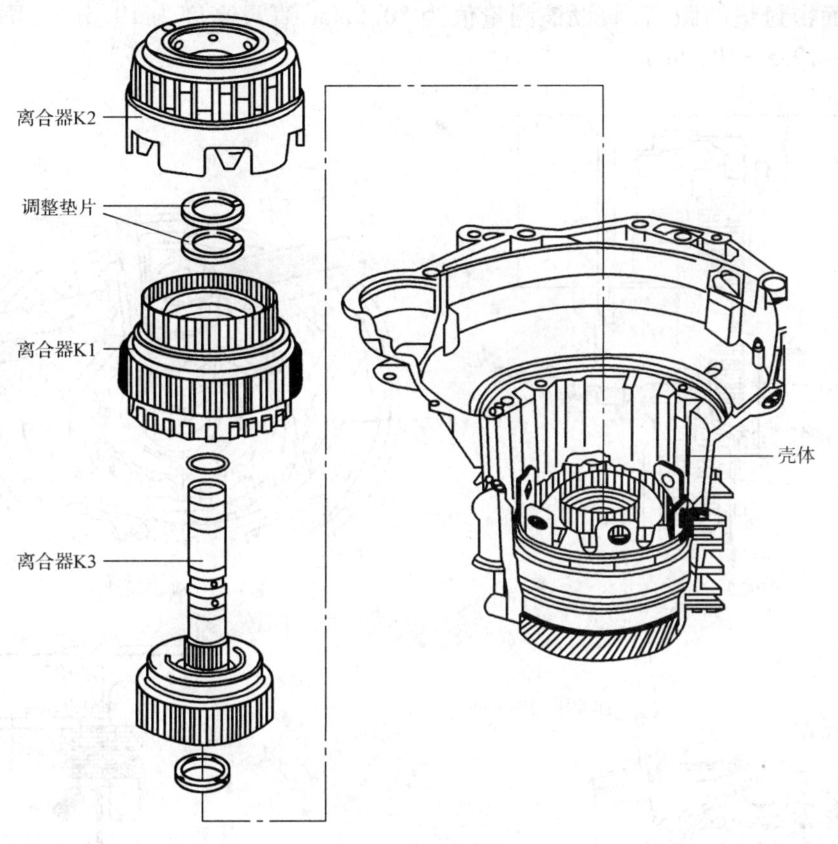


图 3-21　K1 和 K2 离合器

（1）调整的条件：行星齿轮架已装入，并且已调整好。将变速器壳体固定在变速器装配架上，输入齿轮朝下，以便测量。

（2）调整垫片的厚度由间隙尺寸 $X$ 确定（图 3-22），$X = a - b$。

（3）计算 $a$。将直尺放在变速器壳体与 ATF 泵的接触面上（图 3-23）。将 K1 沿箭头方向安装到位，然后用深度游标卡尺测量直尺上端面至 K1 的距离，测量值为 88.5mm。

用深度游标卡尺测量直尺上端面至变速器壳体与 ATF 泵接触面的距离（图 3-24），假设该测量值 2 为 34.3mm。

则从变速器壳体与 ATF 泵接触面至 K1 的尺寸 $a$ = 测量值 1 − 测量值 2 = 88.5 − 34.3 = 54.2mm。

（4）计算 $b$。将纸密封垫放在 ATF 泵上，将直尺放在 K2 的支撑腰环（图 3-25中箭头所示）上，用深度游标卡尺测量直尺上端面至 ATF 泵与变速器壳体

接触面密封垫的距离，假设该测量值为 70.5mm，直尺高度为 19.5mm，则 $b = 70.5 - 19.5 = 51.0$mm。

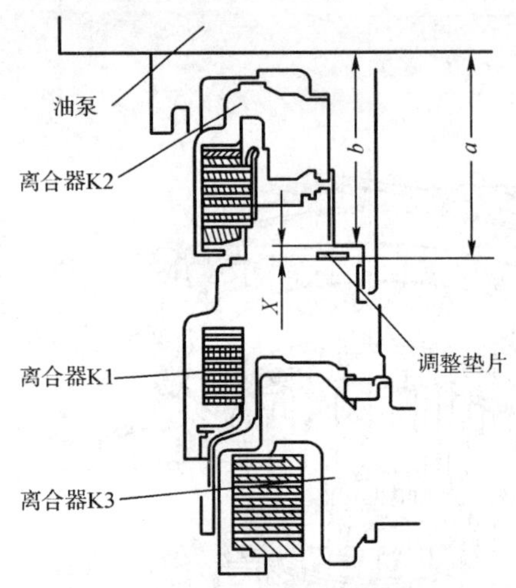


图 3-22　确定尺寸 $X$

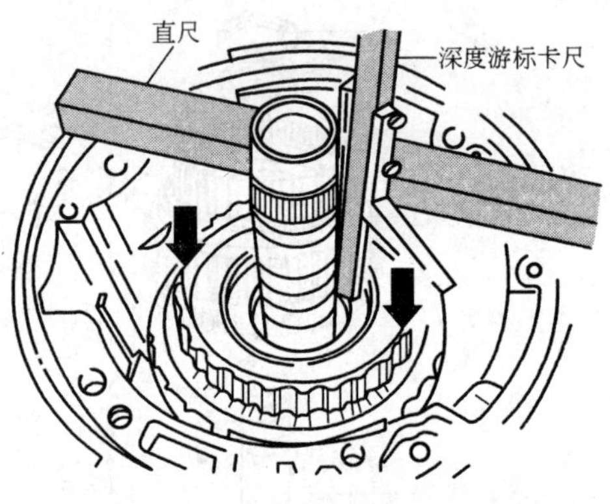


图 3-23　确定尺寸 $a$

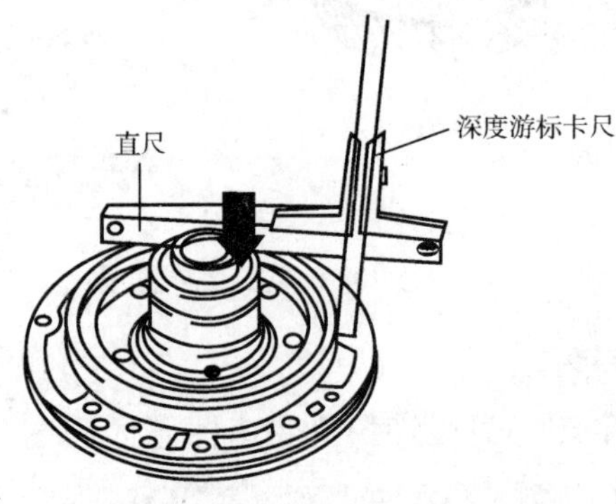


图 3-24　测量距离

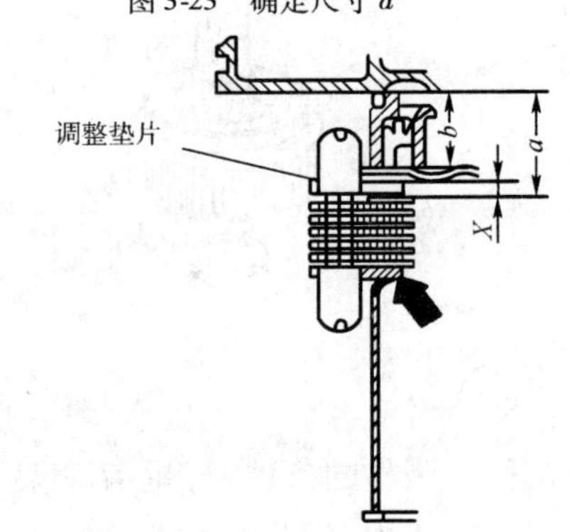


图 3-25　确定尺寸 $b$

(5) 计算 $X$ 并选取调整垫片尺寸。$X = a - b = 54.2 - 51.0 = 3.2$mm。从表 3-4 中选择 $X = 3.2$mm 的调整垫片为2.4mm（必须安装 2 片，即1.2mm + 1.2mm）。

(6) 检测间隙：只有装入了 ATF 泵之后，才能测量离合器的间隙。将百分表支架固定在变速器壳体上，百分表测量头设置 1mm 预紧力，然后放在涡轮轴上。上下移动涡轮轴，读取百分表上的最大摆度

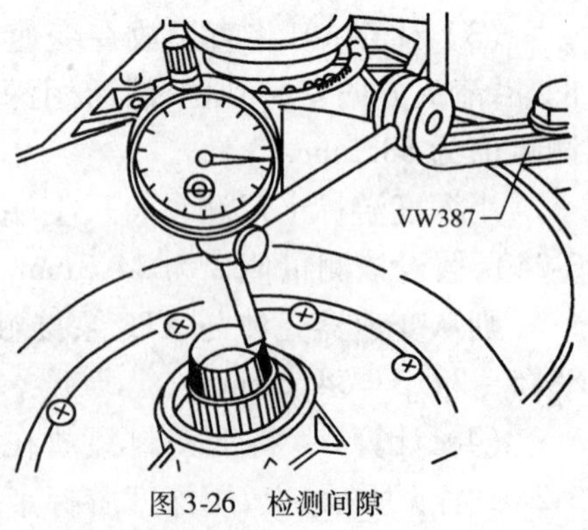


图 3-26　检测间隙

(图 3-26),该摆度差即为间隙测量值,间隙为 0.5 ~ 1.2mm 则正常。

**调整垫片尺寸表** 表 3-4

| 间隙 $X$(mm) | 调整垫片(mm) |
|---|---|
| 0 ~ 2.54 | 1.4 |
| 2.55 ~ 3.09 | 1 + 1 |
| 3.10 ~ 3.49 | 1.2 + 1.2 |
| 3.50 ~ 3.89 | 1.4 + 1.4 |
| 3.90 ~ 4.29 | 1.6 + 1.6 |
| 4.30 ~ 4.69 | 1.8 + 1.8 |
| 4.70 ~ 5.04 | 1.2 + 1.2 + 1.6 |
| 5.05 ~ 5.25 | 1.2 + 1.2 + 1.8 |

4. 第 2 和第 4 挡制动器 B2 的间隙调整

如图 3-27 所示,将调整第 2 和第 4 挡制动器 B2 的零部件装入变速器壳体内,但不要装入波纹形垫圈、最后一片摩擦片和弹簧座。

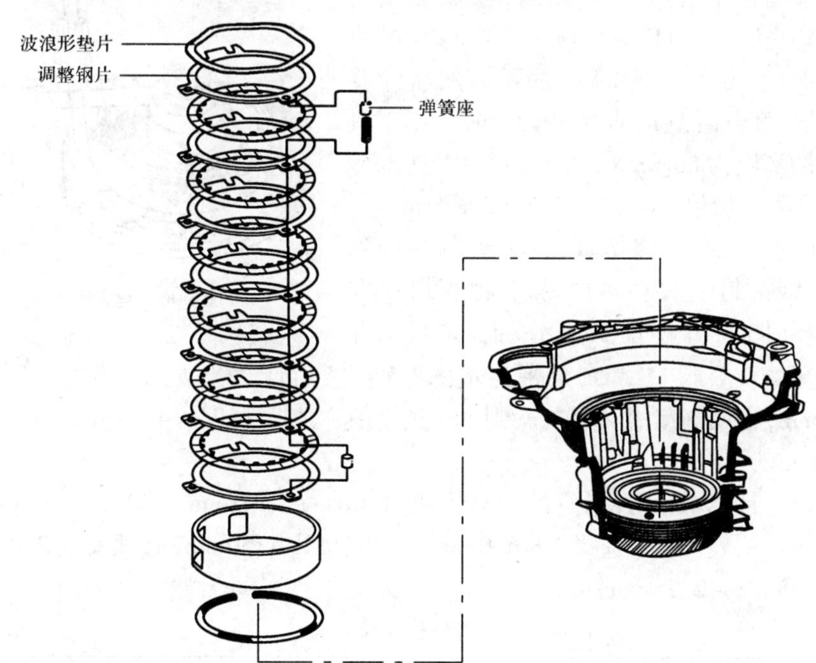


图 3-27 调整第 2 和第 4 挡制动器 B2

(1) 如图 3-28 所示,最后一片调整垫片的厚度由间隙尺寸 $X$ 确定,$X = a - b - 3.6\text{mm}$。

(2) 如图3-29所示，将专用工具3459放在止推环上并且转动，使得3个卡环与ATF泵上的3个孔对齐。将3459拧紧在ATF的凸缘上，拧紧力矩5N·m。

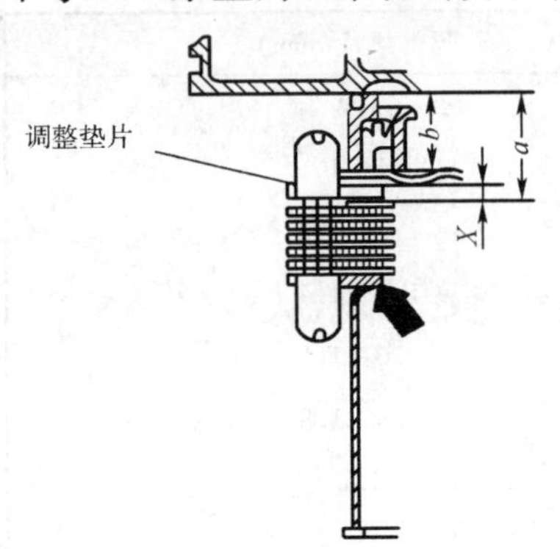


图3-28　确定尺寸 $X$



图3-29　测量距离

(3) 计算 $a$：装配01N型自动变速器行星齿轮机构至B2的最后一片摩擦片，最后一片钢片、最后3个弹簧头和波纹弹簧垫圈暂不装入。用深度测量尺测量从变速器壳体与ATF泵接触面(图3-29中箭头所示)至专用工具2459的距离然后计算出 $a$ 值。例如：测量值为29.8mm，专用工具2459的高度为60.0mm，则 $a$ = 专用工具2459的高度 − 测量值 = 60.0 − 29.8 = 30.2mm。

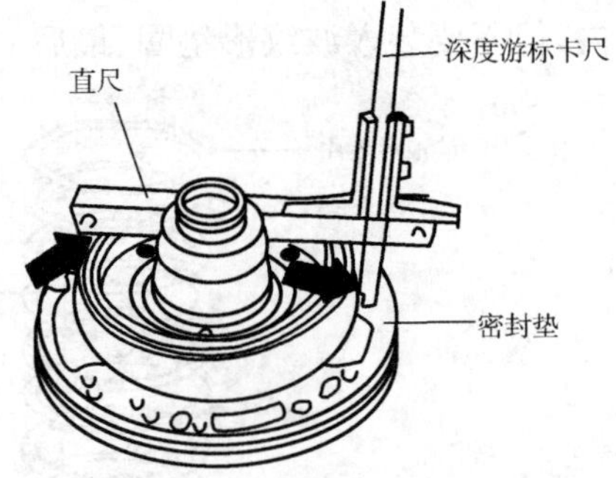


图3-30　确定尺寸 $b$

(4) 计算 $b$：将ATF的活塞向内推到底，将纸密封垫放在ATF泵上将直尺放在支撑环(图3-30中箭头所示)上，并且用深度尺测量从直尺至ATF泵密封垫的距离，然后计算出 $b$ 值。例如：测量值为40.1mm，直尺高度过19.5mm，则 $b$ = 测量值 − 直尺高度 = 40.1mm − 19.5mm = 20.6mm。

(5) 计算 $X$：选择适宜的调整垫片，$X = a - b - 3.6\text{mm} = 30.2 - 20.6 - 3.6 = 6.0\text{mm}$。从表3-5中选择 $X = 6.0$mm 的调整垫片4.50mm(必须安装2片调整垫片，2.25mm + 2.25mm)。

**调整垫片尺寸表**　　表3-5

| 间隙 $X$(mm) | 调整垫片(mm) |
|---|---|
| 4.25 ~ 4.49 | 2.75 |
| 4.50 ~ 4.74 | 3.00 |
| 4.75 ~ 4.99 | 3.25 |

续上表

| 间隙 $X$(mm) | 调整垫片(mm) |
|---|---|
| 5.00 ~ 5.24 | 3.5 |
| 5.25 ~ 5.48 | 3.75 |
| 5.50 ~ 5.74 | 2.00 + 2.00 |
| 5.75 ~ 5.99 | 2.00 + 2.25 |
| 6.00 ~ 6.24 | 2.25 + 2.25 |
| 6.25 ~ 6.49 | 2.25 + 2.50 |

## 三、丰田 A341E 型自动变速器传动机构的检修

表 3-6 丰田 A341E 型自动变速器技术参数

表 3-6

| 变速器型号 | | A341E |
|---|---|---|
| 发动机型号 | | 1UZ—FE |
| 变矩器 | 失速转矩比 | 1.900:1 |
| | 锁定机构 | 有 |
| 齿轮速比 | 第一挡齿轮 | 2.531 |
| | 第二挡齿轮 | 1.531 |
| | | |
| | 第三挡齿轮 | 1.000 |
| | O/D 挡齿轮 | 0.705 |
| | 倒挡齿轮 | 1.880 |

续上表

| 变速器型号 | | | A341E |
|---|---|---|---|
| 发动机型号 | | | 1UZ—FE |
| 盘和片的数量(盘/片) | C1 | 前进挡离合器 | 6/6 |
| | C2 | 直接挡离合器 | 4/4 |
| | C0 | O/D 挡直接离合器 | 2/2 |
| | B2 | 第二挡制动器 | 5/5 |
| | B3 | 第一挡和倒车挡制动器 | 7/7 |
| | B0 | O/D 挡制动器 | 5/4 |
| 第二挡跟踪惯性制动器(B1)制动圈宽度　毫米 | | | 40 |
| 离合片数量 | F1 | 1 号单向离合器 | 22 |
| | F2 | 2 号单向离合器 | 28 |
| | F3 | O/D 挡离合器 | 24 |
| 前行星齿轮 | 太阳齿轮齿数 | | 42 |
| | 行星小齿轮齿数 | | 19 |
| | 行星齿轮齿数 | | 79 |
| 后行星齿轮 | 太阳齿轮齿数 | | 42 |
| | 行星小齿轮齿数 | | 19 |
| | 行星齿轮齿数 | | 79 |
| 超速挡行星齿轮 | 太阳齿轮齿数 | | 33 |
| | 行星小齿轮齿数 | | 23 |
| | 行星齿轮齿数 | | 79 |
| ATF | 牌号 | | T—Ⅱ或相当牌号 |
| | 容量升 | 总加油量 | 8.2 |
| | | 放油和添加量 | 1.9 |

丰田 A341E 型自动变速器行星齿轮机构见图 3-31。

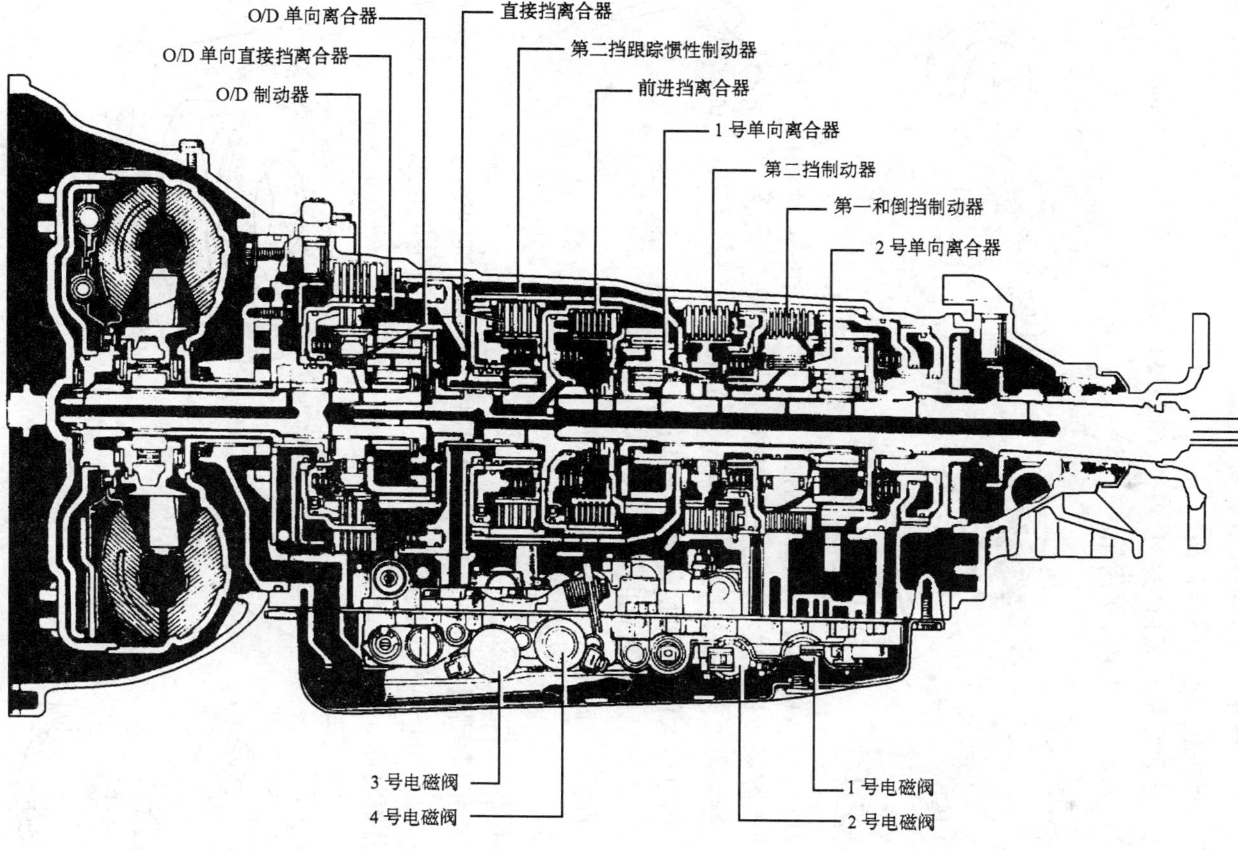


图 3-31　丰田 A341E 型自动变速器行星齿轮机构结构图

1. 行星齿轮机构的检修

(1) 超速挡行星齿轮机构的检修:

用百分表测量离合器转鼓衬套内径(图3-32),最大内径为27.11mm。如果内径超过最大值,应更换离合器转鼓。

用百分表测量行星齿轮衬套内径(图3-33),最大内径为11.27mm。如果内径超过最大值,应更换行星齿轮。

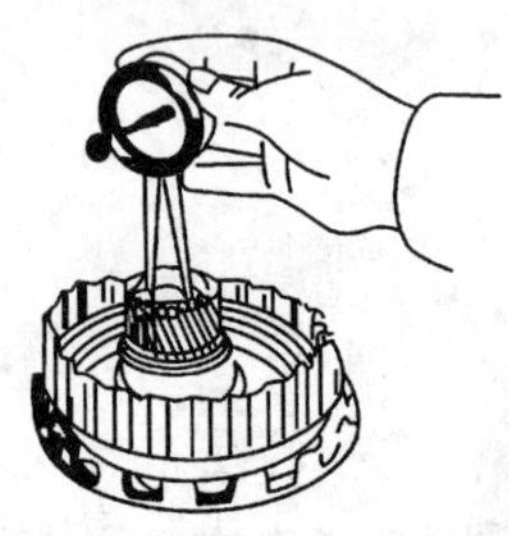
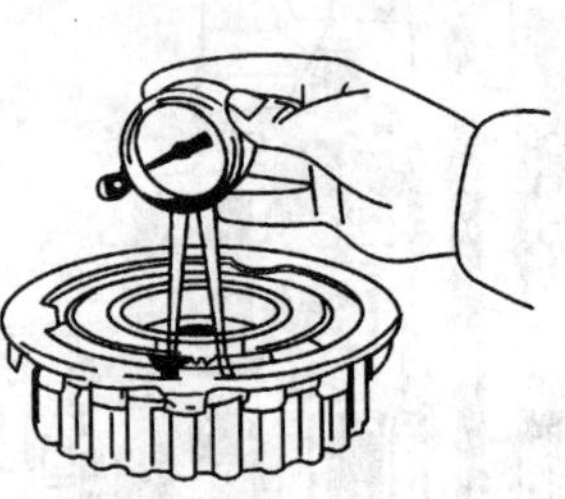

图3-32 检查超速直接挡离合器转鼓衬套

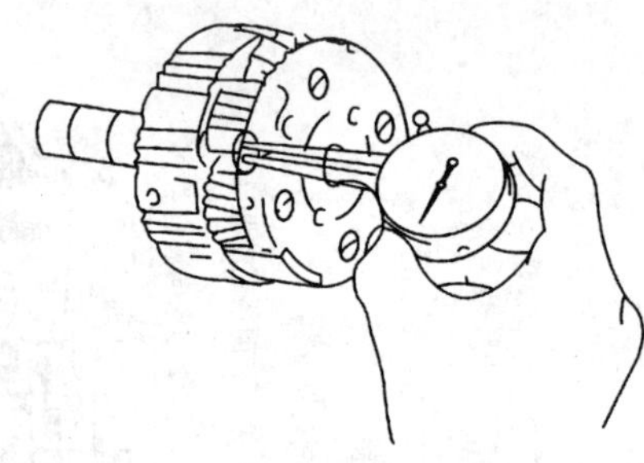

图3-33 检查超速挡行星齿衬套

用测隙规测量行星小齿轮止推间隙(图3-34),标准间隙为0.2~0.6mm,最大间隙为1.0mm。如果间隙超过最大值,应更换行星齿轮总成。

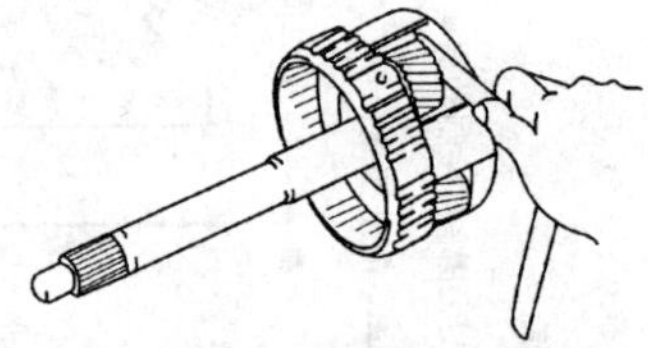

图3-34 测量行星小齿轮止推间隙

(2) 前行星齿轮机构的检修:

用百分表测量行星齿圈衬套内径(图3-35),最大内径为24.08mm。如果内径大于最大值,应更换行星齿圈。

用测隙规测量行星小齿轮止推间隙(图3-36),标准间隙为0.2~0.6mm,最大间隙为1.0mm。如果间隙值超过最大值,应更换行星齿轮总成。前行星齿轮机构分解见图3-37。

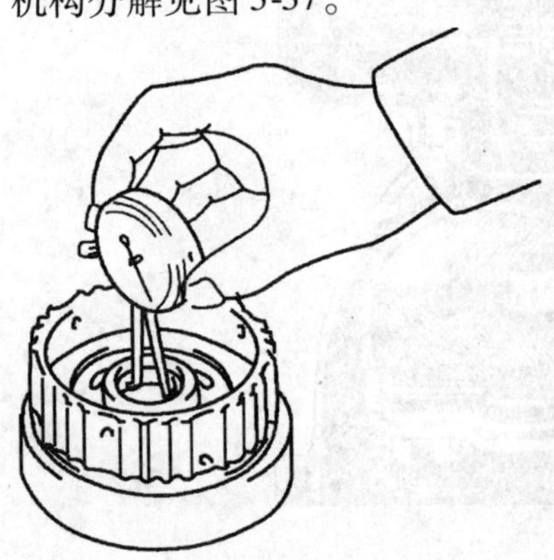

图3-35 检查前行星齿圈衬套

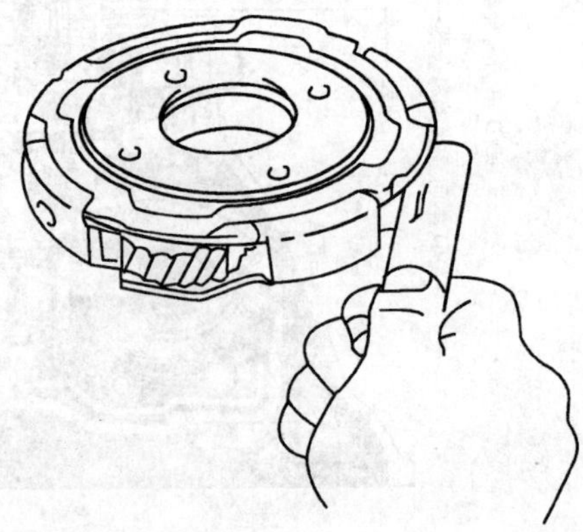

图3-36 测量行星小齿轮止推间隙

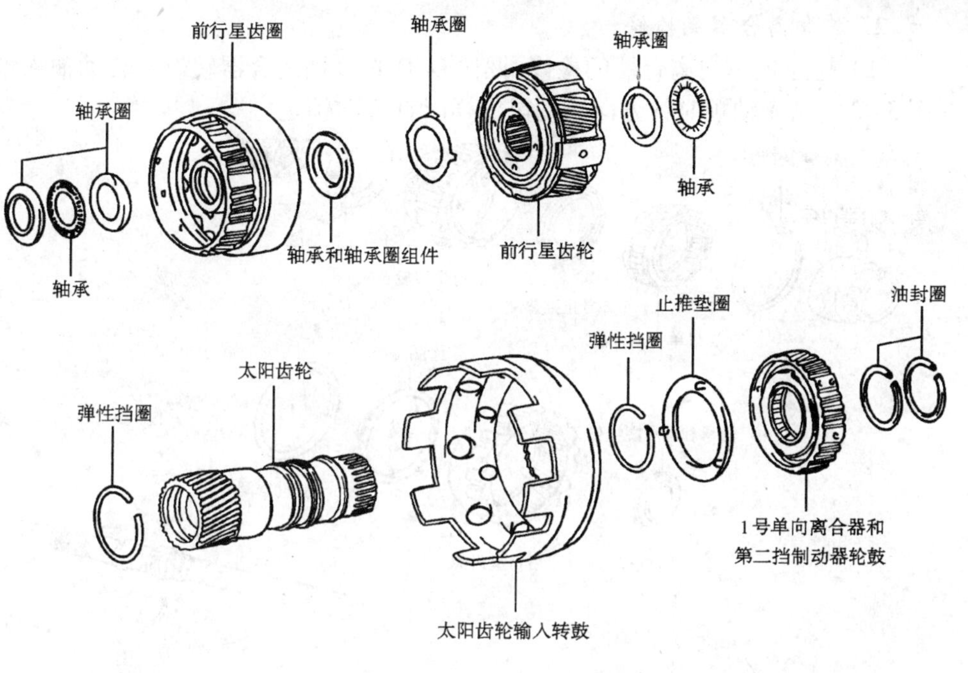


图 3-37　前行星齿轮机构分解图

用百分表测量行星齿轮衬套内径(图 3-38),最大内径为 27.8mm。如果内径超过最大值,应更换行星太阳齿轮。

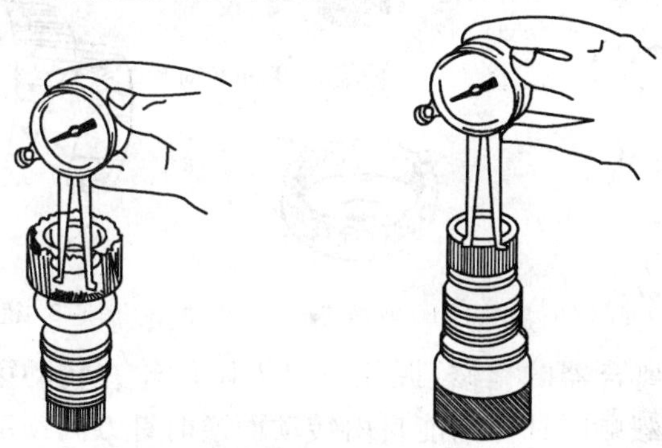

图 3-38　检查行星太阳齿轮衬套

(3) 后行星齿轮机构的检修:后行星齿轮机构分解见图 3-39。用测隙规测量行星小齿轮的止推间隙(图 3-40),标准间隙为 0.2 ~0.6mm,最大间隙为 1.0mm。如果间隙超过最大值,应更换行星齿轮总成。

检查轴承与轴承圈组件的直径(图 3-41),外径:54.5mm,内径:27.6mm。

2. 单向离合器的检修

(1) 超速挡单向离合器的检修:握住 O/D 直接挡离合器转鼓并转动输入轴(图 3-42),输入轴顺时针方向转动灵活逆时针方向锁定。

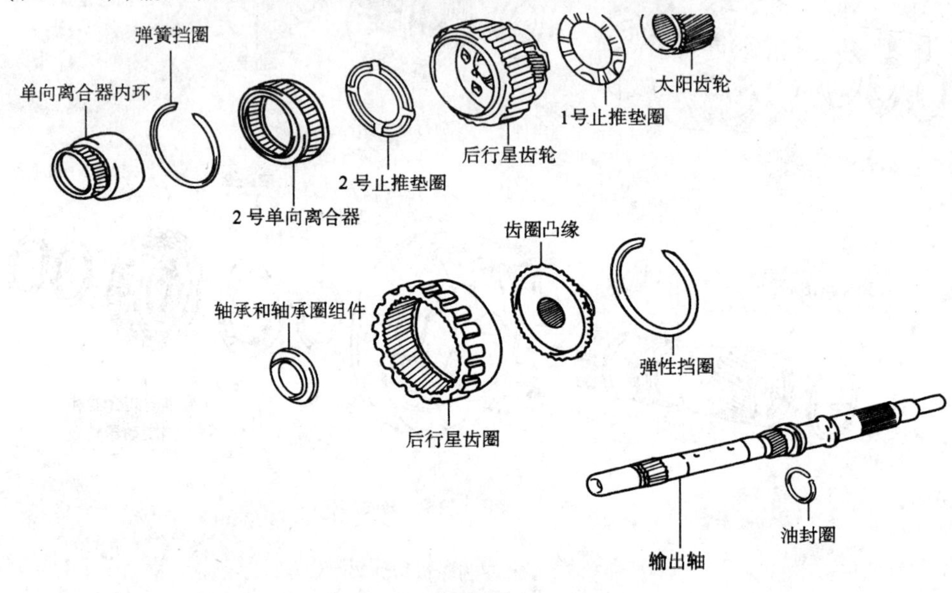


图 3-39 后行星齿轮机构分解图

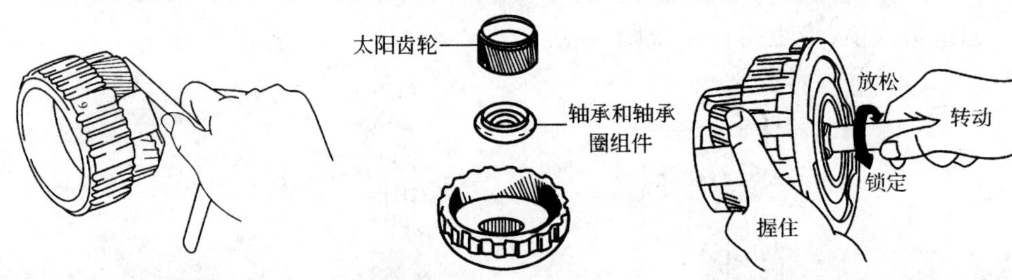


图 3-40 测量行星小齿轮止推间隙　图 3-41 轴承与轴承圈组件　图 3-42 超速挡单向离合器的检查

(2) 1 号单向离合器的检修:握住行星太阳齿轮并转动第二挡制动毂(图 3-43),第二挡制动毂顺时针方向能自由转动而逆时针方向锁定。

(3) 2 号单向离合器的检修:握住后行星架并转动单向超越离合器内圈(图 3-44),外圈相对于内圈在顺时针方向锁止、在逆时针方向可以自由转动。

3. 离合器的检修

(1) 超速直接挡离合器的检修:超速直接挡离合器分解见图 3-45。

检查摩擦片、钢片和法兰滑动面是否磨损或烧坏(图 3-46),必要时应予以更换。

如果摩擦片的衬垫剥落或松动,甚至印刷制号码部分磨损,应更换全部摩擦片。

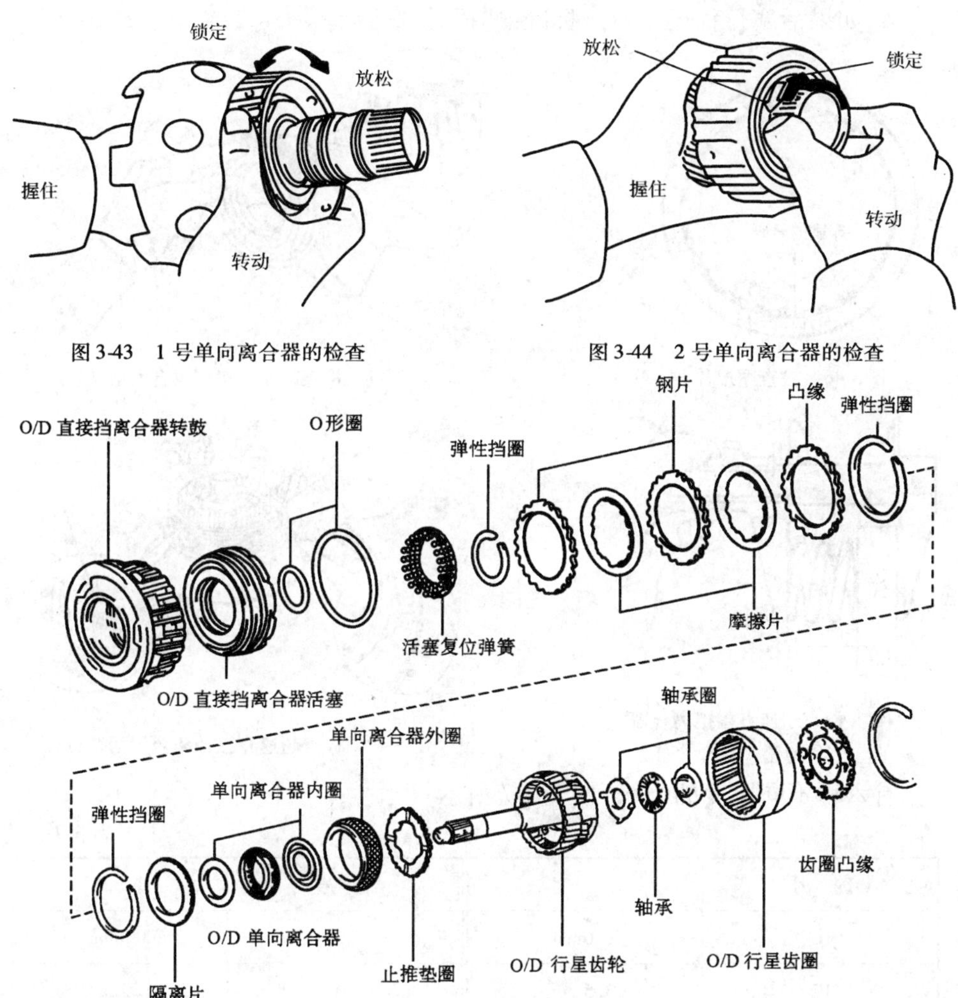


图 3-43　1 号单向离合器的检查

图 3-44　2 号单向离合器的检查

图 3-45　超速直接挡离合器的分解图

检查摇动活塞时(图 3-47),止回球应松动,检查充入低压压缩空气时阀门应不泄漏。

检查包括弹簧座在内的弹簧自由长度(图 3-48),标准自由长度为 15.8mm。

① 将油泵放到变矩器上,然后将 O/D 直接挡离合器总成放到油泵上。

② 用专用工具 SST 和百分表,如图 3-49 所示充入和放泄压缩空气(392 ~ 785kPa)测量超速直接挡离合器活塞行程,活塞行程应为 1.45 ~1.70mm。

③ 如果活塞行程小于极限值,可能是零件装配不正确,所以要重新装配和检查。

④ 如果活塞行程还不符合标准,选择另选凸缘。

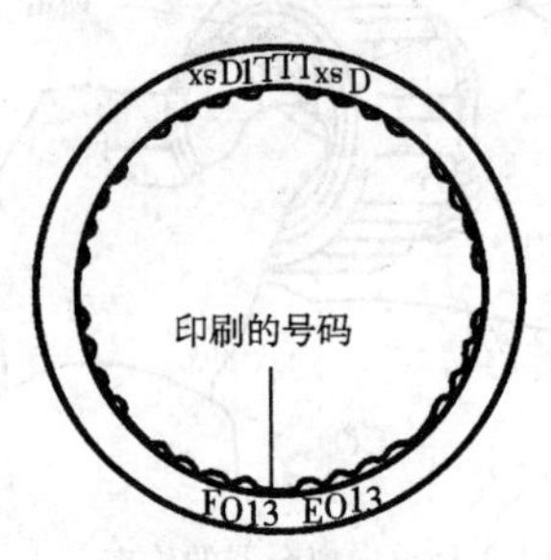


图 3-46　检查摩擦片

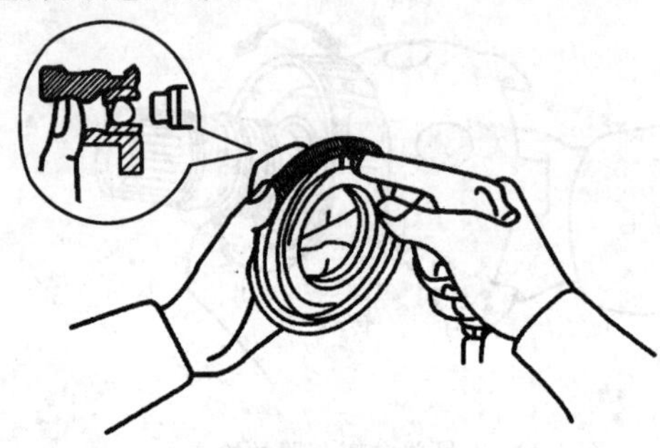

图 3-47　检查超速直接挡离合器活塞

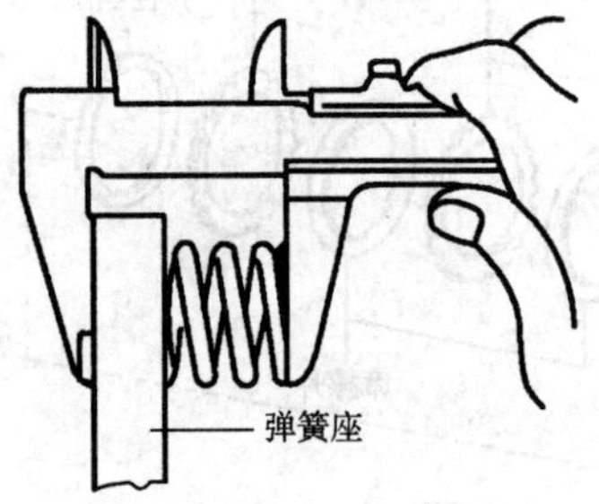


图 3-48　检查超速直接挡离合器复位弹簧

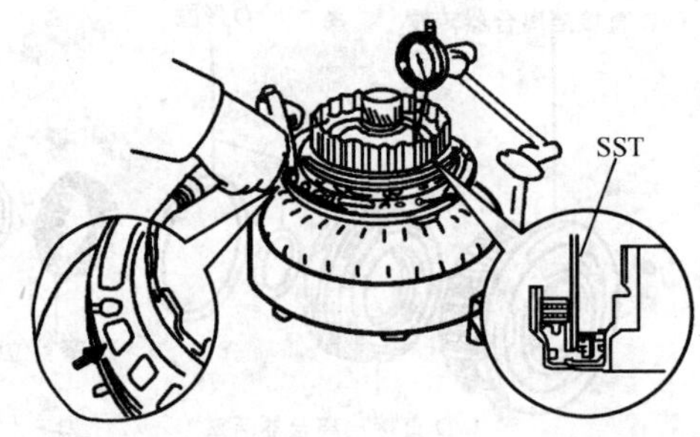


图 3-49　检查超速直接挡离合器活塞行程

有六种不同厚度的凸缘,如表 3-7 所示。

表 3-7

| 编　号 | 厚　度 | 编　号 | 厚　度 |
|---|---|---|---|
| 16 | 3.6mm | 19 | 3.3mm |
| 17 | 3.5mm | 20 | 3.2mm |
| 18 | 3.4mm | 21 | 3.1mm |

(2) 直接挡离合器的检修:直接挡离合器的分解见图 3-50。

① 检查摩擦片、钢片和凸缘的滑动面是否磨损和烧损(图 3-46),必要时应予更换。

② 检查直接挡离合器活塞(图 3-47),摇动活塞,检查止回球是否灵活。充入低压压缩空气,检查止回阀是否泄漏。

③ 检查直接挡离合器活塞复位弹簧(图 3-48),包括弹簧座在内的弹簧自

由长度标准值为24.35mm。

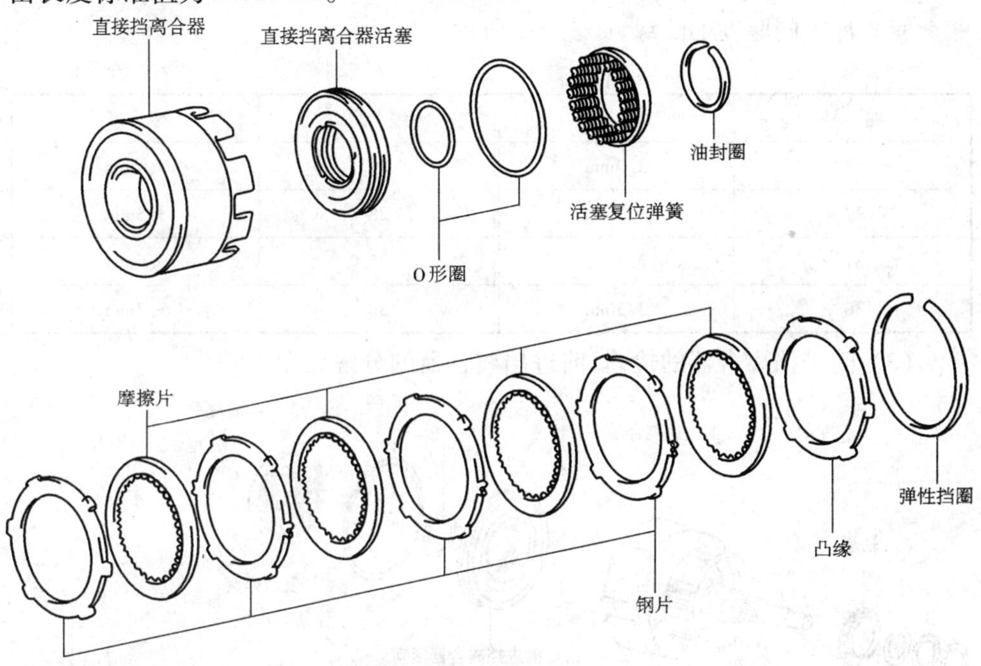


图3-50　直接挡离合器的分解图

用百分表测量直接挡离合器衬套内径(图3-51),最大内径为53.97mm。如果内径超过最大值,应更换离合器转鼓。

① 将直接挡离合器部件放到O/D支架总成上。

② 用专用工具SST和百分表(图3-52),充入和放泄压缩空气(392~785kPa)测量直接挡离合器活塞行程,活塞行程应为1.37~1.60mm。

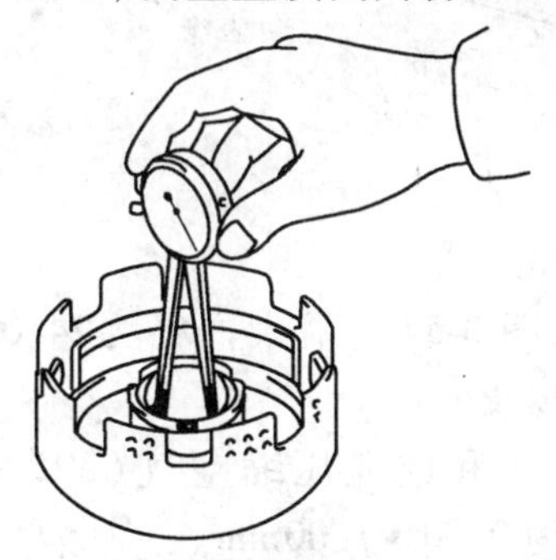

图3-51　检查直接挡离合衬套

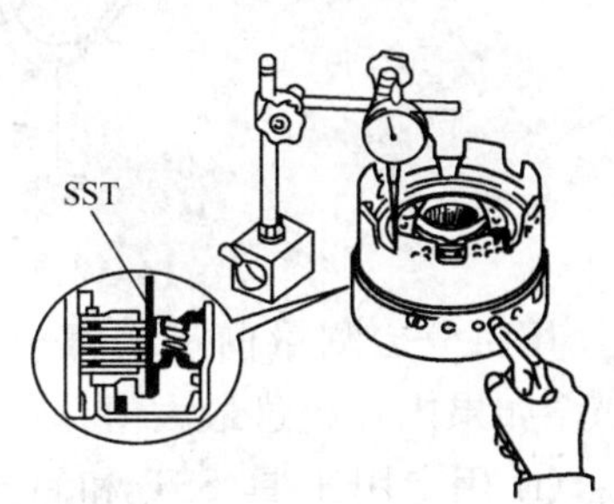


图3-52　检查直接挡离合器活塞行程

③ 如果活塞行程小于极限值,可能是零件装配不正确,所以要检查和重新装配。

④ 如果活塞行程还不符合标准,应选择另一凸缘。

有 8 种不同厚度的凸缘,如表 3-8 所示。

表 3-8

| 编　号 | 厚　度 | 编　号 | 厚　度 |
|---|---|---|---|
| 33 | 3.0mm | 29 | 3.4mm |
| 32 | 3.1mm | 28 | 3.5mm |
| 31 | 3.2mm | 27 | 3.6mm |
| 30 | 3.3mm | 34 | 3.7mm |

(3) 前进挡离合器的检修:前进挡离合器的分解见图 3-53。

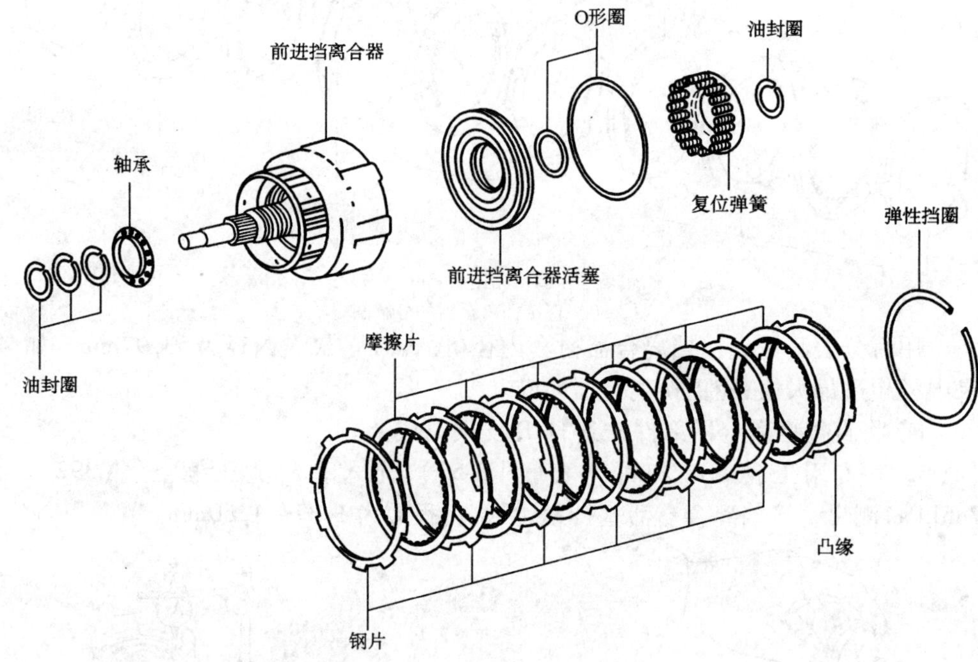


图 3-53　前进挡离合器的分解图

用百分表测量前进挡离合器转鼓衬套内径(图 3-54),最大内径为24.08 mm。如果内径超过最大值,应更换前进挡离合器转鼓。

① 用专用工具 SST 和百分表(图 3-55),充入和放泄压缩空气(392 ~ 785kPa)检查前进挡离合器组件间隙,活塞行程应为 0.70 ~ 1.00mm。

② 如果活塞行程小于极限值,可能是零件装配不正确,所以要检查和重新装配。

③ 如果活塞行程还不符合标准,应选择另一凸缘。

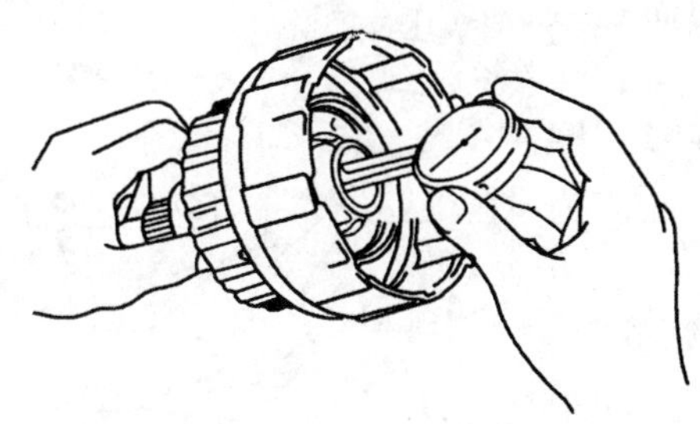

图 3-54　检查前进挡离合器转鼓衬套

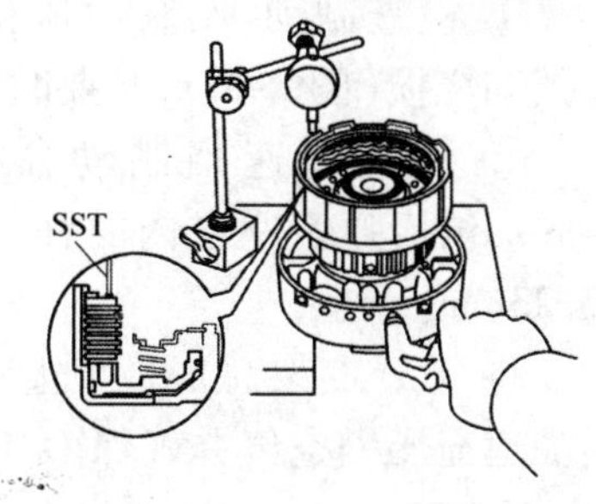


图 3-55　检查前进挡离合器组件间隙

有 6 种不同厚度的凸缘，如表 3-9 所示。

表 3-9

| 编号 | 厚度 | 编号 | 厚度 |
|---|---|---|---|
| 42 | 4.0mm | 45 | 3.4mm |
| 44 | 3.8mm | 60 | 3.2mm |
| 62 | 3.6mm | 61 | 3.0mm |

4. 制动器的检修

(1) 超速挡制动器的检修：超速挡制动器的分解见图 3-56。

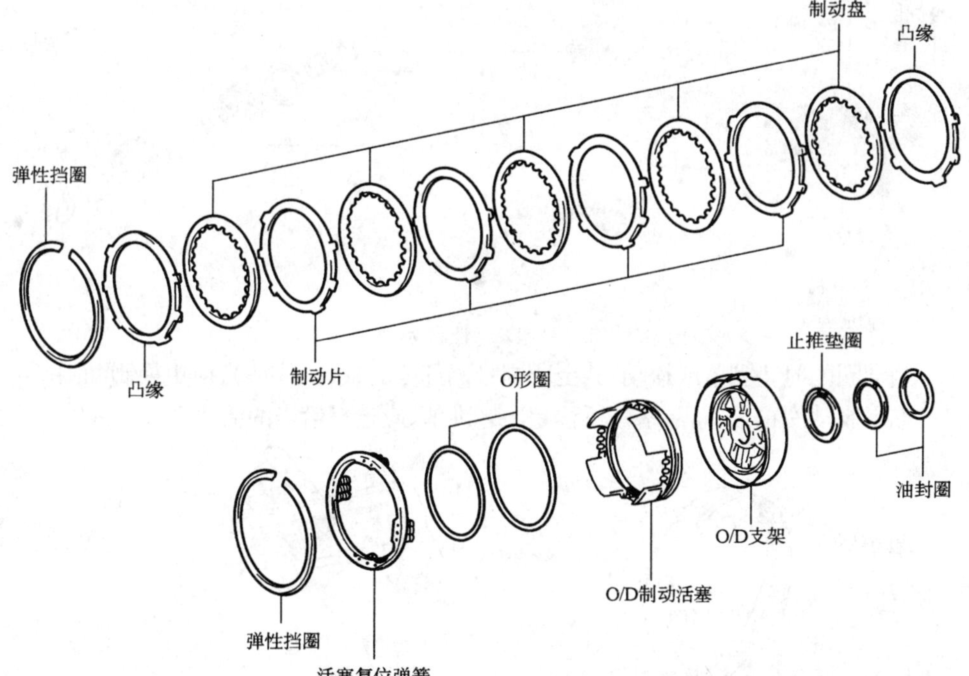


图 3-56　超速挡制动器的分解图

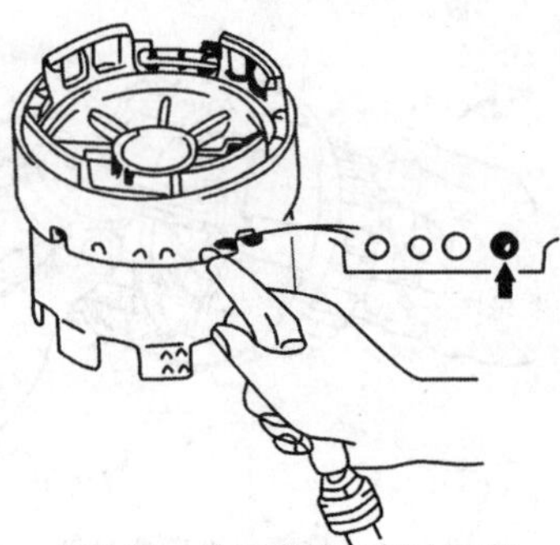

图 3-57　检查超速挡制动活塞的运动情况

① 检查制动盘、制动片和凸缘的滑动面是否磨损和烧损(图 3-46),必要时应予更换。

② 检查超速挡制动器活塞复位弹簧(图 3-48),包括弹簧座在内的弹簧自由长度标准值为 17.23mm。

将 O/D 支架总成放到直接挡离合器总成上,向油道充压缩空气并确保 O/D 制动器活塞移动平稳(图 3-57)。

(2) 第二挡跟踪惯性制动器的检修:第二挡跟踪惯性制动器的分解见图 3-58。

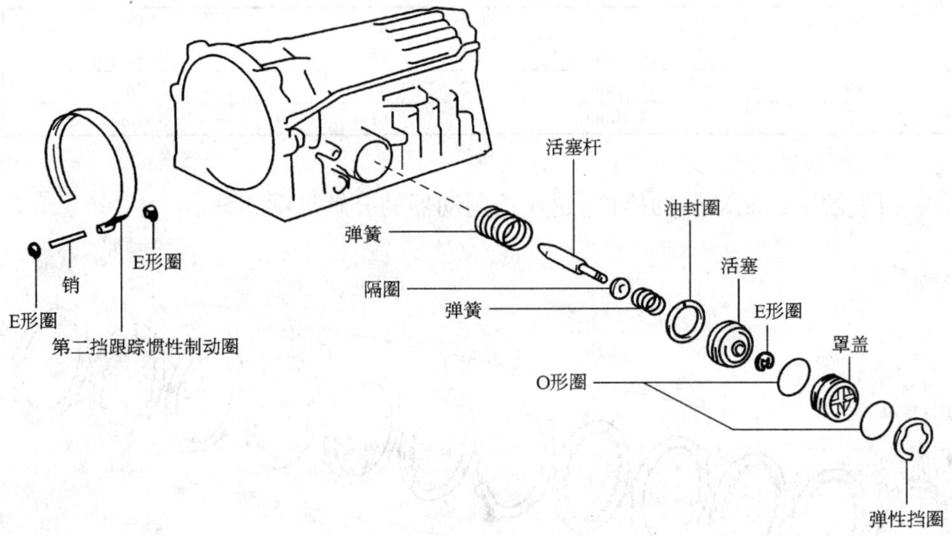


图 3-58　第二挡跟踪惯性制动器的分解图

制动圈的衬垫剥落或松动,甚至印刷号码部分磨损(图 3-59),应更换制动圈。如果制动圈正常,而活塞杆行程超出标准值,应选择恰当的活塞杆(图 3-60)。

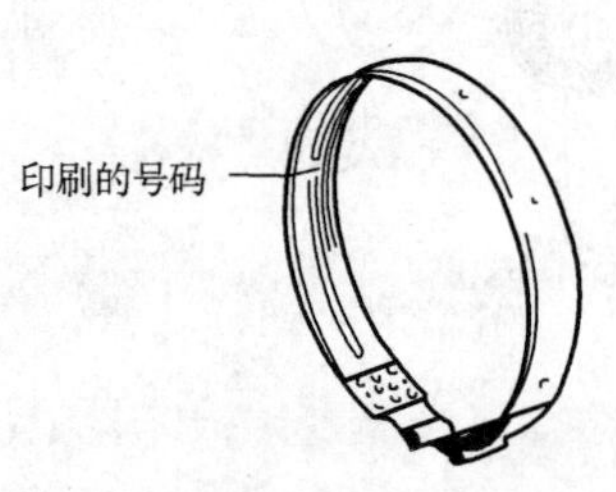


图 3-59　检查制动圈

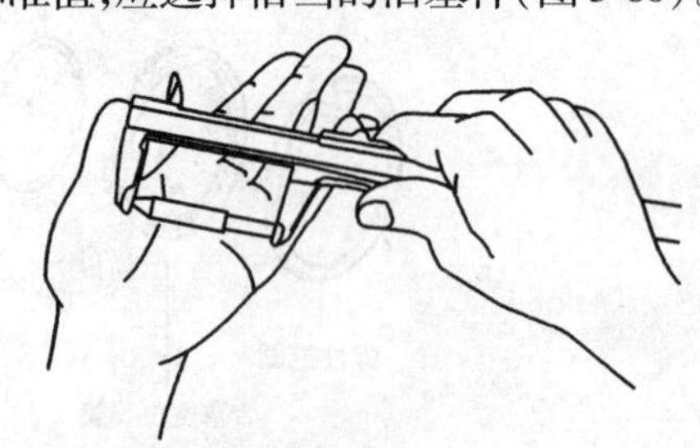

图 3-60　选择用活塞杆

有4种不同长度的活塞杆，分别为70.7、71.4、72.2、72.9mm。

(3) 第二挡制动器的检修：第二挡制动器的分解见图3-61。

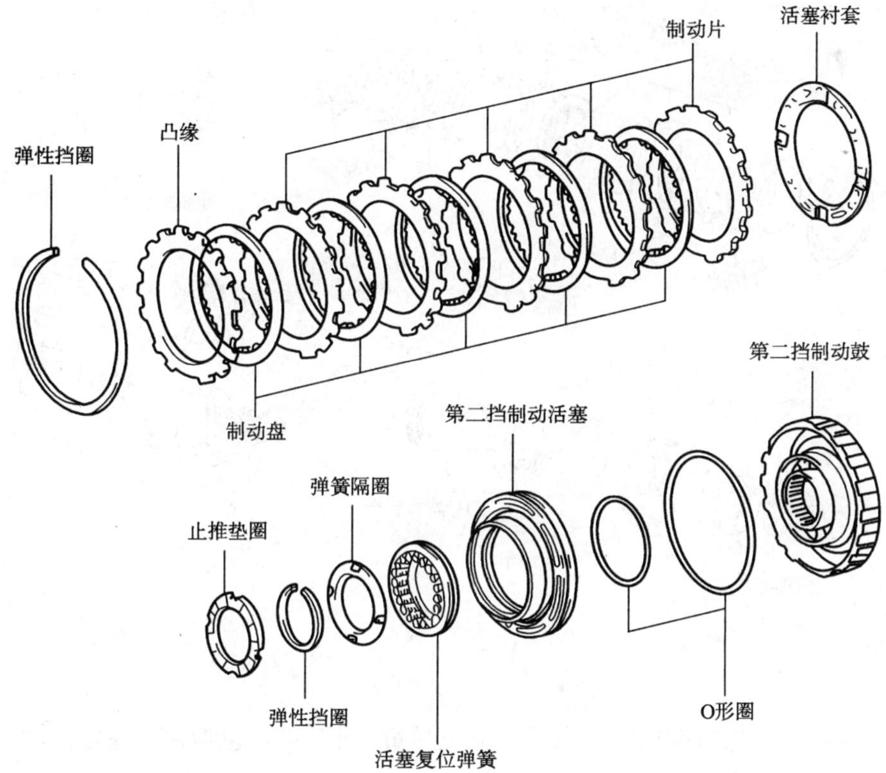


图3-61　第二挡制动器的分解图

检查包括弹簧座在内的弹簧自由长度(图3-62)，标准自由长度为19.64mm。

当对第二挡制动器转鼓充入和放泄低压缩空气时(图3-63)，确保第二挡制动活塞运动平稳。

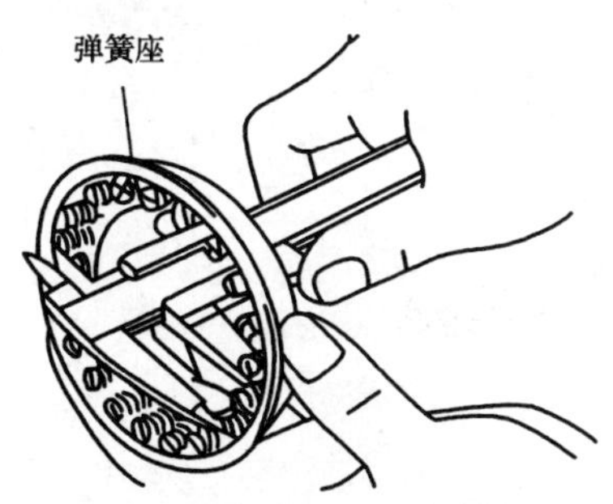


图3-62　检查活塞复位弹簧

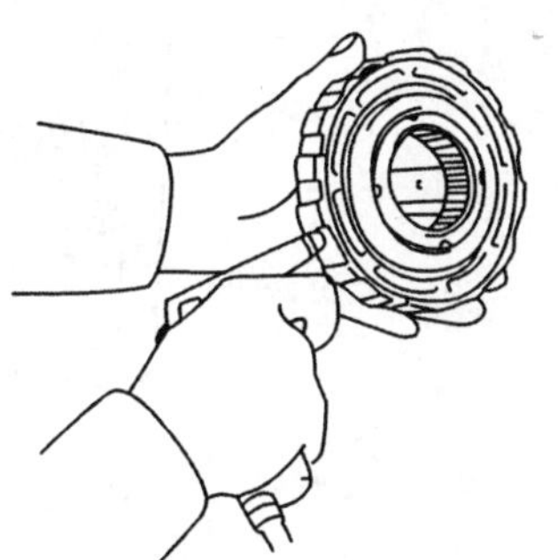

图3-63　检查第二挡制动活塞的运动

（4）第一挡和倒挡制动器的检修：第一挡和倒挡制动器的分解见图 3-64。

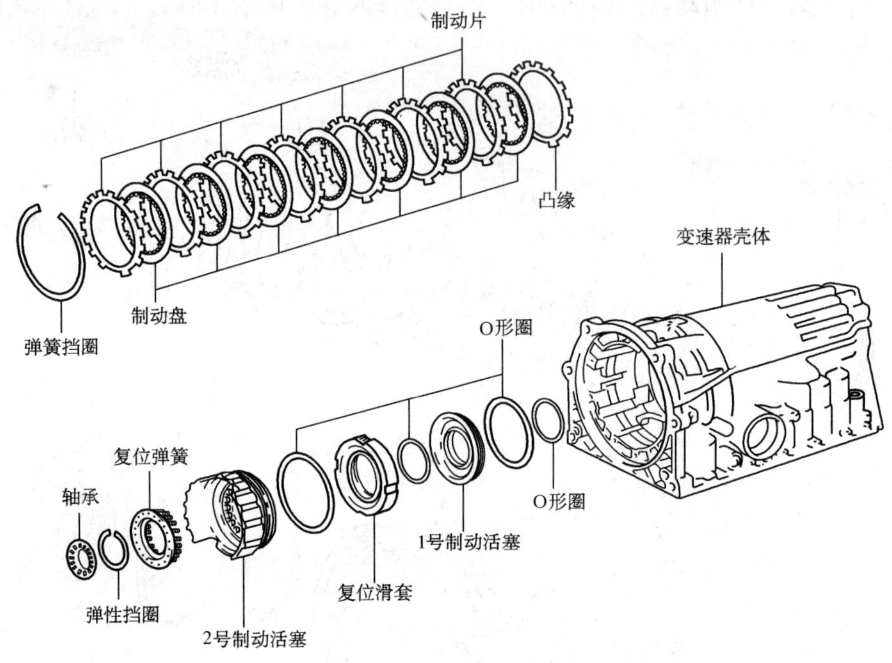


图 3-64　第一挡和倒挡制动器的分解图

检查第一挡和倒挡制动器活塞复位弹簧（图 3-48），包括弹簧座在内的弹簧自由长度标准值为 12.9mm。

当向变速器壳体充入和放泄压缩空气时（图 3-65），确保第一挡和倒挡制动器活塞运动平稳。

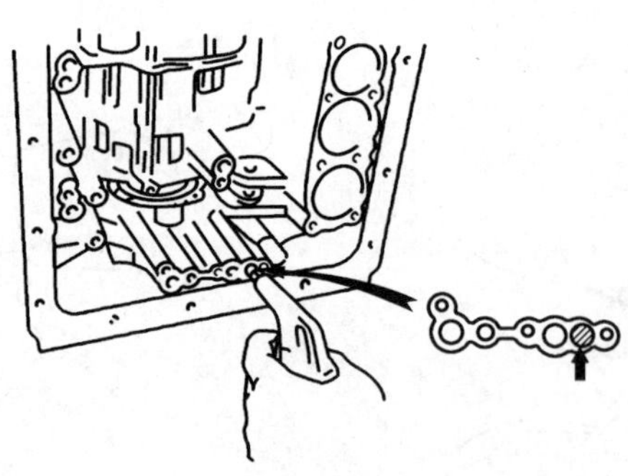

图 3-65　检查第一挡和倒挡制动器活塞行程

## 课题三　液压控制系统的检修

液压控制系统是自动变速器的一个重要的组成部分，他可以根据汽车的运行速度和负荷及其他的一些行驶条件，通过离合器、制动器等液压执行元件的工作来实现自动换挡。由于液压控制需要迅速可靠，因此，液压控制系统的元件要保证反应灵敏、精度高、故障少。如果，出现故障检修时一定要非常的仔细，严格参照维修要求进行操作。

### 一、典型自动变速器油液（ATF）的用油标准

大众汽车的新自动变速器油（VW ATF）为淡黄色的（见表 3-10），分为0.5L 桶装，配件号 G052 162 A1 和 1L 桶装，配件号 G052 162 A2 两种。

**大众汽车自动变速器用油标准**　　表 3-10

| 加 油 量 | 行星齿轮变速器 | 自动变速器 |
|---|---|---|
| 首次加入量 | 5.5L | 01N |
| 更　换 | 约 3.5L | |
| 润 滑 油 | VW　ATF | |

（1）01N 型自动变速器的行星齿轮变速器内，必须使用作为配件供应的 VW ATF。齿轮油 SAE 75W/90（合成油）作为配件供应。

（2）凌志（Lexus）ES300 和 SC300 型用 Dexron－II（自动变速器油）。表 3-11中所有其他的自动变速器用丰田（Toyota）自动变速器专用油 T－II 型。

**凌志汽车自动变速器用油标准**　　表 3-11

| 车　　型 | 新加注(L) | 再加注(L) |
|---|---|---|
| 凌志（Lexus）ES300 | 6.5 | 3.1 |
| 凌志（Lexus）GS300 | 7.9 | 1.9 |
| 凌志（Lexus）LS400 | 8.3 | 1.9 |
| 凌志（Lexus）SC300 | 7.2 | 1.6 |
| 凌志（Lexus）SC400 | 8.2 | 1.9 |

### 二、自动变速器油液（ATF）油泵的检修

油泵是整个变速器液压系统的动力源，如果油泵出现故障，会对整个自动

变速器液压系统产生影响，导致整个液压系统无法正常工作。因此，分解自动变速器后要对油泵进行全面的检修。

1. 油泵的磨损检修

(1) 如图 3-66 所示，为 ATF 泵分解各组成零部件。观察密封表面是否平整，检查齿轮与油泵部件是否存在的裂缝、毛刺或擦痕。检查泵壳是否磨损。检查轴与齿轮是否有擦痕及泵齿轮是否磨损。

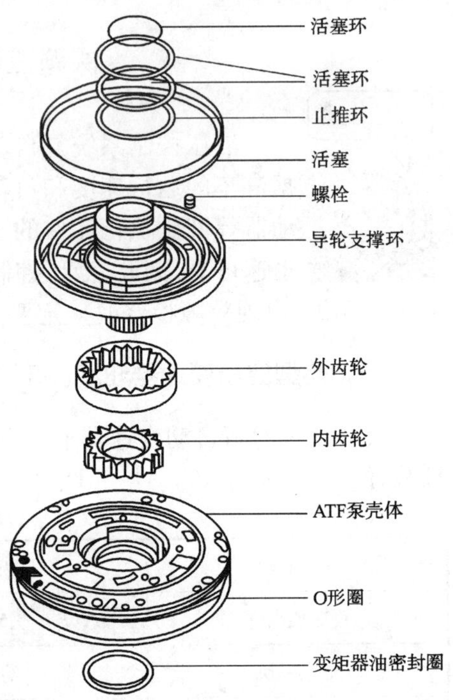

图 3-66 ATF 泵分解图

(2) 测量油泵装配间隙(图3-67)：壳体间隙、齿顶间隙、端面间隙标准见表 3-12。

① 使用塞尺测量从动齿轮外圆与泵体之间的间隙(壳体间隙)；

② 检查油泵从动齿轮齿与月牙状部件之间或主动轮齿与月牙状部件之间的间隙(齿顶间隙)；

③ 用直尺与塞尺检查齿轮端面与泵壳按平面之间的(端面间隙)。

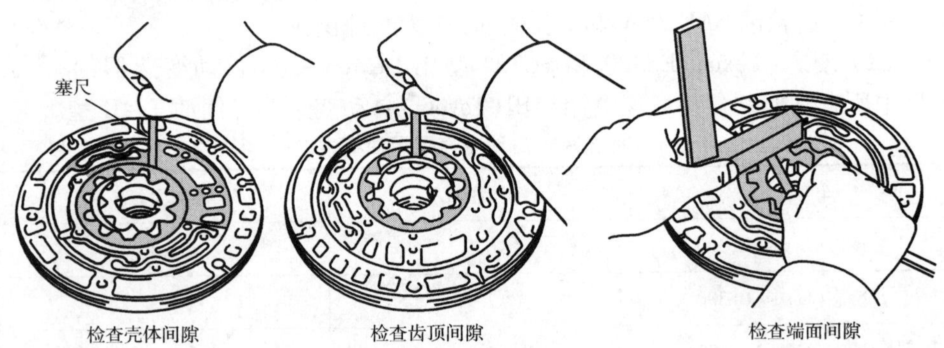

图 3-67 测量油泵装配间隙

**油泵测量标准** 表 3-12

| 项　　目 | 车型 | 标准间隙(mm) | 最大间隙(mm) |
|---|---|---|---|
| 内齿轮与壳体间隙 | 丰田 | 0.07 ~ 0.15 | 0.3 |
| | 大众 | 0.05 ~ 0.20 | 0.25 |

续上表

| 项　　目 | 车型 | 标准间隙(mm) | 最大间隙(mm) |
|---|---|---|---|
| 齿顶与月牙板间隙 | 丰田 | 0.11～0.14 | 0.3 |
| | 大众 | 0.14～0.21 | 0.25 |
| 齿轮端隙 | 丰田 | 0.02～0.05 | 0.1 |
| | 大众 | 0.02～0.04 | 0.08 |

2. 油泵泄漏的检修

检查油泵反作用轴的密封环(图3-68),确保密封环在槽内能够旋转。密封环由铸铁制成,检查它们是否有裂缝、毛刺、塑性变形或不平的磨损形式,如果出现以上损伤,则予以更换。检查反作用轴支架或环槽与密封环之间的间隙。

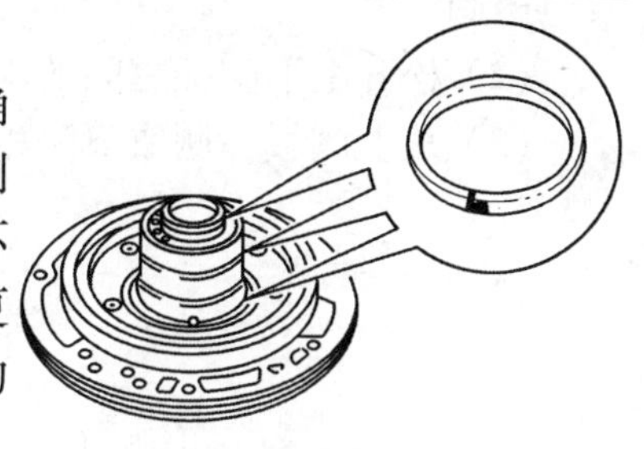

图3-68　检查油泵密封环

检查前油封是否有裂缝、损坏或磨损,必要时更换油封。更换油封时,用旋具拆下油封,正确安装一个新油封(图3-69),使油封和泵体的外边缘平齐。



如图3-70所示,用百分表测量油泵体轴和导轮轴衬套的内径,如果超过规定值,则需要更换泵体。

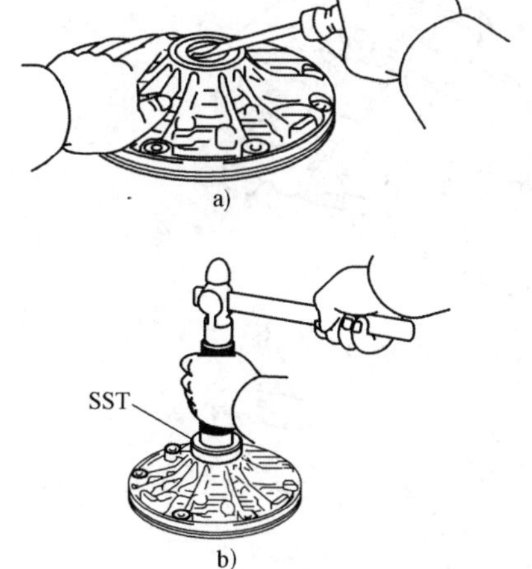


图3-69　油封的更换

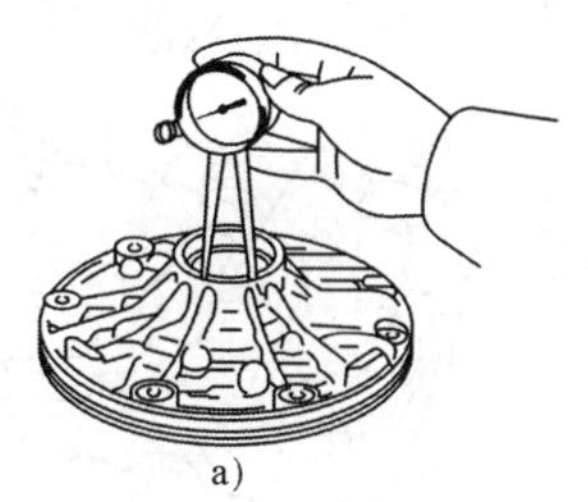


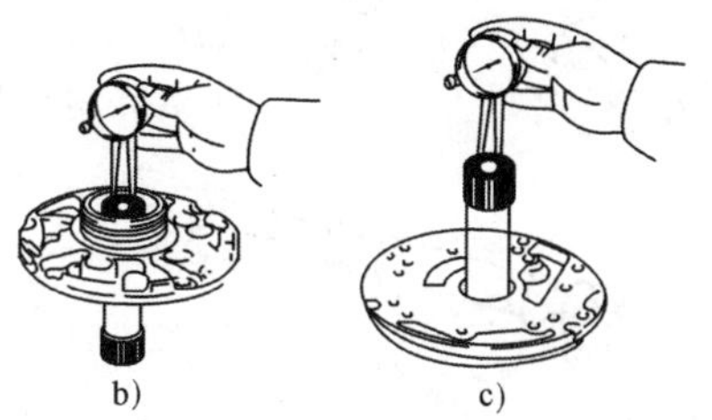


图3-70　衬套的检查

如图3-71所示，检查油泵运转性能，将组装后的油泵插入变矩器中，转动油泵，油泵齿轮转动应平顺，无异响。

图3-71 油泵性能的检查

## 三、丰田 A341E 液压控制阀及油压通道的检修

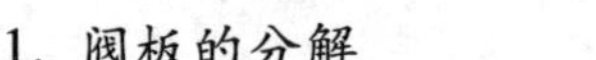

### 1. 阀板的分解

(1) 按图3-72所示顺序拆下阀板上的手动阀阀芯及电磁阀等零件。

(2) 松开上下阀板之间的固定螺栓，将上下阀板分开(图3-73)。

(3) 从上阀板一侧取下隔板，取出上阀板油道内的所有单向阀。

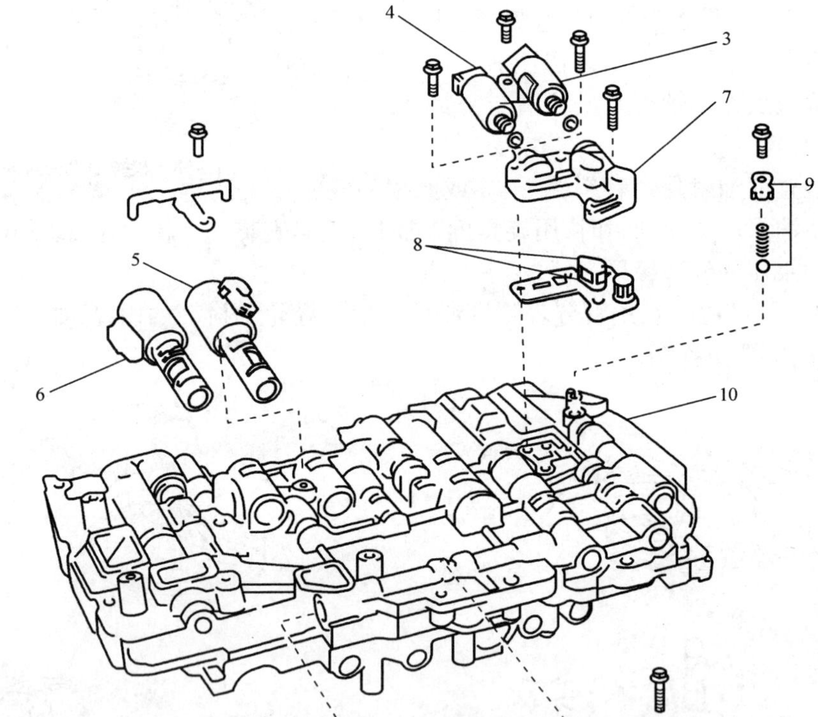

图3-72 A341E 自动变速器手动阀和电磁阀

1-手动阀摇臂定位弹簧；2-手动阀；3、4-换挡电磁阀；5、6-油压电磁阀；7-换挡电磁阀底座；8-换挡电磁阀滤网；9-泄压阀；10-阀板

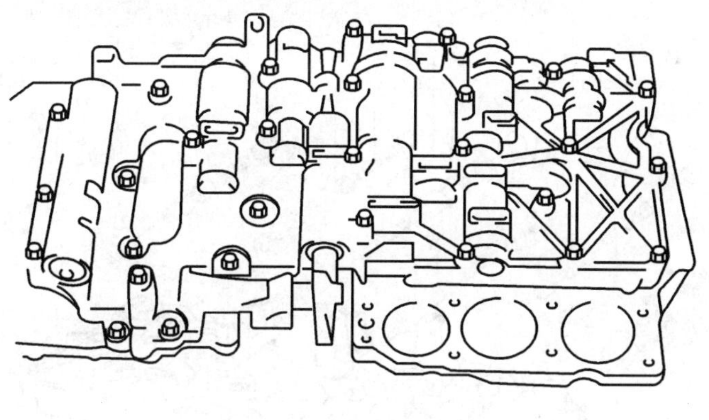

a)

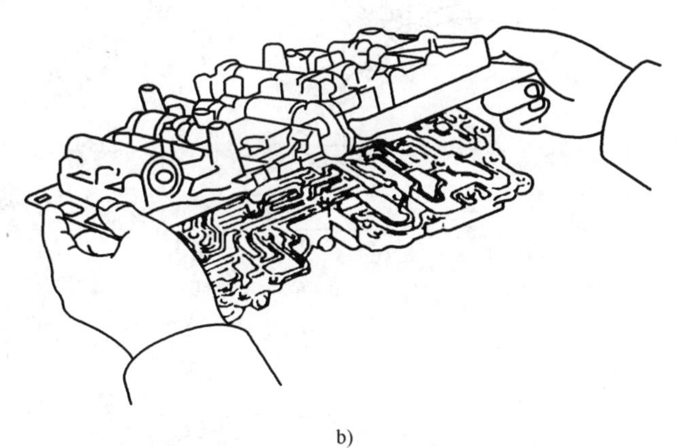

b)

图 3-73　分开上下阀板

（4）按图 3-74 所示顺序拆出上阀板中的控制阀。在拆出每个控制阀时,应先取出锁销和栓塞,再让阀芯和弹簧从阀孔中自由落出。若阀芯在阀孔中有卡滞,不能自由落出,则可用木锤或橡皮锤敲击阀板,将阀芯震出;不要用铁丝或钳子伸入阀孔去取阀芯,以免损坏阀孔内表面或阀芯。

（5）按图 3-75 所示顺序拆出下阀板中所有的控制阀。

在拿起上阀板时,为了防止阀板油道内的单向阀阀球掉落,应特别小心。应将上下阀板之间的隔板和上阀板一同拿起,并将上阀板油道一面朝上放置后再取下隔板。

2. 阀板零件检修

（1）先将变速器上下阀板和所有控制阀的零件彻底的用煤油清洁,所有的油道都应用压缩空气吹净。

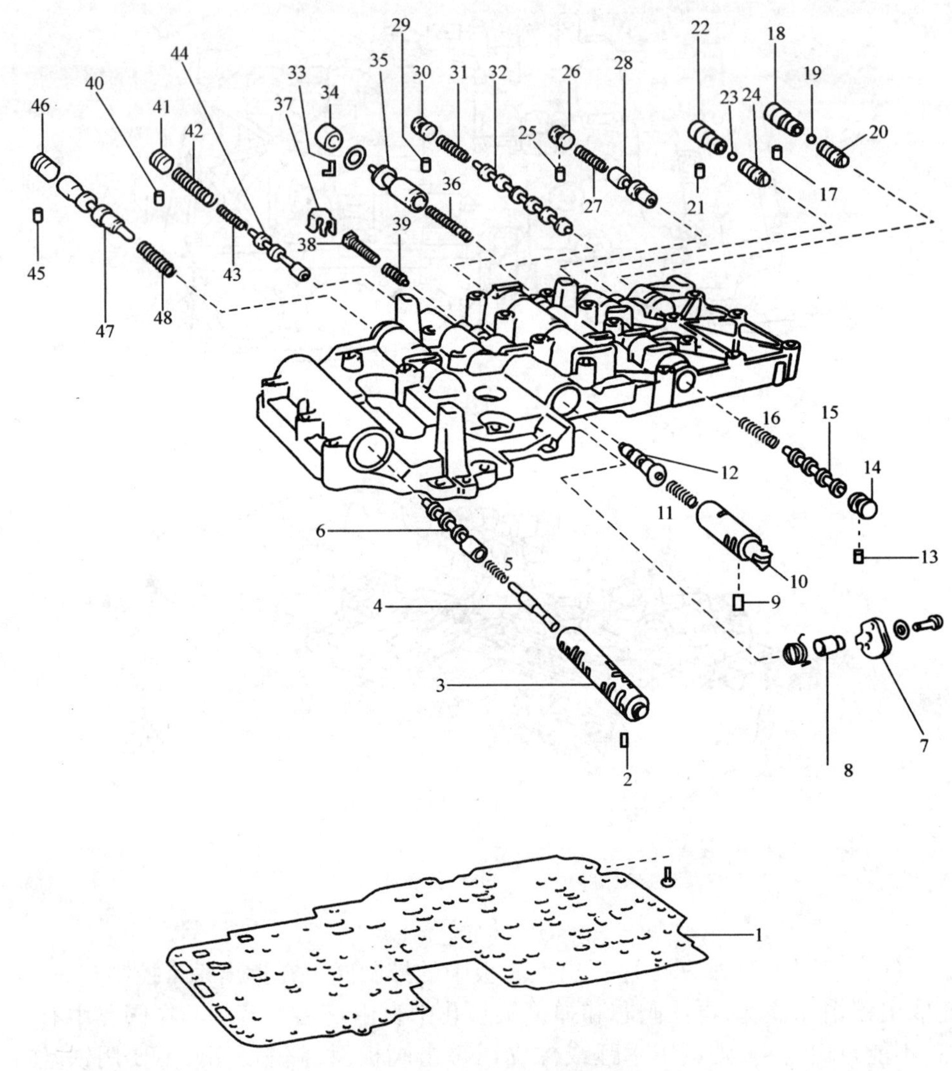


图 3-74　A341E 自动变速器上阀板的分解

1-隔板和衬垫;2、9、13、17、21、25、29、33、40、45-锁销;3-锁止控制阀阀套;4-锁止控制阀;5、11、16、27、31、36、39、42、43、48-弹簧;6-锁止继动阀;7-节气门阀凸轮;8-销套;10-强制降挡阀;12-节气门阀;14、18、22、26、30、34、41、46-栓塞;15-3—4 换挡阀;19、23-止回阀阀球;20、24-止回阀;28-倒挡控制阀;32-2-3 换挡阀;35-前进挡减振器活塞;37-锁片;38-节气门阀调节螺钉;44-前进挡减振器节流阀;47-变矩器

(2) 用压缩空气检查油道是否堵塞或泄漏,在油道的一端施加压缩空气,在油道的另一端有压缩空气出来,表明油道没有堵塞。在油道一端施加压缩空气,将油道的另一端堵住,如果气压能保持,说明没有泄漏。

（3）控制阀产生变形、刮伤、裂纹应更换阀板总成。如果出现会引起液压油泄漏、油封密封不良、活塞卡滞等故障，应认真检查，及时进行维修。

（4）检查控制阀阀芯表面，如有轻微刮伤痕迹，应用在 ATF 中浸泡了 30 分钟的 1200 号沙纸打磨毛刺或粗糙面，然后全面清洗主阀体和所有的部件。

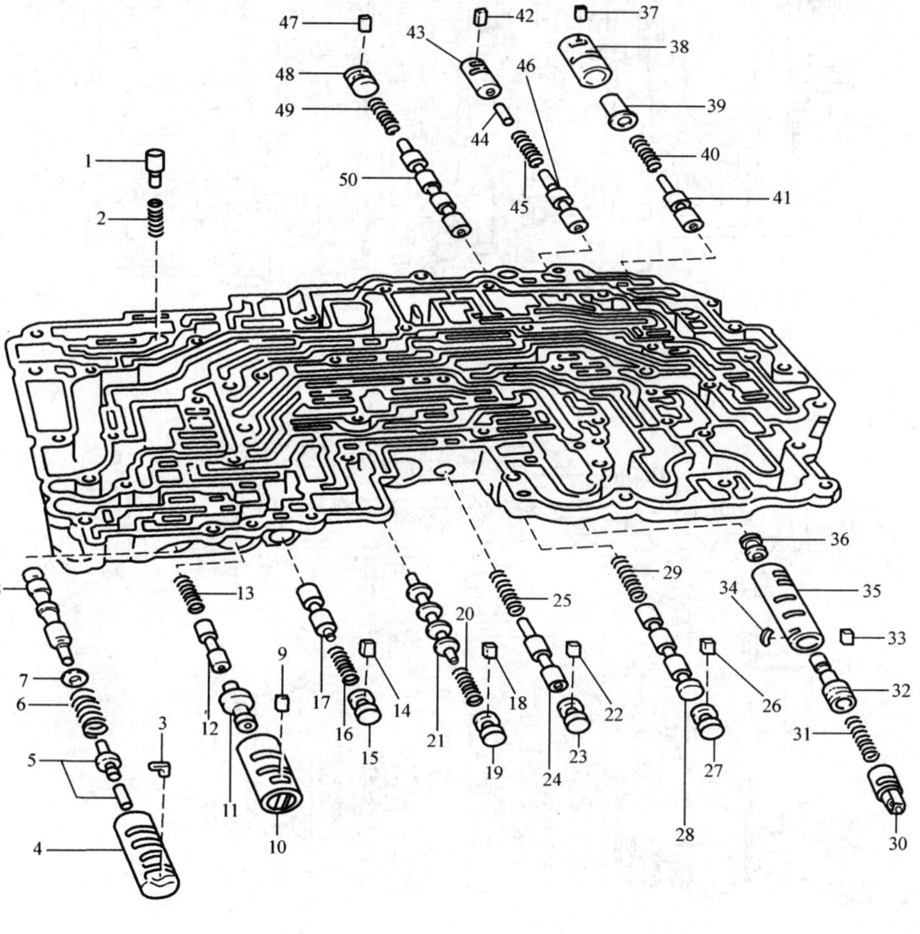

图 3-75　A341E 自动变速器下阀板的分解

1-止回阀；2、6、13、16、20、25、29、31、40、45、49-弹簧；3、9、14、18、22、26、33、34、37、42、47-锁销；4、10、35、38、43-阀套；5、11、36、39、44-阀杆；7-垫圈；8-主油路调压阀；12-锁止控制阀；15、19、23、27、30、48-栓塞；17-止回阀；21-电磁转换阀；24-电磁调节阀；28-截止阀；32-减振器控制阀；41-滑行调节阀；46-滑行调节阀；50-换挡阀

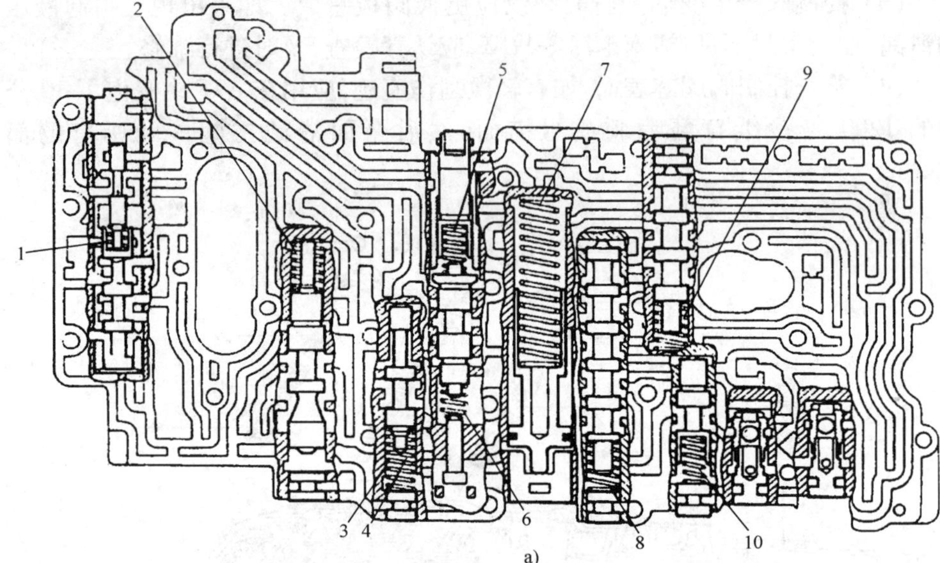


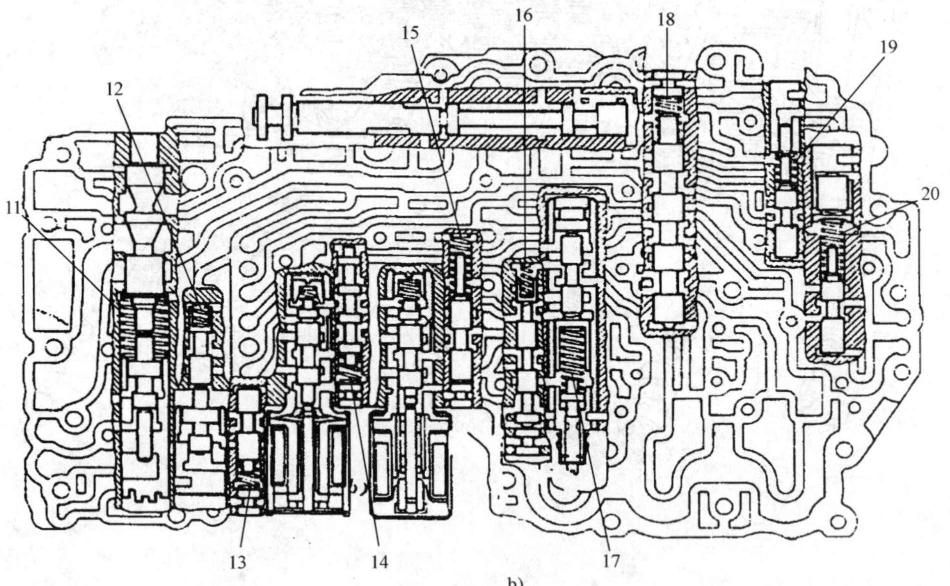


图 3-76　A341E 自动变速器上下阀板剖面图

a) 上阀板；b) 下阀板

1-锁止继动阀；2-变矩器阀；3-前进挡减振器节流阀外弹簧；4-前进挡减振器节流阀内簧；5-强制降挡阀；6-节气门阀；7-前进挡减振器；8-2－3 换挡阀；9-3－4 换挡阀；10-倒挡控制阀；11-主油路调压阀；12-锁止控制阀；13-止回阀；14-电磁转换阀；15-电磁调节阀；16-截止阀；17-减振器控制阀；18-1－2 换挡阀；19、20 滑行调节阀

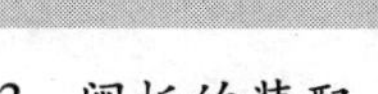

3. 阀板的装配

(1) 将清洗后的上下阀板和所有控制阀零件放在干净的液压油中,让它浸泡几分钟。

(2) 按图 3-73、图 3-74 相反的顺序安装上下阀板各控制阀,注意各控制阀弹簧的安装位置(图 3-75),切不可将各控制阀的弹簧装错。

(3) 按图 3-76 所示位置,将上阀板油道内的阀球装入。

(4) 用螺钉将隔板衬垫固定在上阀板上。

(5) 将上下阀板合在一起,按图 3-77 所示方法将三种不同规格的阀板螺栓安装在不同的位置上(图 3-78),分 2 ~ 3 次将所有螺栓拧紧。阀板螺栓的标准拧紧力矩为 6.1N · m。

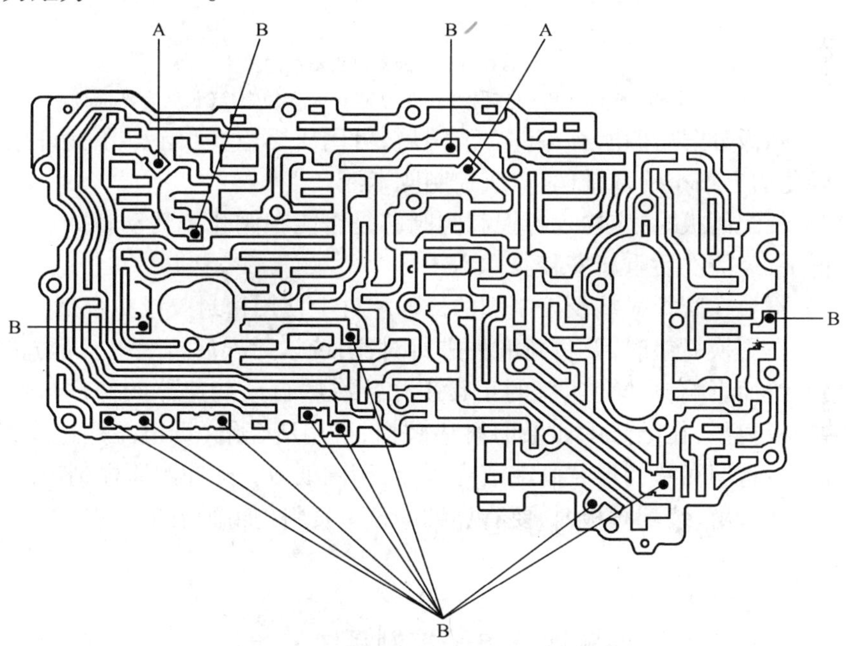


图 3-77　A341E 自动变速器阀球的安装位置
A-阀球(∅6.35mm);B-阀球(∅ 5.54mm)

(6) 安装上电磁阀、手动阀等零件。

4. 检修阀板时注意事项

由于阀板中各个控制阀的加工精度和配合精度都极高,不正确的检修方法往往会损坏控制阀,影响其正常工作,因此,在检修阀板时,应注意以下几点。

(1) 拆检阀板时,切不可让阀芯等重要零件掉落。不要将铁

丝、起子等硬物伸入阀孔中,以免损伤阀芯和阀孔的精密配合表面。

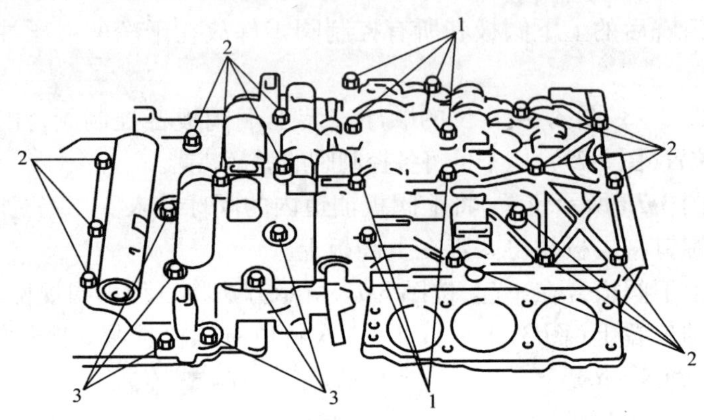


图 3-78　A341E 自动变速器阀板螺栓的位置

1-长螺栓(长度为 45mm);2-中螺栓(长度为 35mm);3-短螺栓(长度为 20mm)

(2) 阀板分解后的所有零件在清洗后,可用压缩空气吹干。不允许用棉布擦拭,以免沾上细小的纤维丝,造成控制阀卡滞。

(3) 装配阀板时,应检查各控制阀阀芯是否能在阀孔中活动自如。如有卡滞,应拆下,经清洗后重新安装。

(4) 不要在阀板衬垫及控制阀的任何零件上使用密封胶或粘合剂。

(5) 在更换衬垫时,要将新旧件进行对比,确认无误后再装入,以防止因零件规格不符而影响自动变速器的正常工作。有些自动变速器的修理包中没有阀板的隔板衬垫,在维修中如果旧衬垫破损,可用清壳纸(即电工用绝缘纸)自制,方法是:将旧衬垫的形状画在清壳纸上,用割纸刀和圆冲照原样刻出。

(6) 在分解、装配阀板时,要有详细的技术资料(如阀板的分解图),以作为对照。

## 课题四　电子控制系统的检修

### 一、01N 型自动变速器电控系统的结构

1. 01N 型自动变速器电控系统的基本组成(图 3-79)

01N 型变速器阀体上装有 7 个电磁阀 N88 – N94(图 3-80),电磁阀由自动变速器控制单元控制,分为不同的两种。

(1) 是非阀:电磁阀 N88、N89、N90、N92 和 N94,其作用是:

① 自动变速器控制单元通过电磁阀 N88、N89 和 N90 打开或关闭某一油道

使变速器换入确定的挡位；

② 电磁阀 N92 和 N94 使换挡平顺。

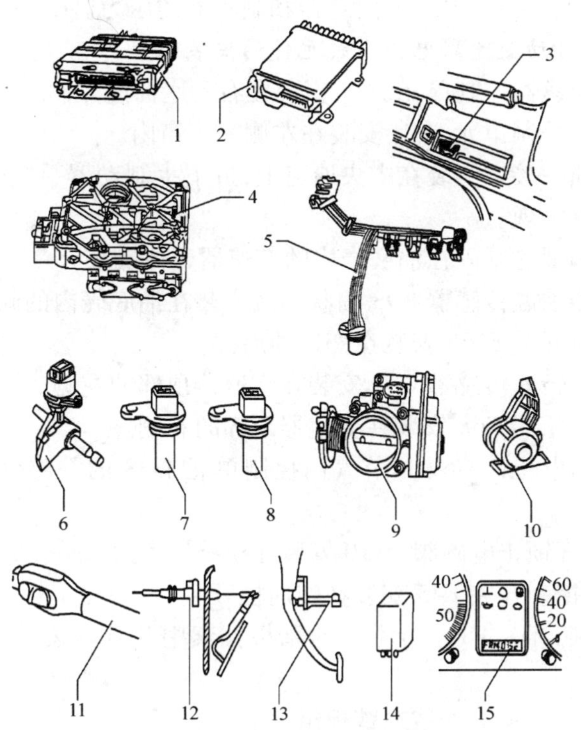


图 3-79　01N 自动变速器电控单元

1-自动变速器控制单元 J217；2-发动机控制单元 ECU；3-诊断插头接口；4-阀体；5-拉索（安装有变速器油温传感器 G93）；6-多功能开关 F125；7-变速器转速传感器 G38；8-车速传感器 G68；9-节气门电位计 G69 或加速踏板位置传感器 G79；10-换挡杆锁止电磁阀 N110；11-巡航控制开关 E45；12-换低挡开关 F8；13-制动灯开关 F；14-起动锁止和倒车灯继电器 J226；15-换挡杆位置显示 Y5

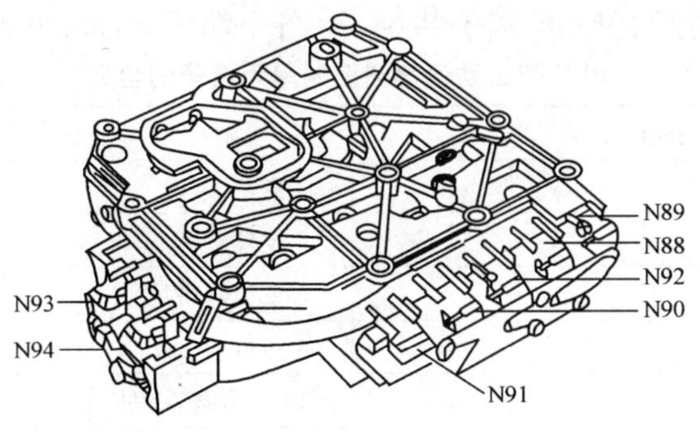


图 3-80　电磁阀

(2) 调节阀:电磁阀 N91 和 N93,其作用是:

① 电磁阀 N91 调节锁止离合器压力;

② 电磁阀 N93 控制多片式离合器和制动器的压力。

2. 01N 型自动变速器电控系统元件的安装位置

(1) 自动变速器控制单元 J217 安装在右侧座椅前方搁脚空间的地毯下面。

(2) 发动机控制单元 ECU 安装在左侧充气箱内。

(3) 诊断插头接口安装在中央通道上,拆下手制动器手柄旁边的诊断插座上方的盖板便可发现。

(4) 阀体用螺栓紧固在油底壳内的变速器壳体底部。

(5) 变速器油温传感器 G93 扁状导线安装在油底壳内的阀体上。

(6) 多功能开关 F125 安装在变速器后部。

(7) 变速器转速传感器 G38 安装在变速器顶部的左侧。

(8) 车速传感器 G68 安装在变速器顶部的右侧。

(9) 节气门电位计 G69 是节气门控制单元 J338 的一部分,它位于节气门罩壳上(发动机)。

(10) 换挡杆锁止电磁阀 N110 安装在换挡杆旁边。

(11) 巡航控制开关 E45 安装在转向柱开关上。

(12) 换低挡开关 F8 组合在加速踏板拉索中并且安装在发动机舱的横隔板上。

(13) 制动灯开关 F 安装在踏板组件上。

(14) 起动锁止和倒车灯继电器 J226 安装在仪表板背后的继电器板左侧。

## 二、01N 型自动变速器控制单元的端子含义

自动变速器控制单元的端子共 68 个,各个端子的含义见表3-13所示。

**01N 型自动变速器控制单元端子的含义** 表 3-13

| 端子与含义 | 端子与含义 |
|---|---|
| 1-接地 | 2-空位 |
| 3-空位 | 4-空位 |
| 5-空位 | 6-变速器油温度(ATF)G93 |
| 7-空位 | 8-空位 |
| 9-电磁阀 3-N90 | 10-电磁阀 7-N94 |
| 11-驻车/空挡信号 | 12-空调器的换低挡 |

续上表

| 端子与含义 | 端子与含义 |
| --- | --- |
| 13-点火正时干预 | 14-空位 |
| 15-制动指示灯开关 F 信号电压 | 16-换低挡开关 F8 |
| 17-空位 | 18-多功能开关 F125 |
| 19-TD(转速)信号 | 20-车速传感器 G68 |
| 21-变速器转速传感器 G38 | 22-电磁阀 6-N93 供电电压 |
| 23-供电电压(接线柱 15) | 24-诊断导线,K 线 |
| 25-空位 | 26-空位 |
| 27-空位 | 28-空位 |
| 29-换挡杆锁止电磁阀 | 30-空位 |
| 31-空位 | 32-空位 |
| 33-空位 | 34-空位 |
| 35-空位 | 36-诊断导线,L 线 |
| 37-空位 | 38-空位 |
| 39-空位 | 40-多功能开关 F125 |
| 41-节气门电位计 G69 信号 * | 42-柴油发动机转速传感器(屏蔽) |
| 43-车速传感器 G68(屏蔽) | 44-变速器转速传感器 G38(屏蔽) |
| 45-供电电压(接线柱 30) | 46-空位 |
| 47-电磁阀 4-N91 | 48-自由轮锁止阀 |
| 49-空位 | 50-空位 |
| 51-空位 | 52-空位 |
| 53-空位 | 54-电磁阀 2-N89 |
| 55-电磁阀 1-N88 | 56-电磁阀 5-N92 |
| 57-换挡杆显示 | 58-电磁阀 6-N93 |
| 59-空位 | 60-巡航控制系统(输入接线柱 15) |
| 61-巡航控制系统(输出) | 62-多功能开关 F125 |
| 63-多功能开关 F125 | 64-发动机转速传感器 G28(柴油发动机) |
| 65-车速传感器 G68 | 66-变速器转速传感器 G38 |
| 67-电磁阀供电电压 | 68-空位 |

## 三、01N 型自动变速器控主要电气/电子元件的检测

1. 所用工具

(1) 检测箱 V. A. G1598/18;

(2) 测试辅助导线 V. A. G1594;

(3) 袖珍万用表 V. A. G1526。

2. 检测条件

(1) 蓄电池电压正常;

(2) 熔断丝正常;

(3) 蓄电池与变速器的连接及蓄电池和变速器的接地线接触良好。

3. 检测注意事项

(1) 为了避免损坏电子元件,在连接辅助导线 V. A. G1594 之前,应在万用表上选择好相应的测试范围;

(2) 额定值仅适用于环境温度(0 ~ 40℃);

(3) 如果测量值与额定值偏离很大,应根据电路图查找故障;

(4) 如果测量值仅稍稍偏离额定值,应清洁所有工具的插座和插头以及测试辅助导线,然后再一次进行测量。

(5) 更换某个元件之前,应当检查测试其导线以及连接状况,尤其是当额定值小于 40Ω 时,应当重复测量元件的电阻值。

4. 主要电气元件的检测项目及步骤

(1) 控制单元 J217 的供电电压;

(2) 换挡杆锁止电磁阀 N110;

(3) 制动灯开关 F;

(4) 电磁阀 1 ~ 7(N88 ~ N94);

(5) 换低挡开关 F8;

(6) 变速器油温传感器 G93(ATF);

(7) 车速传感器 G68;

(8) 变速器转速传感器 G38 等。

电气元件测试表见表 3-14(执行步骤参见表 3-15)。

**电气元件测试表** 表 3-14

| 被检查元件 | 执行步骤 | 被检查元件 | 执行步骤 |
|---|---|---|---|
| 来自控制单元 J217 的供电电压 | 执行步骤 1 | 电磁阀 5-N92 | 执行步骤 8 |
| 换挡杆锁止电磁阀 N110 | 执行步骤 2、11 | 电磁阀 6-N93 | 执行步骤 9 |

续上表

| 被检查元件 | 执行步骤 | 被检查元件 | 执行步骤 |
|---|---|---|---|
| 制动指示灯开关 | 执行步骤 3 | 电磁阀 7-N94 | 执行步骤 10 |
| 电磁阀 1-N88 | 执行步骤 4 | 换低挡开关 F8 | 执行步骤 12 |
| 电磁阀 2-N89 | 执行步骤 5 | 变速器油温传感器 G39(ATF) | 执行步骤 13 |
| 电磁阀 3-N90 | 执行步骤 6 | 车速传感器 G68 | 执行步骤 14 |
| 电磁阀 4-N91 | 执行步骤 7 | 变速器转速传感器 G38 | 执行步骤 15 |

**电气元件测试表**(测量电压或电阻)　　表 3-15

| 测试步骤 | 测试内容 | 测试端子 | 测试条件 | 额定值 | 故障排除 |
|---|---|---|---|---|---|
| 1 | 来自控制单元 J217 的供电电压 | 1 + 23 | 点火开关接通 | 约蓄电池电压 | 检查从端子 1 至接地的线路<br>检查从端子 23 至接线柱 15 中央电子系统的线路 |
| 2 | 换挡杆锁止电磁阀 N110 | 15 + 29 | 点火开关接通<br>不踩制动踏板 | 约蓄电池电压 | 检查线路<br>更换换挡杆锁止电磁阀 |
| | | | 不踩制动踏板 | 0.2V | |
| 3 | 制动灯指示开关 F | 15 + 1 | 点火开关接通<br>不踩制动踏板 | 0V | 检查线路<br>检修制动指示灯开关 |
| | | | 踩下制动踏板 | 约蓄电池电压 | |
| 4 | 电磁阀 1-N88 | 55 + 67 | 关闭点火开关 | 55 ~ 65Ω | 检查线路<br>更换扁状导线或阀体 |
| | | 55 + 1 | | 无穷大 | |
| 5 | 电磁阀 2-N89 | 54 + 67 | 关闭点火开关 | 55 ~ 65Ω | 检查线路<br>更换扁状导线或阀体 |
| | | 54 + 1 | | 无穷大 | |
| 6 | 电磁阀 3-N90 | 9 + 67 | 关闭点火开关 | 55 ~ 65Ω | 检查线路<br>更换扁状导线或阀体 |
| | | 9 + 1 | | 无穷大 | |
| 7 | 电磁阀 4-N91 | 47 + 67 | 关闭点火开关 | 55 ~ 65Ω | 检查线路<br>更换扁状导线或阀体 |
| | | 47 + 1 | | 无穷大 | |
| 8 | 电磁阀 5-N92 | 56 + 67 | 关闭点火开关 | 55 ~ 65Ω | 检查线路<br>更换扁状导线或阀体 |
| | | 56 + 1 | | 无穷大 | |
| 9 | 电磁阀 6-N93 | 58 + 22 | 关闭点火开关 | 4.5 ~ 6.5Ω | 检查线路<br>更换扁状导线或阀体 |
| | | 58 + 1 | | 无穷大 | |
| | | 22 + 1 | | | |

续上表

| 测试步骤 | 测试内容 | 测试端子 | 测试条件 | 额定值 | 故障排除 |
|---|---|---|---|---|---|
| 10 | 电磁阀7-N94 | 10+67 | 关闭点火开关 | 55~65Ω | 检查线路<br>更换扁状导线或阀体 |
| | | 10+1 | | 无穷大 | |
| 11 | 换挡杆锁止电磁阀N110 | 23+29 | 关闭点火开关 | 14~25Ω | 检查线路<br>更换扁状导线或阀体 |
| 12 | 换低挡开关F8 | 1+16 | 关闭点火开关<br>不踩加速踏板 | 无穷大 | 检查线路<br>调整或更换加速踏板拉索 |
| | | | 踩加速踏板到底,使换低挡开关动作 | 小于1.5Ω | |
| 13 | 变速器油温度传感器G93(ATF) | 6+67 | 关闭点火开关<br>ATF约20℃ | 0.247MΩ | 检查线路<br>更换扁状导线 |
| | | | 约60℃ | 48.8kΩ | |
| | | | 约120℃ | 7.4kΩ | |
| 14 | 车速传感器G68 | 20+65 | 关闭点火开关 | 0.8~0.9kΩ | 检查线路<br>更换车速传感器 |
| 15 | 变速器转速传感器G38 | 21+66 | 关闭点火开关 | 0.8~0.9kΩ | 检查线路<br>更换变速器转速传感器 |

## 四、01N型自动变速器自诊断流程

自动变速器电子控制系统的核心是控制单元(J217)。J217中装有故障存储器,如果被监测的传感器或部件发生了故障,传感器或部件故障的类型被存储在故障存储器内。仅发生一次的故障被称为偶发故障,偶发故障是作为补充信号加以识别的。可以利用故障诊断仪V. A. G1551或V. A. G1552对自动变速器进行查找,具体步骤如图3-81所示。

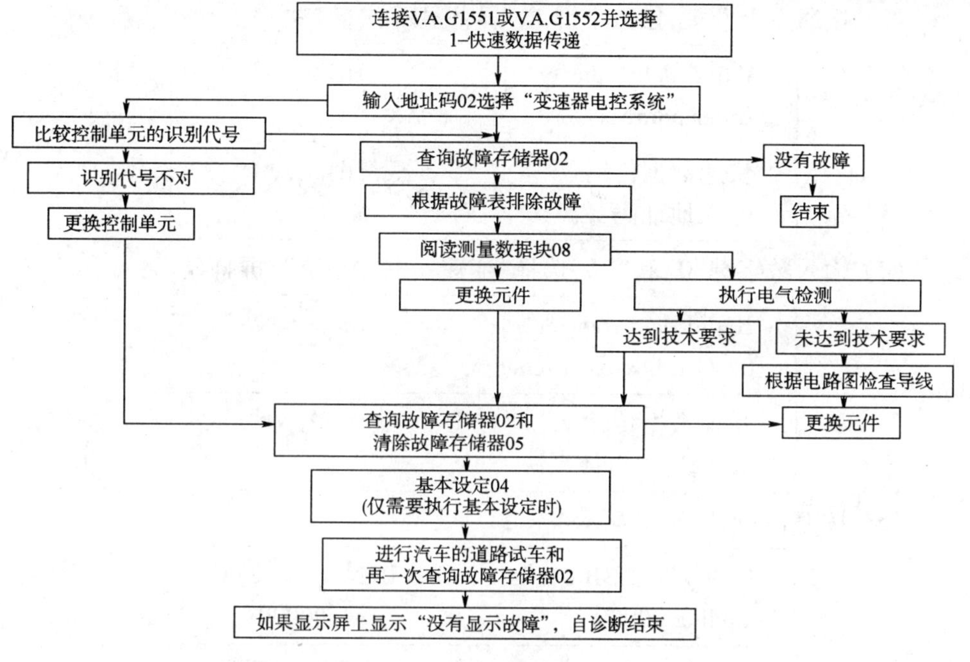


图 3-81　自诊断流程

## 五、自动变速器故障的自诊断与故障代码

1. 进行自动变速器故障自诊断的准备

(1) 换挡杆放在"P"档上并且拉上驻车制动器;

(2) 汽车供电电压正常;

(3) 熔断丝完好;

(4) 变速器搭铁连接点接触良好。

2. 连接汽车故障电脑诊断仪 V. A. G1551 和选择功能

(1) 拆下驻车制动器手柄旁边的诊断插座上方的盖板。

(2) 关闭点火开关,用诊断导线 V. A. G1551/3 连接好汽车故障电脑诊断仪 V. A. G1551。屏幕显示:

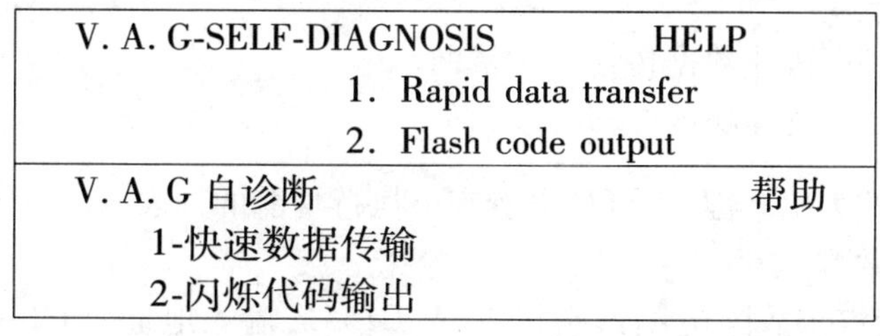

V. A. G-SELF-DIAGNOSIS　　HELP
1. Rapid data transfer
2. Flash code output

V. A. G 自诊断　　帮助
1-快速数据传输
2-闪烁代码输出

(3) 接通点火开关,按数字键1。屏幕显示:

| Rapid data transfer HELP<br>Enter address word XX |
|---|
| 快速数据传输 帮助<br>输入地址码 XX |

(4) 输入数字键“0”和“2”,选择“变速器电控系统”,屏幕显示:

| Rapid data transfer Q<br>02 Gearbox electronics |
|---|
| 快速数据传输 Q<br>02 变速器电控系统 |

(5) 按Q键确认,屏幕显示:

| 01N 927 733BA AG4 Gearbox 01N 2754<br>Coding 00000 wsc00000 |
|---|
| 01N 927 733BA AG4 变速器 01N 2754<br>编码 00000 wsc00000 |

其中:01N 927 733 表示配件号;

AG4 Gearbox 01N 表示4档自动变速器01N;

2754 表示EPROM(程序版本);

编码00000 目前不需要;

wsc00000 表示最近一次编码汽车故障电脑诊断仪V. A. G1551的经销商代号。

(6) 按“→”键,屏幕显示:

| Rapid data transfer HELP<br>Select function XX |
|---|
| 快速数据传输 帮助<br>选择功能 XX |

按HELP键,则可列出所有可执行功能的列表。

3. 查询故障代码

(1) 连接汽车故障电脑诊断仪V. A. G1551,输入地址码02-变速器电控

系统。屏幕显示：

| Rapid data transfer　　HELP<br>Select function　XX |
|---|
| 快速数据传输　　帮助<br>选择功能　XX |

（2）输入数字键“0”和“2”，查询故障代码。屏幕显示：

| Rapid data transfer　　　Q<br>02 – Interrogate fault memory |
|---|
| 快速数据传输　　　Q<br>02 – 查询故障存储 |

（3）输入 Q 键确认。屏幕上显示出存储的故障数量或“No faults recognized!”没有识别到故障：

| X Faults recognized! |
|---|
| X 个故障被识别！ |

（4）按“→”键依次显示所有故障代码直至结束。

（5）01N 电控自动变速器故障代码见表 3-16 所示。

**自动变速器故障代码表**　　表 3-16

| 故障代码 | 故 障 原 因 | 故 障 排 除 |
|---|---|---|
| No fault Recognized!（没有识别到故障） | | 如果进行了修理之后，显示出“No fault recognized”（没有识别到故障），自诊断结束，如果虽然已经执行了自诊断，但是自动变速器仍然工作不佳，应根据故障诊断程序进行修理 |
| 00258<br>电磁阀 1-N88 | 开路或对地短路<br>电磁阀 1-N88 有故障 | 根据电路图检查导线和连接（先检查连接触点是否被腐蚀或有水渗入，如有必要，应当更换。如果显示电磁阀有故障，应当仔细变速器上阀体扁状导线和导线之间的 10 插脚插头）<br>读取数据流；显示组编号 004<br>执行电气检测 |

续上表

| 故障代码 | 故障原因 | 故障排除 |
| --- | --- | --- |
| 00260<br>电磁阀 2-N89 | 开路或对地短路<br>电磁阀 2-N89 | 根据电路图检查导线和连接<br>读取数据流;显示组编号 004<br>执行电气检测 |
| 00262<br>电磁阀 3-N90 | 开路或对地短路<br>电磁阀 3-N90 | 根据电路图检查导线和连接<br>读取数据流;显示组编号 004<br>执行电气检测 |
| 00264<br>电磁阀 4-N91 | 开路或对地短路<br>电磁阀 4-N91 | 根据电路图检查导线和连接<br>读取数据流;显示组编号 004<br>执行电气检测 |
| 00266<br>电磁阀 5-N92 | 开路或对地短路<br>电磁阀 5-N92 | 根据电路图检查导线和连接<br>读取数据流;显示组编号 004<br>执行电气检测 |
| 00268<br>电磁阀 6-N93 | 开路或对地短路<br>电磁阀 6-N93 | 根据电路图检查导线和连接<br>读取数据流;显示组编号 004<br>执行电气检测 |
| 00270<br>电磁阀 7-N93 | 开路或对地短路<br>电磁阀 7-N94 | 根据电路图检查导线和连接<br>读取数据流;显示组编号 004<br>执行电气检测 |
| 00281<br>车速传感器 G68<br>无信号 | 导线开路<br>车速传感器 G68 有故障 | 根据电路图检查导线和连接<br>读取数据流;显示组编号 002<br>执行电气检测<br>更换车速传感器 G68 |
| 00293<br>多功能开关 F125<br>不明确的开关状态 | 开路或对地短路<br>多功能开关 F125 有故障 | 根据电路图检查导线和连接<br>读取数据流;显示组编号 001<br>执行电气检测<br>更换多功能开关 F125 |
| 00297<br>变速器转速传感器 G38<br>无信号 | 导线开路<br>变速器转速传感器 G38 有故障 | 根据电路图检查导线和连接<br>执行电气检测<br>更换变速器转速传感器 G38 |

续上表

| 故障代码 | 故障原因 | 故障排除 |
| --- | --- | --- |
| 00300<br>变速器油温度传感器 G93<br>故障类型不能识别 | 导线开路<br>变速器油温度传感器 G93 有故障 | 根据电路图检查导线和连接<br>读取数据流;显示组编号 005<br>执行电气检测 |
| 00518<br>节气门电位计 G69<br>信号超出允许的范围 | 导线开路<br>发动机控制单元或节气门电位计 G69(在节气门总成内)有故障<br>来自节气门电位计-G69-的信号通过发动机控制单元直接送入变速器控制单元并且只能在读取数据流中进行检查<br>如果,自诊断显示节气门电位计有故障,也应当执行发动机控制单元的自诊断 | 如果不显示出故障代码 00638,应当先排除本故障<br>根据电路图检查导线和连接<br>读取数据流;显示组编号 001 和 003<br>检查发动机控制单元<br>更换节气门电位计 G69 或发动机控制单元<br>对系统进行基本设定 |
| 00529<br>转速信号出错 | 导线开路 | 根据电路图检查导线和连接<br>读取数据流;显示组编号 003<br>检查发动机控制单元<br>执行电气检测 |
| 00532<br>供电电压 | 蓄电池有故障<br>供给液压阀的电压太低 | 测试电瓶电压<br>读取数据流;显示组编号 002<br>检测至发动机控制单元 J217 的电压<br>执行电气检测 |
| 00545<br>发动机/变速器电气连接 | 开路或对地短路<br>发动机/变速器控制单元未连接<br>发动机和变速器控制单元之间的影响<br>点火正时点火的信号未被传送或传送不正常 | 根据电路图检查导线和连接<br>读取数据流;显示组编号 005<br>检查发动机控制单元<br>对系统进行基本设定 |

续上表

| 故障代码 | 故 障 原 因 | 故 障 排 除 |
|---|---|---|
| 00596<br>液压阀之间的导线短路 | 阀体扁状导线和导线束之间的10插脚插头 | 根据电路图检查导线和连接<br>执行电气检测<br>更换扁状导线 |
| 00638<br>发动机/变速器电气连接2<br>无信号 | 开路或对地短路<br>发动机/变速器控制单元未连接<br>节气门信号未被传送至变速器控制单元 | 根据电路图检查导线和连接<br>读取数据流;显示组编号005<br>检查发动机控制单元,如有必要,进行更换<br>对系统进行基本设定 |
| 00641<br>ATF温度信号太大 | 变速器温度太高,最高温度应不超过148℃。如果ATF的温度太高,变速器自动切换至下一个较低的挡位<br>汽车后面拖车负荷太大<br>ATF液位不正确<br>变速器油温度(ATF)传感器有故障 | 检查ATF液位<br>读取数据流;显示组编号005;读取ATF的温度<br>根据电路图检查导线和连接<br>更换扁状导线 |
| 00652<br>挡位监控<br>不可信的信号 | 电气/液压有故障<br>离合器或阀体有故障 | 读取数据流;显示组编号004并且通过汽车的道路试车确定故障发生在哪个挡位 |
| 00660<br>换低挡开关/节气门电位计(只有在行驶中才能识别00660故障)<br>不可信的信号 | 导线开路 | 根据电路图检查导线和连接 |
| | 换低挡开关F有故障 | 读取数据流;显示组编号001<br>执行电气检测<br>调整或更换加速踏板拉索 |
| | 节气门电位计G69有故障 | 按照“排除故障”00518-节气门电位计G69中的描述进行修理 |
| 65535<br>控制单元有故障 | 控制单元J217有故障 | 更换控制单元<br>对系统进行基本设定 |

4. 清除故障代码

（1）查询到故障代码以后，屏幕显示：

| Rapid data transfer HELP<br>Select function XX |
|---|
| 快速数据传输 帮助<br>选择功能 XX |

（2）按数字键"0"和"5"清除故障代码。屏幕显示：

| Rapid data transfer Q<br>05 Erase fault memory |
|---|
| 快速数据传输 Q<br>05 清除故障存储 |

（3）按Q键确认。屏幕显示：

| Rapid data transfer →<br>Fault memory is erased |
|---|
| 快速数据传输 →<br>故障存储被清除 |

（4）屏幕显示约5s后，故障存储被清除。如果在查询故障代码和清除故障代码过程中点火开关处于关闭状态，那么故障存储将不能被清除。屏幕显示：

| Attention!<br>Fault memory was not interrogated |
|---|
| 注意!<br>故障存储不能被识别 |

5. 进行基本设定

进行下列修理之后，应当进行基本设定：①更换发动机；②更换发动机控制单元；③更换/改变节气门；④调整节气门（设定怠速）；⑤更换节气门电位计G69；⑥改变节气门电位计G69的设置；⑦更换自动变速器控制单元J217。

（1）连接汽车故障电脑诊断仪V. A. G1551，输入地址码02-变速器电控系统。屏幕显示：

| Rapid data transfer　　HELP<br>Select function　XX |
|---|
| 快速数据传输　　帮助<br>选择功能　XX |

(2) 按数字键“0”和“4”，进行基本设定。此时加速踏板应当保持在怠速位置。屏幕显示：

| Rapid data transfer　　　Q<br>04-Basic setting |
|---|
| 快速数据传输　　Q<br>04-基本设定 |

(3) 按 Q 键确认。屏幕显示：

| Basic setting　　HELP<br>Enter display group number XXX |
|---|
| 基本设定　　　帮助<br>输入显示组号码　XXX |

(4) 按数字键“00”和“0”，按 Q 键确认。屏幕显示：

| System in basic setting　　0→ |
|---|
| 系统基本设定　　　　0→ |

(5) 将加速踏板踩到底，使得换档开关动作并且保持在该位置上 3s。此时系统进行基本设定。按→键，V. A. G 将退回到起始状态。

6. 读取数据流

(1) 连接故障阅读仪 V. A. G1551，输入地址码 02 - 变速器电子系统。屏幕显示：

| Rapid data transfer　　HELP<br>Select function　XX |
|---|
| 快速数据传输　　帮助<br>选择功能　XX |

(2) 按数字键 0 和 8,读取数据流。屏幕显示:

| Rapid data transfer Q<br>08 – Read measured value block |
|---|
| 快速数据传输 Q<br>08 – 读取数据流 |

(3) 按 Q 键确认。屏幕显示:

| Basic setting HELP<br>Enter display group number XXX |
|---|
| 基本设定 帮助<br>输入显示组号码 XXX |

(4) 输入显示组编号,按 Q 键确认。屏幕显示:

| Read measured value block 1<br>1 2 3 4 |
|---|
| 读取数据流 1<br>1 2 3 4 |

显示组编号及测量数据流 4 个显示区域各代表的意义见表 3-17。

显示组一览表 表 3-17

| 显示区域<br>1 2 3 4 | 显示组号 | 显示区域 | 说明 |
|---|---|---|---|
| 读取数据流 1<br>P 0.8V 0% 00000111 | 001 | 1<br>2<br>3<br>4 | 换挡杆位置<br>节气门电位计电压<br>加速踏板数值<br>开关位置 |
| 读取数据流 2<br>0.983A 0.985A 12.76V 2.50V | 002 | 1<br>2<br>3<br>4 | 电磁阀 N93 实际电流<br>电磁阀 N93 额定电流<br>蓄电池电压<br>车速传感器 G68 上的电压 |

续上表

| 显示区域<br>1　2　3　4 | 显示组号 | 显示区域 | 说　明 |
|---|---|---|---|
| 读取数据流 3<br>0km/h　900rpm　0　0% | 003 | 1<br>2<br>3<br>4 | 车速<br>发动机转速<br>所选择的挡位<br>加速踏板的数值 |
| 读取数据流 4<br>100000　0　P　0km/h | 004 | 1<br>2<br>3<br>4 | 电磁阀<br>所选择的挡位<br>换挡杆的位置<br>车速 |
| 读取数据流 5<br>40℃　0011011　0　900r/min | 005 | 1<br>2<br>3<br>4 | ATF 温度<br>换挡器输出<br>所选择的挡位<br>发动机转速 |
| 读取数据流 6 | 006 | 1<br>2<br>3<br>4 | 可以被忽略 |
| 读取数据流 7<br>1H　+/-200r/min　900r/min　0 | 007 | 1<br>2<br>3<br>4 | 所选择挡位(+与-显示区域 2 有关)<br>锁止离合器打滑<br>发动机转速<br>加速踏板的数值 |
| 读取数据流 8 | 008 | 1<br>2<br>3<br>4 | 可以被忽略 |

# 单元四　典型无级变速器(CVT)的检修

**知识目标**

1. 正确描述典型无级变速器奥迪 A6 Multitronic 的结构；
2. 正确描述典型无级变速器奥迪 A6 Multitronic 的工作原理；
3. 正确叙述典型无级变速器奥迪 A6 Multitronic 的各系统的结构；
4. 正确叙述典型无级变速器奥迪 A6 Multitronic 的维护项目；
5. 正确描述典型无级变速器奥迪 A6 Multitronic 检修技术标准。

**能力目标**

1. 熟练进行典型无级变速器奥迪 A6 Multitronic 的解体和安装；
2. 熟练进行典型无级变速器奥迪 A6 Multitronic 的各系统的检修；
3. 熟练掌握典型无级变速器奥迪 A6 Multitronic 的维护项目和方法；
4. 熟练掌握典型无级变速器奥迪 A6 Multitronic 的故障自诊断。

## 概　　述

CVT(Continuously Variable Transmission)技术即无级变速技术，采用传动带和工作直径可变的主、从动轮相配合传递动力，可以实现传动比的连续改变，从而得到传动系与发动机工况的最佳匹配，提高了整车的燃油经济性和动力性，改善了驾驶员的操纵方便性和乘员的乘坐舒适性，所以它是理想的汽车传动装置。常见的无级变速器是金属带式无级变速器，目前国内采用了这种技术的有奥迪、派力奥(西耶那、周末风)、飞度和旗云等车型。

本单元将以奥迪 A6 Multitronic 无级变速器(图 4-1)为例介绍无级变速器的结构原理与检修方法。

## 课题一　奥迪 A6 Multitronic 变速器的结构和工作原理

装有 multitronic(r)无级/手动一体式变速器的奥迪A6 0～100 km/h 的加速

时间比装自动变速器的车快了1.3s,甚至比装有最佳的5速手动变速器的相同车型也快0.1s。按照欧洲的燃料消耗标准,它比装常规的自动变速器的车每百公里少消耗0.9L汽油,而且比装5速手动变速器的A6车每百公里少消耗0.2L。

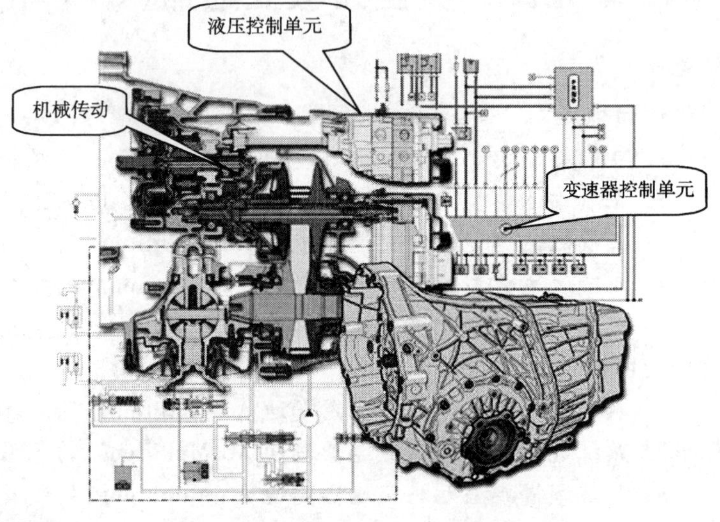


图4-1 奥迪A6 Multitronic变速器

## 一、奥迪A6 Multitronic变速器(01J)结构

奥迪01J无级变速器(图4-2)主要由减振缓冲装置、动力连接装置、速比调节变换器、液压控制单元、电子控制单元等组成。

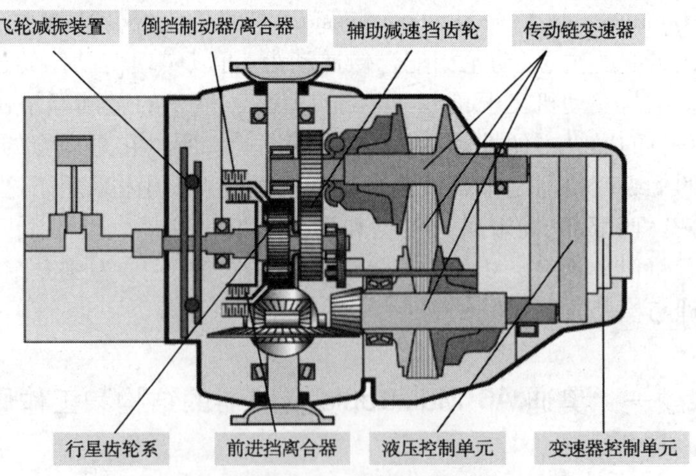


图4-2 奥迪01J无级变速器的结构

发动机输出的转矩通过飞轮减振装置或双质量飞轮传递给变速器,前进挡和倒挡各有一组湿式摩擦元件,即前进挡离合器和倒挡制动器(离合器),两者均为起动装置。倒挡的旋转方向是通过行星齿轮系改变的。发动机的转矩通过减速挡齿轮传递到变速器,并由此传递给主减速器,液压控制阀体和变速器控制单元集成为一体,位于变速器的内部。

## 二、奥迪 A6 Multitronic(01J)各系统的结构和工作原理

### (一)动力传递及起步控制装置

1. 飞轮减振装置

飞轮减振装置的作用是减缓发动机与变速器之间动力连接而产生的扭振,保证发动机无噪声运转。目前奥迪 V6 2.8L 发动机转矩就是通过飞轮减振装置(图 4-3)传递到变速器的;奥迪 A4 1.8L 四缸发动机采用双质量飞轮传动(图 4-4)。

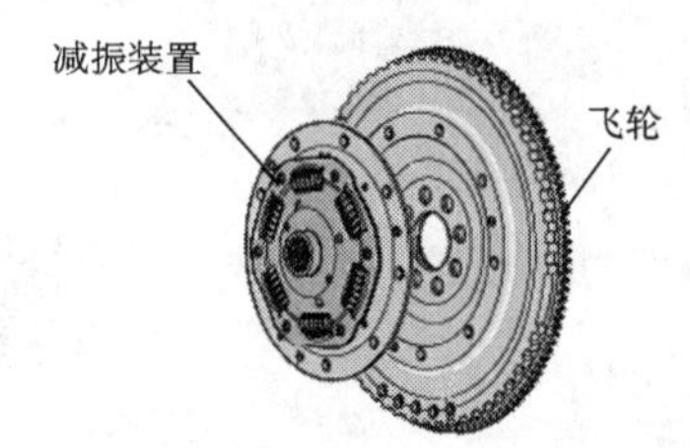


图 4-3　飞轮减振装置

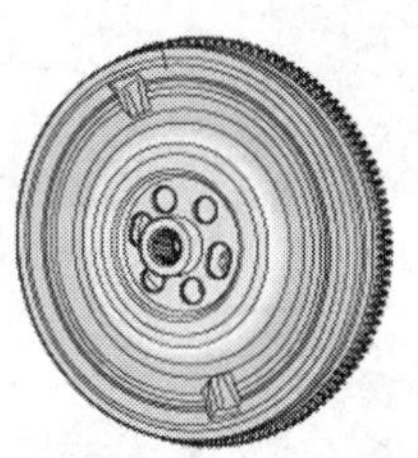

图 4-4　双质量飞轮

2. 前进挡离合器/倒挡制动器(离合器)

奥迪 A6 Multitronic CVT 变速器前进挡离合器/倒挡制动器(离合器)的作用:将发动机的转矩传递给速比变换系统,在起步过程中,利用半联动的形式保证汽车的平稳起步;正常工作时,将发动机曲轴和变速器速比变换系统的主动轮连接成一体,形成刚性连接。奥迪 A6 Multitronic CVT 中,采用的是"湿式钢片离合器"和"湿式钢片制动器(离合器)"(图 4-5)来控制车辆的起步和传递转矩。起步和传递转矩过程由电子—液压控制单元监控和调整。

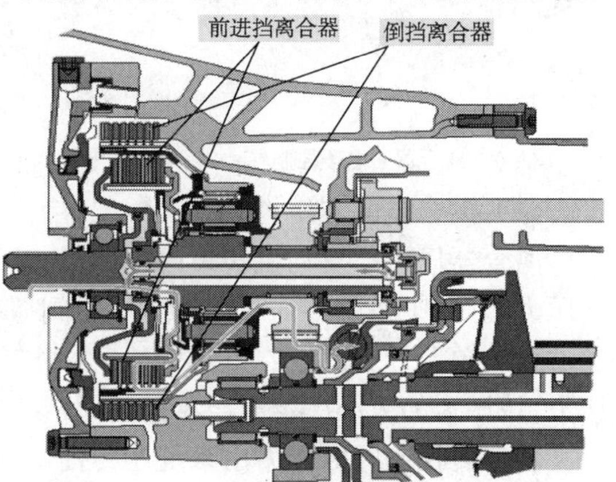


图 4-5　前进挡离合器/倒挡离合器(制动器)

**离合器(制动器)的工作原理**

为平稳的将发动机的转矩传

递给变速器，实现汽车起步，在起步过程中变速器控制单元根据各类信号并通过调整离合器来控制起步过程。

变速器控制单元通过发动机转速、变速器输入转速、加速踏板位置、发动机转矩、制动力、变速器油温等参数逻辑分析后计算出离合器的额定压力，并且确定出压力调节电磁阀 N215（图 4-6）的控制电流，确定离合器的压力，离合器传递发动机转矩也相应地随控制电流的变化而变化。压力传感器 G193（图 4-6）检测液压控制系统中离合器或制动器的实际压力，若实际压力与额定压力差值超过一定范围，便进行修正（图 4-7）。

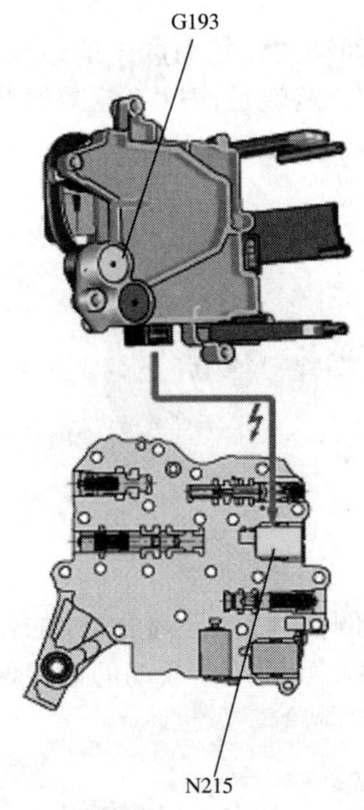


图 4-6　离合器的电子控制

离合器控制参数

- 发动机转矩
- 制动力
- 变速器油温
- 发动机转速
- 变速器输入转速
- 加速踏板位置

变速器控制单元计算离合器额定压力 ← 离合器压力传感器

控制电流

压力调节阀 N215

离合器控制阀 KSV

前进挡离合器　倒挡离合器

图 4-7　离合器工作原理

（1）离合器的液压控制

离合器压力与发动机转矩成正比，与系统压力无关。液压控制阀体中的输导压力阀（VSTV）始终为压力调节电磁阀 N215 提供一个 5kPa 的压力。根据变速器控制单元计算的控制电流值，压力调节电磁阀 N215 就会调节出一个控制压力，该压力的大小决定离合器控制阀（KSV）的位置。

离合器控制阀的压力由系统压力提供，KSV 根据 N215 的触发信号（电流的大小）产生离合器的制动力，高控制压力产生高离合器压力。离合器压力通过安全阀(SIV)传递到手动阀(HS),手动阀的位置改变就会将转矩传递到前进挡离合器(D位置)或倒挡制动器(R位置)。当选挡杆位于P和N位置时,手动换挡阀切断供油,前进挡离合器和倒挡制动器的油路都与油底壳相通。图4-8为前进挡离合器的液压控制油路图。图4-9为前进挡离合器的液压控制流程图。

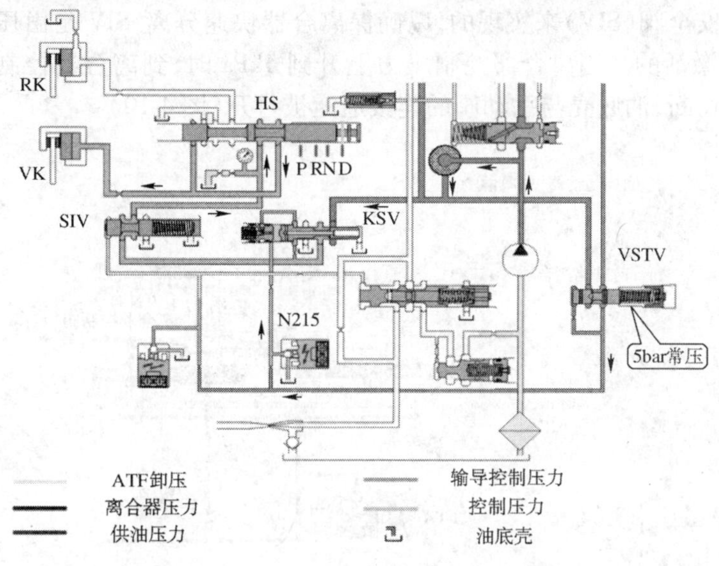


图4-8 前进挡离合器的液压控制油路图

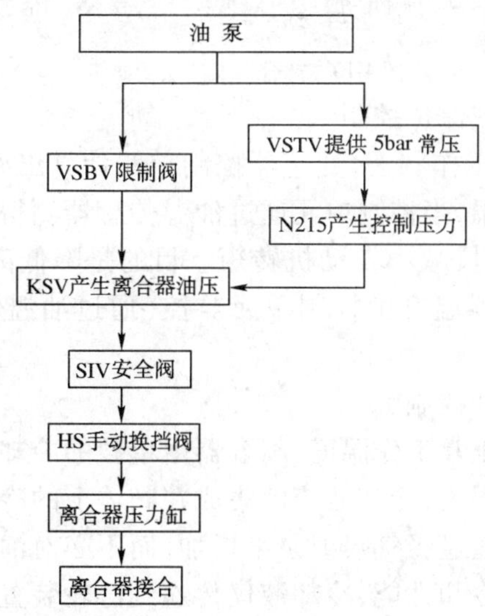


图4-9 前进挡离合器的液压控制流程图

(2) 离合器的安全切断控制

当压力传感器 G193 检测到实际离合器压力明显高于电控单元所设计出的离合器额定压力时,变速器就会进入安全紧急故障状态。在这种情况下,无论手动阀处于任何位置以及其他系统状态如何,离合器压力都会泄掉。这种安全切断是由安全阀(SIV)来实现的,以确保离合器快速分离,SIV 是由压力调节电磁阀 N88 激活的。当离合器控制压力上升到 4kPa 时,到离合器控制阀(KSV)的供油被切断,油底壳与手动阀的连接通道被打开(图 4-10)。

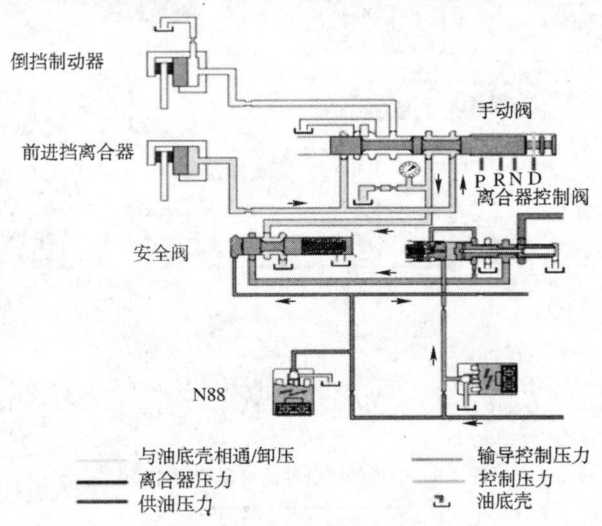


图 4-10　离合器安全切断油路

(3) 离合器的过载保护控制

根据变速器实际工作状态,变速器控制单元计算出离合器打滑温度、发动机转矩以及变速器油温,当控制单元通过油温传感器测得离合器温度因离合器过载而超出标定限制时,减小发动机转矩。目的是降低离合器的工作温度,防止离合器过热。离合器温度由控制单元监控(通过油温传感器来监测实际温度)。

(4) 离合器的冷却控制

为确保离合器的正常工作温度,离合器由单独的冷却液流来冷却。为减少离合器冷却时的动力损失,冷却液流由集成在阀体上的冷却液控制单元在需要时接通。冷却液量可通过吸气喷射泵来增加,而不必对油泵的容量有过高的要求。为了优化离合器冷却性能,冷却液仅传递到链轮装置中。前进挡离合器的冷却液和压力油通过变速器输入轴的中间孔道流通,两条油路由内部钢管彼此分开。变速器输入轴出油孔上安有“润滑油分配器”,将润滑油引导到前进挡离合器或倒挡制动器(图 4-11)。图 4-12 为离合器的冷却控制油路示意图。

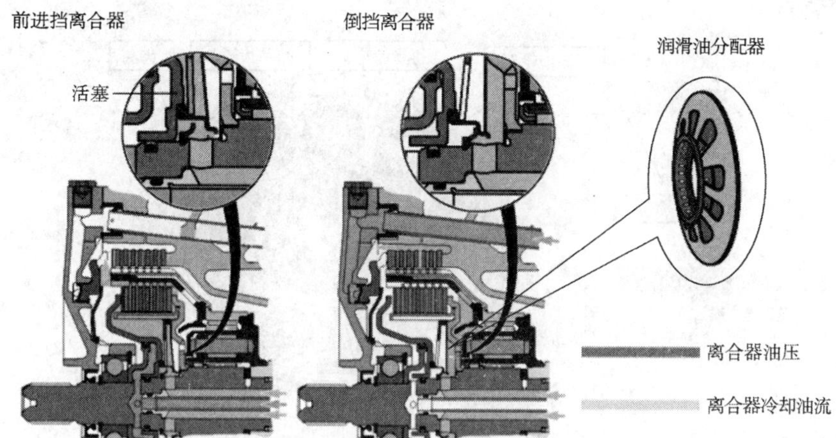


图 4-11　离合器的冷却控制

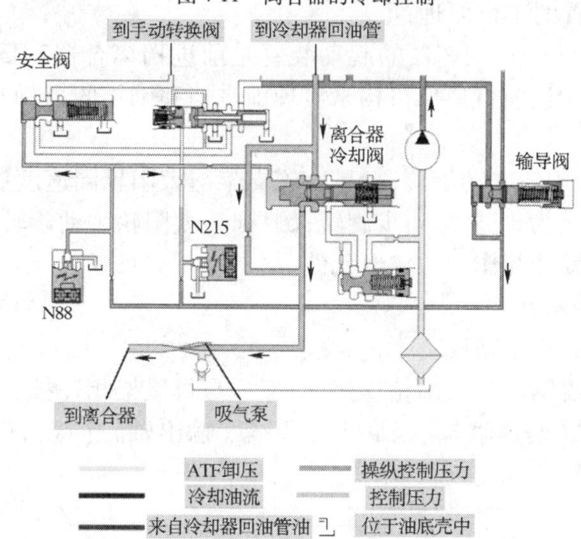


图 4-12　离合器的冷却控制油路

3. 行星齿轮装置

奥迪 A6 Multitronic 变速器行星齿轮装置的作用是前进挡时传递动力,而在倒挡时不但要传递动力而且要改变变速器输出轴的旋转方向。行星齿轮装置结构如图 4-13 所示。

奥迪 A6 Multitronic CVT 的起动装置是前进挡离合器和倒挡制动器,并配合使用反向行星架机构来实现前进挡和倒挡的,它们只做动力传递而不改变速

比。行星齿轮装置的作用是前进挡时传递动力而在倒挡时改变变速器输出轴的旋转方向。

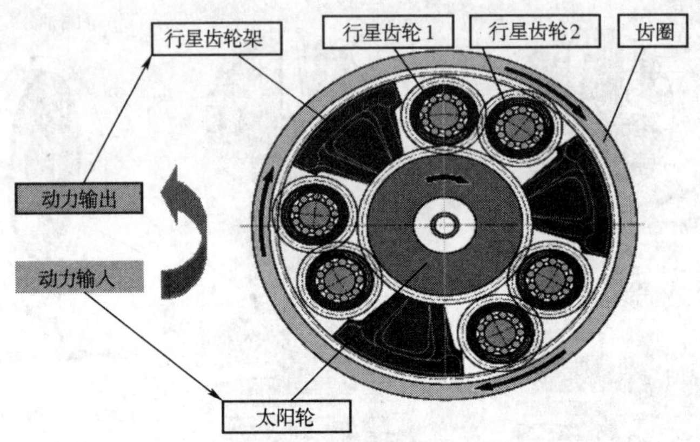


图 4-13 行星齿轮装置结构

行星齿轮装置的工作原理：

奥迪 A6 Multitronic 变速器的起动装置是前进挡离合器和倒挡制动器（离合器），并配合使用反向行星架机构来实现前进挡和倒挡的，它们只做动力传递而不改变速比。

前进挡时，太阳轮主动旋转，行星齿轮支架与太阳轮同速度旋转，也就是行星齿轮系的变速比为 1，整体同步旋转；倒挡时，太阳轮主动旋转，齿圈固定，行星齿轮支架反向旋转并作动力输出元件。

4. 动力传递路线

(1) 前进挡的传动路线

前进挡离合器钢片与太阳轮连接，摩擦片与行星架相连接。当前进挡离合器工作时，太阳轮（变速器输入轴）与行星架（输出轴）连接，行星齿轮系被锁死，速比为 1∶1（图 4-14）。

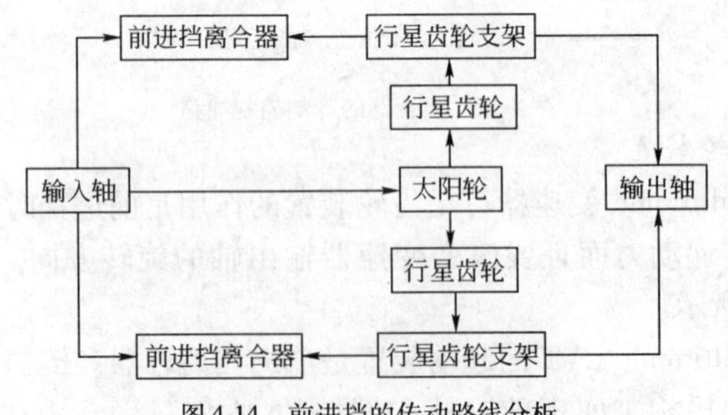


图 4-14 前进挡的传动路线分析

(2) 倒挡传动路线

倒挡制动器摩擦片与齿圈相连接,钢片与变速器壳体相连接。当倒挡制动器工作时,齿圈被固定,太阳轮(输入轴)主动,转矩传递到行星架,由于双行星齿轮(其中一个是惰轮),所以行星架就会以与发动机相反的方向旋转,车辆向后行驶(图4-15)。

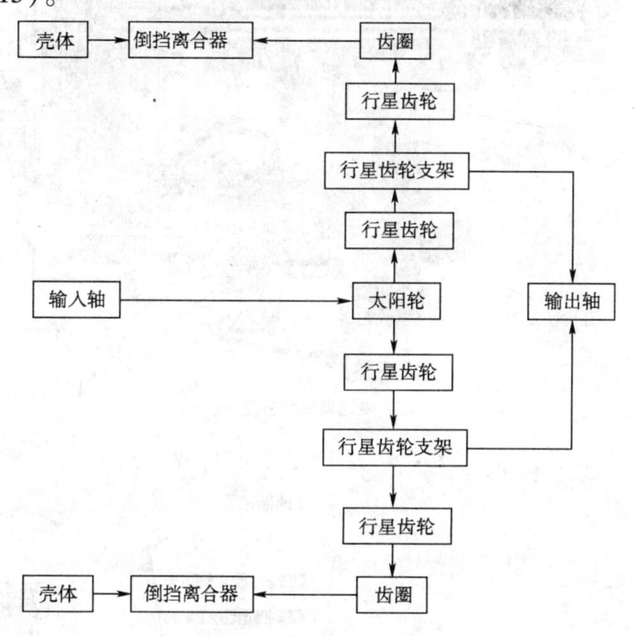


图4-15　倒挡传动路线分析

## (二) 速比变换系统

### 1. 速比变换系统的组成

无级变速器的速比变换器主要由三部分组成(图4-16):主动锥形链轮、传动金属链和从动锥形链轮。

速比变换器由两组滑动锥面链轮和作用在其中间的V形传动钢链组成,其中每一组滑动链轮又有一可沿轴向移动的链轮,就是由于链轮的轴向移动,从而改变接触链轮和传动链之间的跨度半径,最终实现速比点的变化。

### 2. 传动金属链

传动链(图4-17)是Multitronic变速器的主要部件,传动链与以前的滑动带或V形带相比具有转矩大和效率高等优点。

传动链工作原理:如图4-18所示,每个转动压块永久性连接到一排连接轨上,通过这种方式,转动压块不可扭曲,两个转动压块组成一个转动节。传动链是由两种不同长度的链节构成的,使用两种不同长度的链节的目的是防止共振

并减小运动噪声。

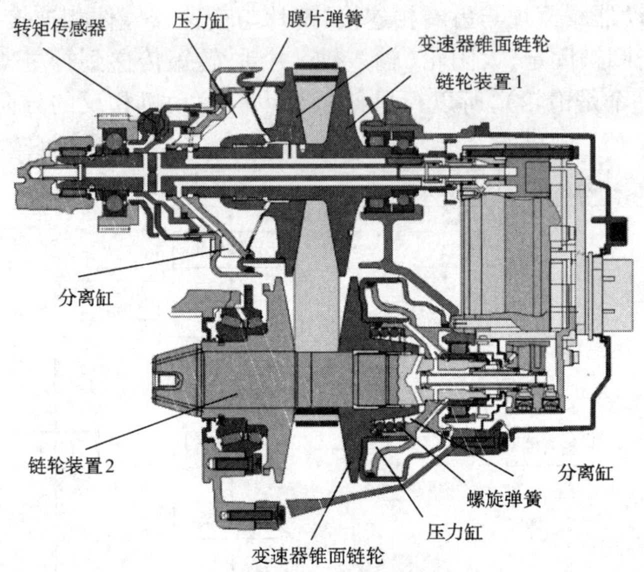


图4-16 速比变换系统的组成

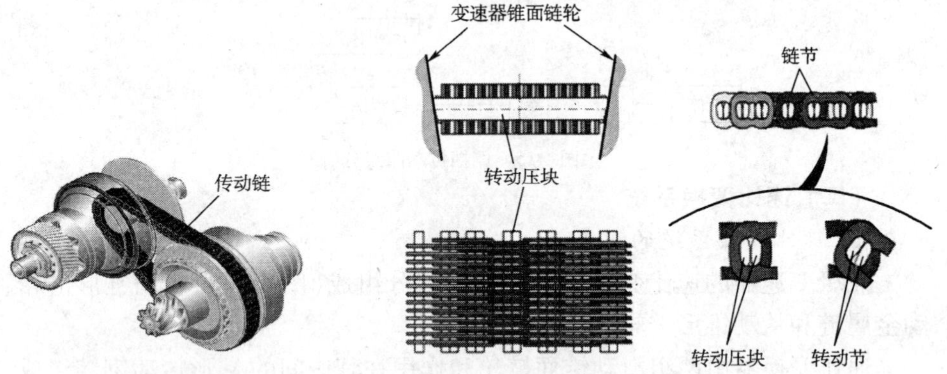


图4-17 传动链

图4-18 传动链工作原理

3. 速比变换器的工作原理

图4-19所示速比变换系统的工作原理。

在链轮装置1和链轮装置2(图4-16)上各有一个保证传动链轮和传动链之间正常接触压力的压力缸和用于调整变速比的分离缸。为了有效地传递发动机产生的转矩,锥面链轮和传动链之间需要很高的接触压力,接触压力通过压力调节缸内的油压产生。压力缸表面积很大,能够在低压时提供所需的接触压力。液压系统泄压时,主动链轮膜片弹簧和从动链轮的螺旋弹簧产生一个额定

的传动链条基础张紧力(接触压力)。在卸压状态下,变速器起动转矩变速比由从动链轮的螺旋弹簧的弹力调整。

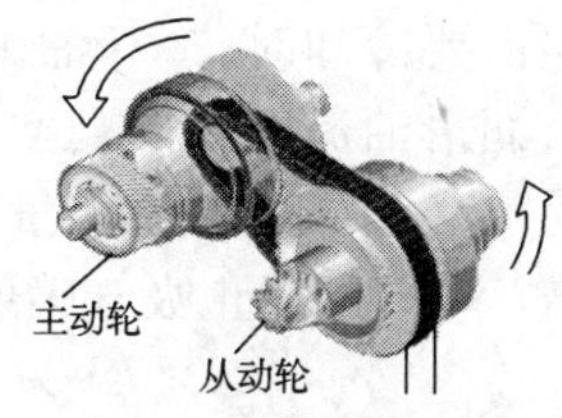


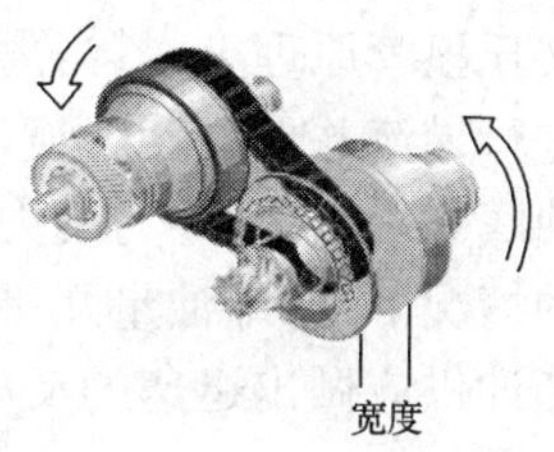


图 4-19　速比变换系统的工作原理

### (三)液压控制系统

1. 奥迪 A6 Multitronic CVT 的液压控制系统的作用

奥迪 A6 Multitronic CVT 的液压控制系统的作用:承担了变速器系统油压的控制、油路的转换控制、用油元件和冷却控制等作用;主要用于控制离合器的起步、冷却和速比变换器的锥面链轮接触压力控制。

2. 液压控制系统结构与组成

(1) 供油系统

A. 油泵(图 4-20)

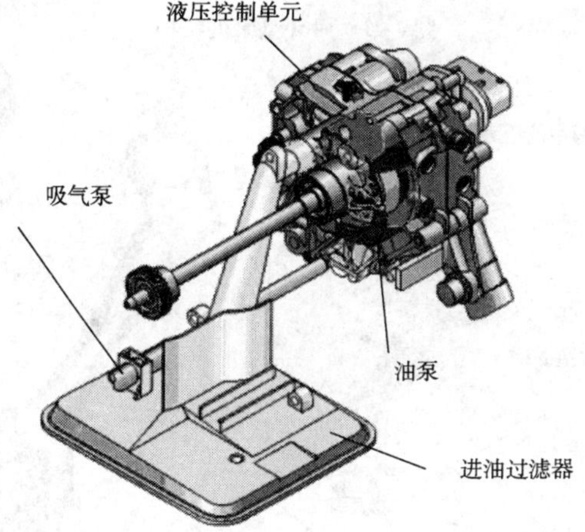


图 4-20　油泵

油泵和液压控制单元组成一个整体,减少了压力损失,Multitronic变速器采用了高效率的月牙型泵(图4-21)。

油泵的作用:为液压系统提供所需的、一定压力的、足够量的液压油。

B. 吸气喷射泵(图 4-22)

为了保证充分冷却离合器，对润滑油有一定要求，吸气喷射泵集成在离合器冷却系统中，以供给冷却离合器所需的润滑油量。吸气喷射泵（图 4-22）根据文丘里管原理工作，当离合器需要冷却时，冷却油由油泵出来通过吸气喷射泵进行导流并形成动力喷射流，润滑油流经泵的真空部分产生一定真空，将油从油底壳中吸出，并与动力喷射流一起形成一股大量的油流，在不增加油泵容量的情况下，冷却油量几乎加倍。单向阀阻止吸气喷射泵空运转并且有助于对冷却油供应做出迅速的反应。

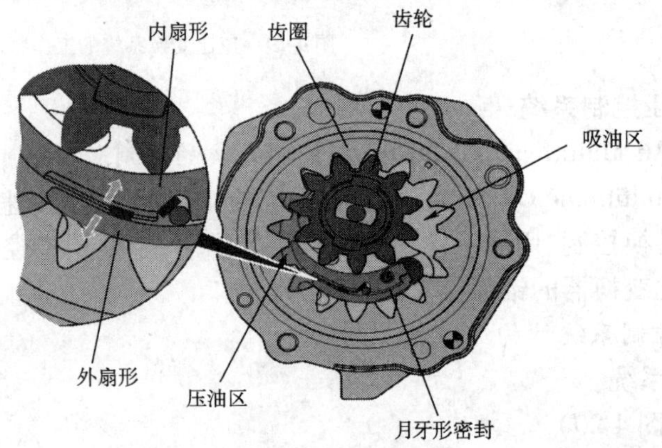


图 4-21　月牙型泵的结构

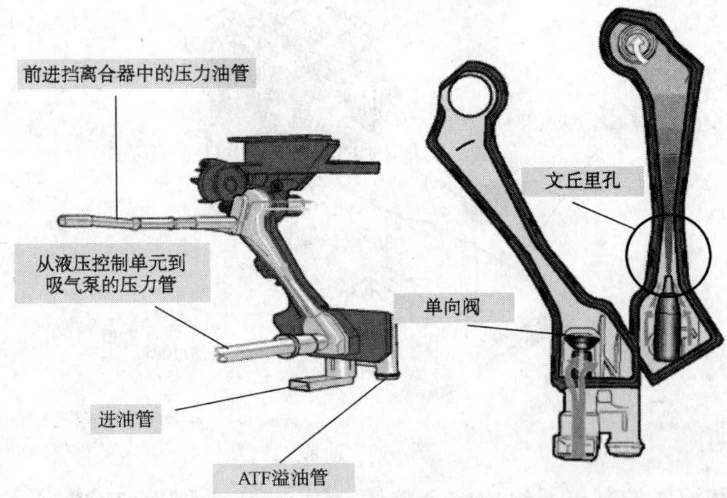


图 4-22　吸气喷射泵的结构和原理

（2）液压控制单元

液压控制单元由手动换挡阀、9 个液压阀和 3 个电磁控制阀组成。液压控

制单元和变速器控制单元直接插接在一起(图 4-6)。

主要功能:

前进挡离合器/倒挡制动器控制;

调节离合器/制动器压力;

冷却离合器;

为接触压力提供压力油;

传动控制;

为飞溅润滑油罩盖供油。

(3) 换挡轴和停车锁(图 4-23)

通过换挡杆可完成下列功能:

驱动手动换挡阀;

控制停车锁,在 P 位时停车锁架被压向停车锁齿轮,停车锁啮合;

钥匙触发多功能开关,电子识别换挡杆位置。

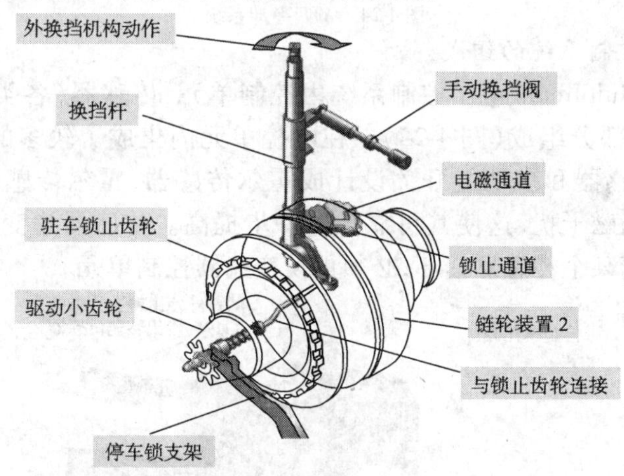


图 4-23 换挡轴和停车锁

(4) ATF 冷却系统

ATF 流回液压控制单元前流经 ATF 滤清器,当 ATF 温度低时,供油管和回油管建立的压力不同,DDV1 差压阀防止 ATF 冷却器压力过高(ATF 温度低)。达到标定压差时 DDV1 打开,供油管和回油管直接相通,使 ATF 温度迅速升高。当 ATF 滤清器的流动阻力过高时,DDV2 打开,阻止 DDV1 打开,ATF 冷却系统因有背压而无法工作(图 4-24)。

**(四) 电子控制系统**

1. 电子控制系统作用

奥迪 A6 Multitronic CVT 的电子控制系统用于检测各类传感器的信息,并根

据控制程序，实现对液压控制系统、速比变换器和运行模式的综合控制。

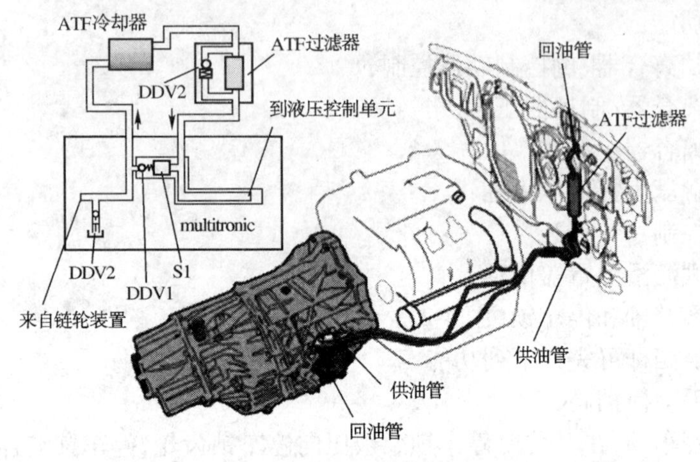


图 4-24　ATF 冷却系统

2. 电子控制系统的组成

奥迪 A6 Multitronic 电子控制系统由控制单元、传感器（各类开关）和执行器（电磁阀）三部分组成（图 4-25）。在电控单元内集成了较多的传感器技术，发动机转速传感器和多功能开关设计成霍尔传感器，霍尔传感器没有机械磨损，信号不受电磁干扰，这使其可靠性进一步提高。传感器为变速器控制单元的集成部件，若某个传感器损坏，必须更换变速器控制单元。

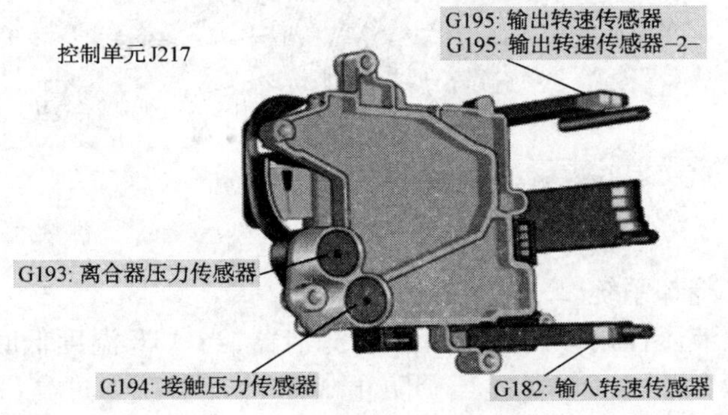


图 4-25　控制单元 J217 及传感器

1）控制单元 J217

控制单元 J217 位于变速器内部，并用 3 个螺钉直接固定在液压控制阀体上。3 个压力调节电磁阀与控制单元之间直接通过坚固的插接接头连接，并没有任何连线，汽车外部线束直接与控制单元的 25 针插座相连接。J217 的底座

为一坚硬的铝壳板,所有的传感器都集中在此铝壳板上,而且该铝壳板具有隔热作用,因此,传感器与控制单元之间不再需要线束和接头,这种结构大大提高了 J217 的可靠性。

控制单元的功能:

(1) 动态控制程序;

(2) 强制降挡功能;

(3) 根据行驶阻力自适应控制;

(4) 与车辆巡航控制系统(CCS)协调工作;

(5) 升级程序;

(6) 起步和转矩传递过程由电子—液压控制单元监控和调整;

(7) 对离合器或制动器的控制;

(8) 最佳舒适模式控制;

(9) 最大动力特性;

(10) 最佳燃油经济性;

(11) 过载保护;

(12) 爬坡控制功能;

(13) 故障自诊断功能;

(14) 换挡控制。

控制单元 J217 有一个动态控制程序,用于计算变速器目标输入转速,它是已存在的用于 CVT 动态换挡程序的升级版本。DRP 的目标是将操纵性能尽可能与驾驶员输入相适应,以达到最佳完美组合,让驾驶员有驾驶机械手动变速器一样的感觉。

换挡控制是通过控制单元的液压控制系统以及驾驶员的输入信息,结合发动机输入转矩来共同完成速比转换的。控制单元中的动态控制程序计算出变速器额定输入转速,变速器输入转速传感器 G182 是检测主动链轮 1 处的变速器实际输入转速。根据实际值与设定值之间的比较,调整压力电磁阀 N216 的控制电流,从而产生换挡阀的控制压力,该压力与控制电流成正比。并通过检查来自变速器输入转速传感器 G182 和变速器输出转速传感器 G195 及发动机转速信号来实现对换挡的监控。

2) 输入装置

奥迪 Multitionic 电控系统的输入装置主要包括各传感器和各信息开关。

(1) 变速器输入转速传感器 G182;

(2) 变速器输出转速传感器 G195 和 G196;

(3) 变速器压力传感器 G193;

（4）变速器压力传感器 G194；

（5）多功能开关 F125；

（6）变速器油温传感器 G93；

（7）制动灯开关 F；

（8）强制降挡信息；

（9）手动模式开关 F189；

（10）CAN 总线；

（11）发动机转速信号；

（12）换挡指示信号；

（13）车速信号。

TIPTRONIC（手自一体）开关 F189 集成在齿轮变速机构的鱼鳞板中，由 3 个霍尔传感器组成。霍尔传感器由位于鱼鳞板上的电磁铁激活（图 4-26）。

鱼鳞板上有 7 个 LED 灯：4 个用于换挡杆位置显示，1 个用于“制动动作”信号，其余 2 个用于 TIPTRONIC 护板上的“+”和“-”信号。

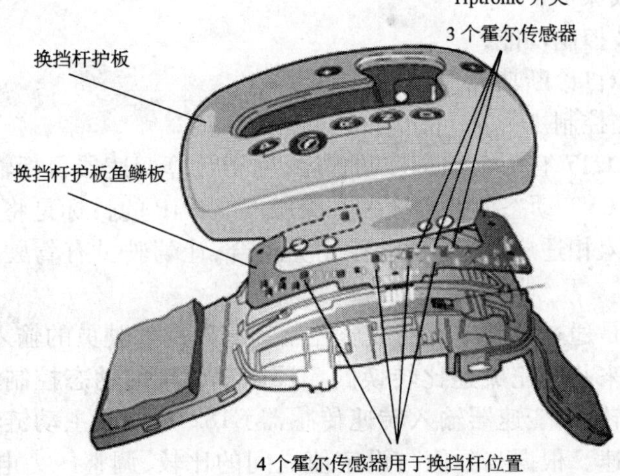


图 4-26　手动模式开关 F189

3）输出装置

奥迪 A6 Multitronic 变速器中用 N88、N215、N216 三个电磁阀作为电子控制系统的输出装置。

N88：控制离合器冷却阀（KKV）和安全阀（SIV）；

N215：激活离合器控制阀（KSV），实现“坡道停车”功能和离合器转矩控制匹配功能；

N216：控制离合器减压阀（UV），实现升降挡控制。

## 三、奥迪 A6 Multitronic(01J)换挡工作原理

### 1. 换挡控制

#### (1) 电子控制部分

奥迪 Multitronic 变速器控制单元有一动态控制程序(DRP),用于计算额定的变速器输入转速,为了保证最佳变速比,驾驶员输入信息和车辆实际工作状态都要被计算在内。根据边界条件,动态控制程序(DRP)计算出变速器额定输入转速,变速器输入转速传感器 G182 监测主动链轮 1 处的实际转速。那么变速器控制单元会根据实际值与设定值进行比较,并计算出压力调节电磁阀 N216 的控制电流,这样 N216 产生液压换挡阀的控制压力,该压力与控制电流几乎是成正比的。控制单元通过检查变速器输入转速传感器 G182 和变速器输出转速传感器 G195 及发动机转速信号来实现对换挡的监控(图 4-27)。

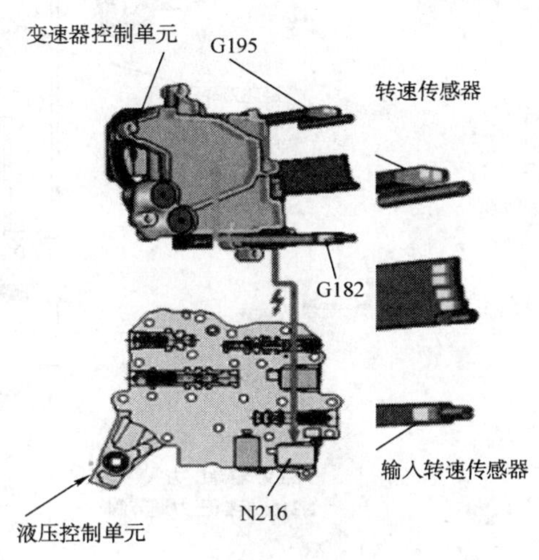

图 4-27　速比变换控制

#### (2) 液力换挡控制(增速与减速)

液压控制阀体中的输导控制阀(VSTV)向换挡压力调节电磁阀 N216 提供一个约 5kPa 的常压,N216 根据变速器控制单元计算的控制电流产生控制压力,该压力的大小就会影响减压阀(UV)的位置。根据控制压力,减压阀(UV)将调节出来的压力传递到主动链轮和从动链轮的分离缸。当调解压力在 1.8 ~2.2kPa 之间时,减压阀(UV)处于关闭状态。当控制压力低于 1.8kPa 时,调解压力通过减压阀(UV)传递到主动链 1 的分离缸,同时从动链轮的分离缸与油底壳接通,变速器朝增速挡的方向进行速比变换(图 4-28)。当调解压力高于 2.2kPa 时,调解压力通过减压阀传递到从动链轮 2 的分离缸,同时主动链轮 1 的分离缸与油底壳相通,变速器朝减速变速比的方向换挡(图 4-29)。

### 2. 接触压力控制

压力缸中合适的油压最终产生锥面链轮接触压力,若接触压力过高会降低传动效率;相反,若接触压力过低,传动链会打滑,这将损坏传动链和链轮。因此机械式转矩传感器的目的就是根据要求建立起尽可能精确、安全的接触压

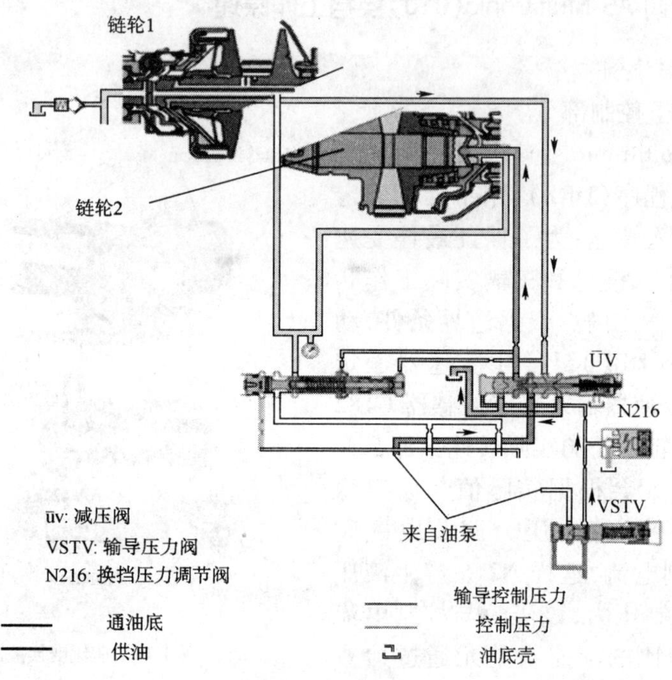


图 4-28　增速控制

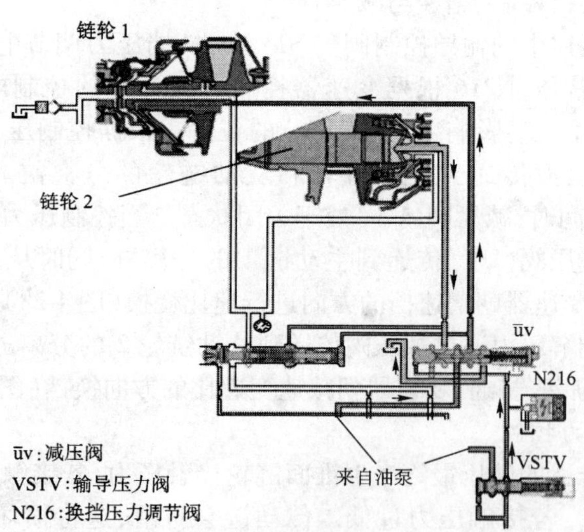


图 4-29　减速控制

力。液力/机械式转矩传感器集成于主动链轮1内,静态和动态高精确度地监控传递到压力缸的实际转矩,并建立压力缸的正确油压。机械式转矩传感器主要部件为2个滑轨架,每个支架有7个滑轨,滑轨中装有7个滚子(图4-30)。

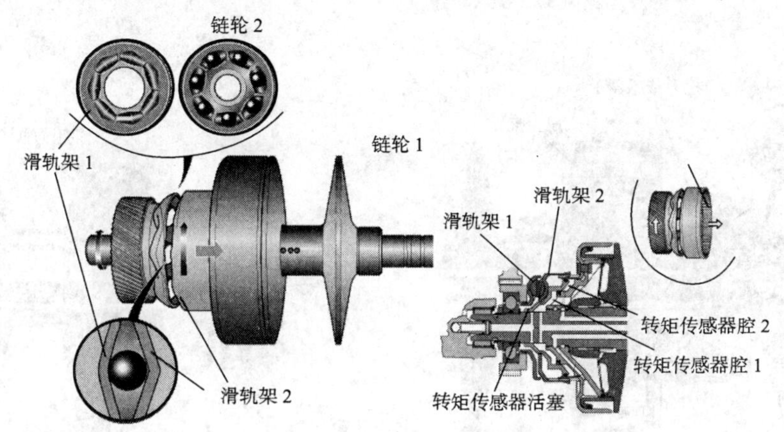


图4-30　转矩传感器

滑轨架1装于主动链轮1的输出齿轮中(辅助减速挡输出齿轮),滑轨架2通过内花键与主动链轮1连接,并可以轴向移动且由转矩传感器活塞支撑。转矩传感器活塞调整接触压力,并形成两个压力腔:转矩传感器腔1和腔2。转矩传感器产生的轴向力作为控制力,与发动机转矩成正比,压力缸中建立起来的压力与控制力成正比。转矩传感器支架彼此间可径向旋转,将转矩转化为轴向力(因滚子和滑轨的几何关系),此轴向力施加于滑轨支架2并移动转矩传感器控制凸缘关闭或打开转矩传感器腔输出端。

输入转矩低时:

转矩传感器腔1直接与压力缸相通。发动机转矩产生的轴向力与压力缸内的压力达到平衡。在汽车稳定运行的情况下,出油孔只部分关闭,打开排油孔(转矩传感器)后压力下降,出油孔进油压力降低,直至恢复压力平衡(图4-31)。

输入转矩高时:

转矩达到峰值时,控制凸缘完全关闭出油孔,此时被排出的油使压力缸内的压力迅速上升,这样就毫无延迟地调整接触压力。锥面轮产生的接触压力不仅取决于输入转矩,还取决于传动链跨度半径,此二者确定了变速器的实际变速比(图4-32)。

低速行驶时:

与变速比有关的接触压力在转矩传感器腔2内被调整。提高或降低转矩

传感器腔 2 内的压力,压力缸内的压力也发生变化。转矩传感器腔 2 内的压力受链轮 1 轴上的两个横向孔控制。该孔通过变速器链轮的轴向位移关闭或打开。当变速器位于起动转矩挡(低速挡)时,横向孔打开(转矩传感器腔 2 泄压,图 4-33)。

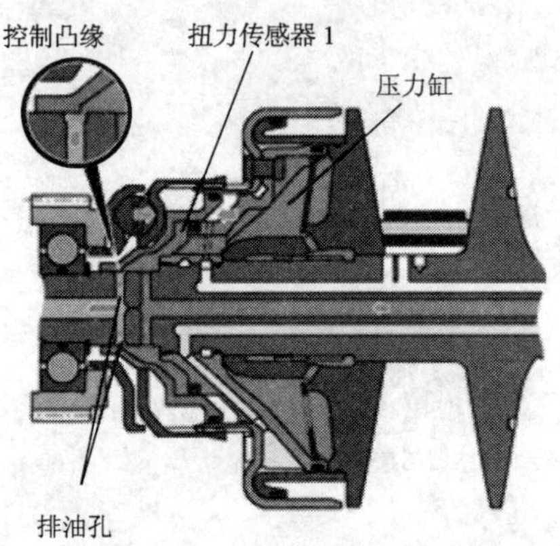


图 4-31　输入转矩低时的控制

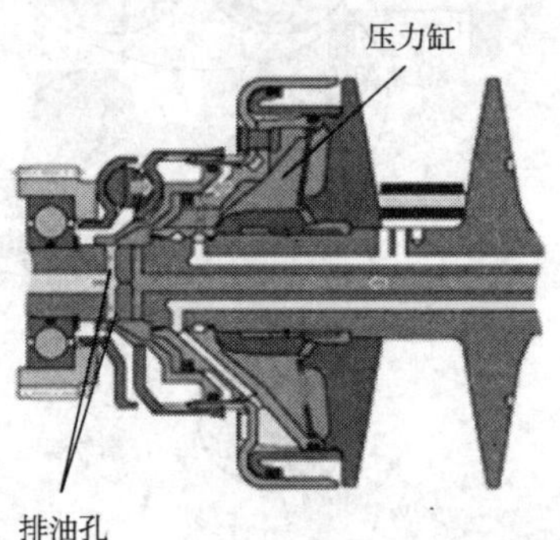


图 4-32　输入转矩高时的控制

高速行驶时:

当变速器换到高转速挡时,横向孔立即关闭,左侧横向孔打开,此时油通过相关的可变锥面链轮孔,该孔与压力缸相通,此时油压从压力缸传入转矩传感器腔 2,该压力克服转矩传感器的轴向力并将转矩传感器活塞向左移动,控制凸缘进一步打开出油孔减小压力缸内的油压。双级压力适配的主要优点为,中间挡位范围可利用低接触压力提高效率(图 4-34)。

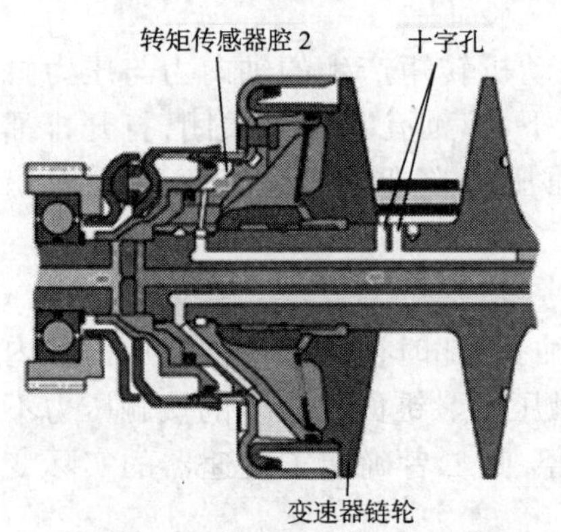


图 4-33　低速行驶时的控制

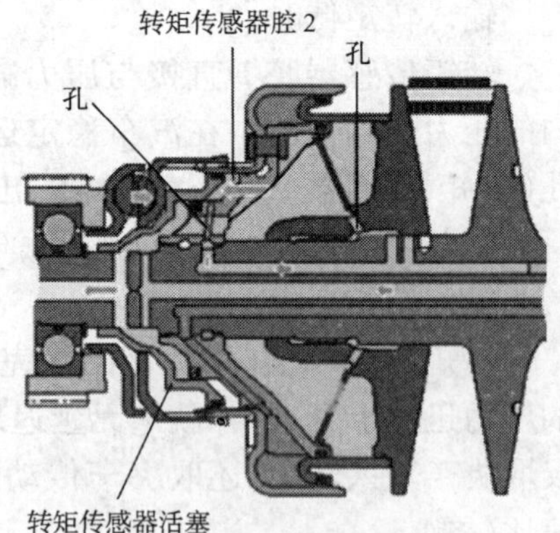


图 4-34　高速行驶时的控制

# 课题二　奥迪 A6 Multitronic 变速器的维护与检测

## 一、检查和更换 ATF

1. 必需的专用工具和车间设备(图 4-35)

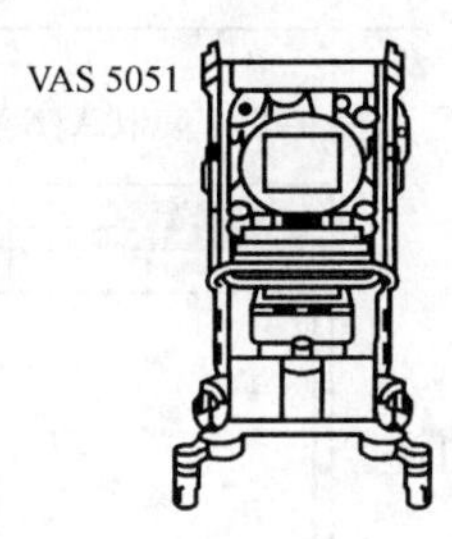


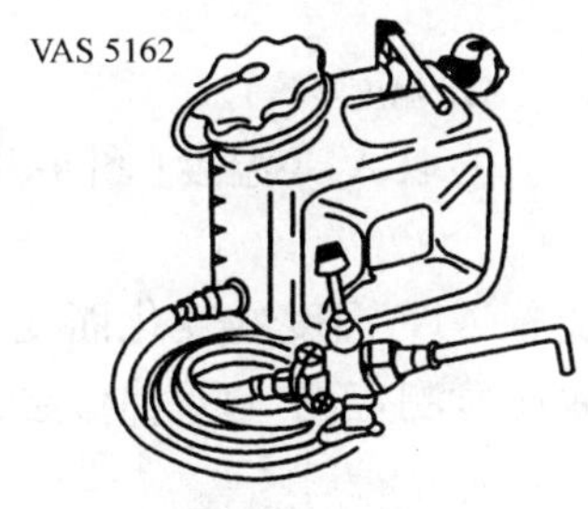


图 4-35　检查和更换 ATF 专用工具

2. 检查 ATF 的油位

原理描述

multitronic01J 型变速器要求的 ATF 不同于分级式自动变速器要求的 ATF。只有作为配件订购的 CVT 变速器专用的 ATF 才允许在行星齿轮箱中使用。当维修后或者 ATF 严重泄漏时,在变速器中只有少量甚至没有 ATF,则不允许启动发动机。在这种情况下,必须加注 4.5 ~5L ATF。

3. 检测的前提条件

重要提示

变速器不允许处于紧急运转状态;车辆必须处于水平位置;连接车辆诊断、测量和信息系统 VAS5051;然后选择车辆自诊断和车辆系统“02 - 变速器电气设备”;发动机处于怠速运转;同时必须关掉空调和暖气;开始检查前,ATF 的温度不允许超过 30℃,必要时先冷却变速器。

4. 读取 ATF 温度

VAS5051 显示为:

在选项栏“1”处键入诊断功能“08 - 读取测量值块”(图 4-36)。VAS5051 显示为:

1-输入显示组　最大输入值 =255

在键盘 2 处键入“010”选择“显示组编号 010”,并按 Q 键确定输入(图 4-37)。

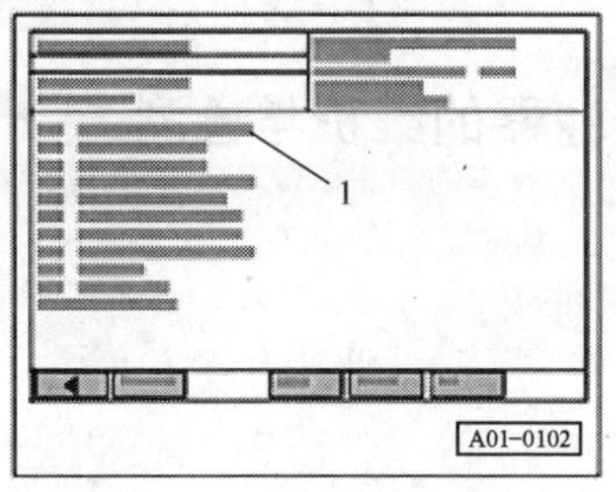


图 4-36　读取 ATF 温度步骤 1

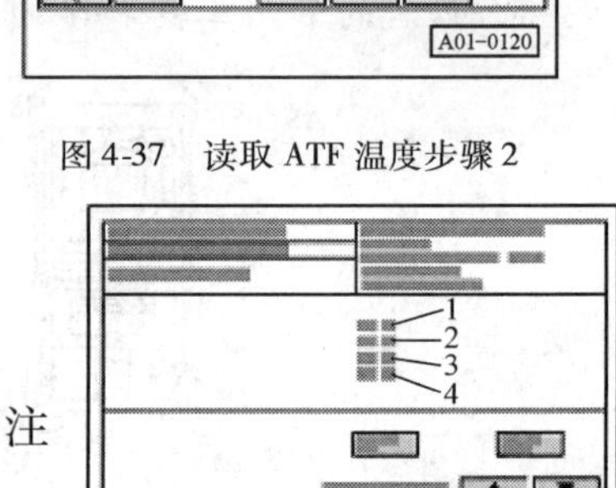


图 4-37　读取 ATF 温度步骤 2

在显示区 3 上读取 ATF 温度(图 4-38)。

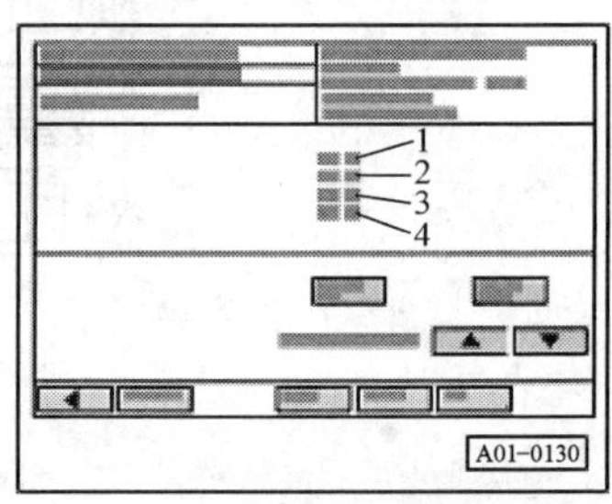


图 4-38　读取 ATF 温度步骤 3

注意:

ATF 油位随着 ATF 温度的变化而变化。

ATF 温度太低时测定的 ATF 油位会导致加注过多。

ATF 温度太高时测定的 ATF 油位会导致加注不够。

加注不够或者过多都会影响变速器的功能。

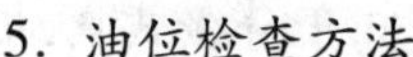

5. 油位检查方法

ATF 液面高度的检查条件:变速器不应在应急状态;车辆水平停放;起动发动机,踏下制动踏板并拉紧驻车制动器;在怠速时切换各挡(P,R,N,D),在每个挡位停留 2s;变速杆置于挡位 P,使发动机怠速运转;关闭空调及暖风;开始检查时,ATF 温度不应高于 30℃,必要时先让变速器冷却。

重要提示

松开快速连接件 2 和 3,然后取下隔音板(图 4-39);将收集槽放到变速器下面,如果 ATF 的温度达到 35℃时,拧出 ATF 检查螺塞 B;打开检查螺塞时,总是先有 5ml 的 ATF 从内油位管中流出(图 4-40)。当 ATF 温度处在 35℃至 45℃

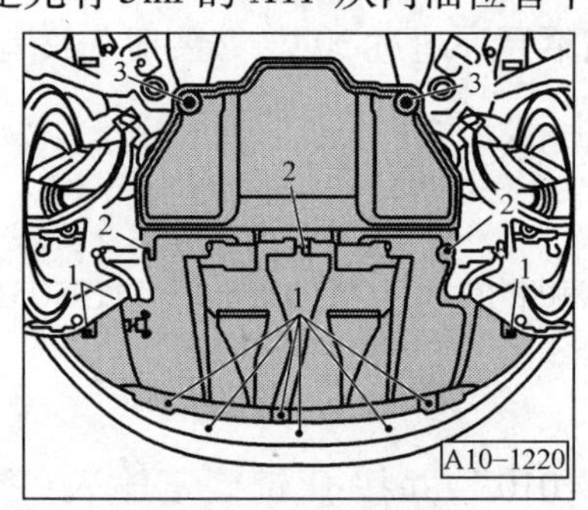


图 4-39　油位检查步骤 1

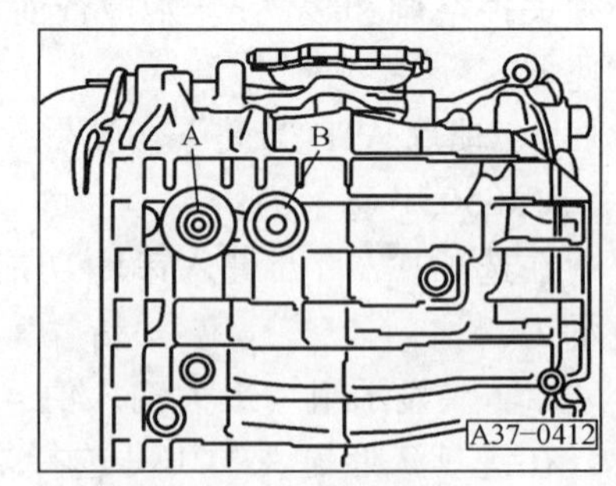


图 4-40　油位检查步骤 2

之间时,仍有少量液体从 ATF 检查螺塞中溢出,则说明 ATF 油位正确。如果在达到 40℃ 时,仍没有 ATF 从 ATF 检查螺塞中溢出的话,则加注 ATF(图 4-41)。

6. 加注 ATF

将加注器 VAS5162 的旋塞上的支撑拧入 ATF 检查螺塞 B 的开口(图4-40)。

沿着加注器软管的方向转动旋塞(图 4-42中的箭头所示),ATF 就会流入变速器。在加注器出油口下面放上合适的容器。通过沿出油口的方向转动旋塞(图 4-43 下面的箭头所示),来检查 ATF 油位。

如果在达到 45℃ 前,只有少量的 ATF 从出油口中流出,则说明 ATF 油位正确。

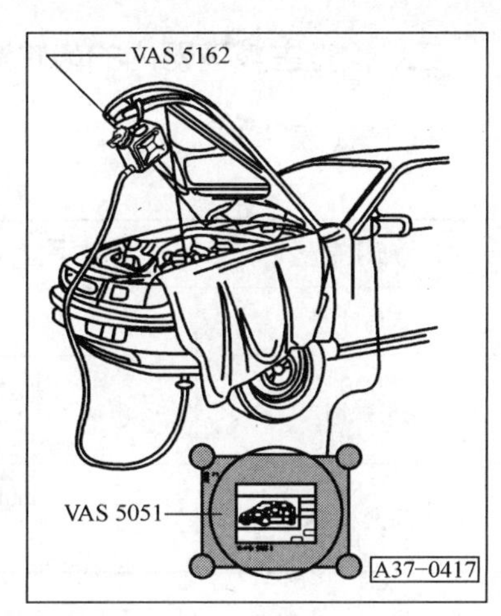


图 4-41　加注 ATF 步骤 1

提示:

总是先有 5ml 的 ATF 从内油位管中流出。如果没有 ATF 流出,那么重新沿加注软方向转回旋塞,然后让更多的 ATF 流入;重新检查 ATF 油位。在达到正确的 ATF 油位后,再拧下旋塞。

更换 ATF 检查螺塞。最迟在 ATF 温度达到 45℃ 时,关闭检查螺塞 B;拧紧力矩为 20N · m。

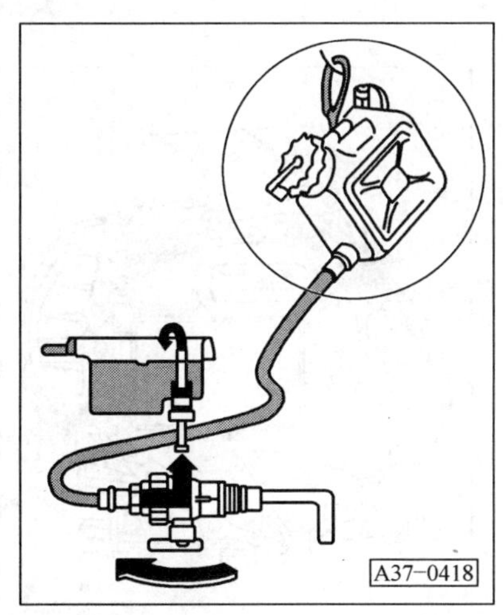


图 4-42　加注 ATF 步骤 2

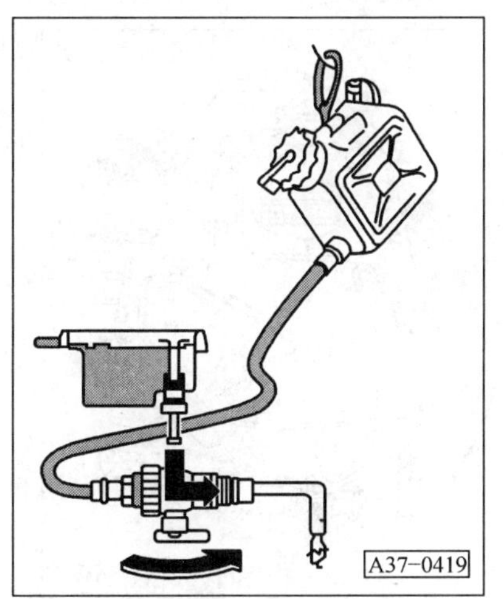


图 4-43　加注 ATF 步骤 3

## 二、检查主减速器内的齿轮油

加注量(表4-1)

齿轮油加注量 表4-1

| 加注量 | 前主减速器 | multitronic |
|---|---|---|
| 新加注量 | 约1.31 | 01J |
| 更换时 | 加注寿命内使用<br>不必更换 | |
| 润滑材料 | multitronic 专用<br>的轴油 | |

## 三、分解和组装变速器

1. 拆卸和安装端盖

拧出螺钉(图4-44箭头所示),然后取下端盖。

提示:

螺栓必须用新的螺栓更换。

安装按照相反的顺序进行,此外还要注意以下几点:

更换密封垫和密封圈。

将新的带有双面唇的双唇式皮碗密封圈 - A - 向外推到变速器控制器 - J217 的插座上(图4-45箭头所示)。

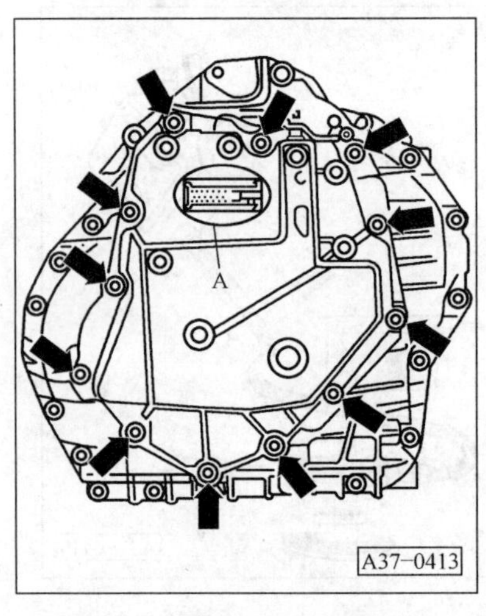


图4-44 拆卸和安装端盖步骤1

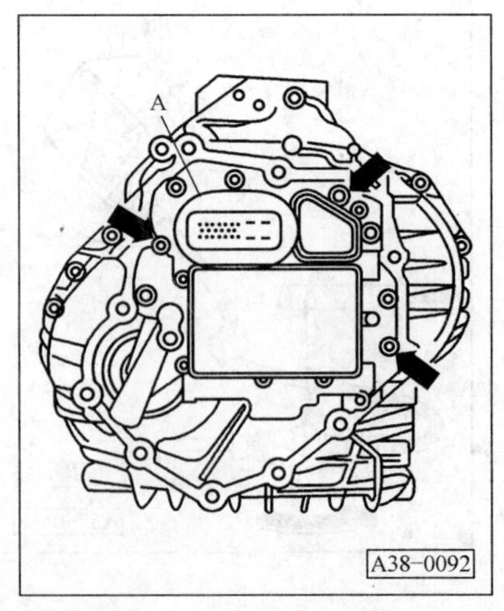


图4-45 拆卸和安装端盖步骤2

清洁变速器壳体和端盖的密封面。

更换端盖的纸质密封垫 A(图 4-46)。

装上端盖;并且要注意,纸质密封垫不能滑转。

旧的螺栓必须用新的螺栓更换。

检查双唇式皮碗密封 A 的安装位置:它必须处于同一密封平面上(皮碗密封唇边不允许有皱褶)如图 4-47 所示。

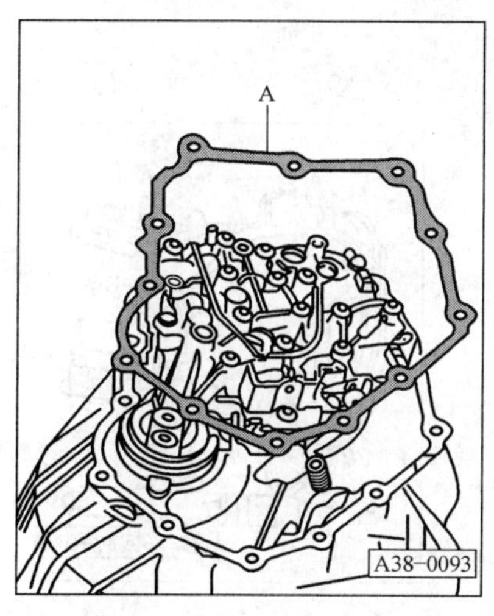


图 4-46　拆卸和安装端盖步骤 3

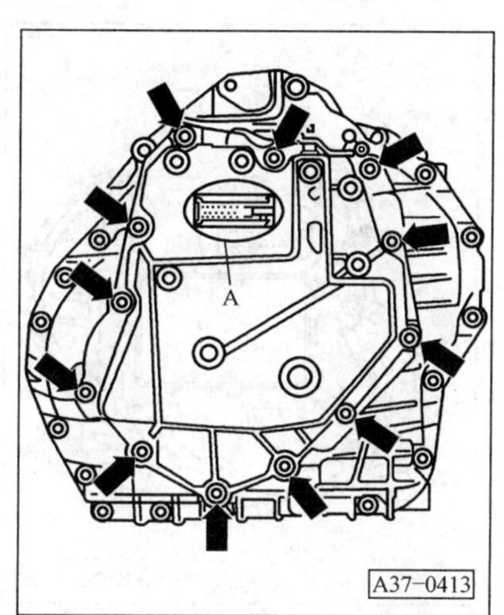


图 4-47　拆卸和安装端盖步骤 4

2. 拆卸和安装变速器控制器-J217

拧紧力矩见表 4-2。

(1) 拆卸

拧紧力矩　　表 4-2

| 部　　件 | Nm |
|---|---|
| 端盖固定到变速器 | 15 +90°① |
| 换挡杆拉线支架固定到变速器上 | 23 |
| 变速器支撑 | 20 |
| 前横梁固定到车身底板 | 55 |
| 后横梁固定到车身底板 | 60 |

①90°等于四分之一圈。

拆下端盖。拧出螺钉如箭头所示，然后拉出变速器控制器－J217，注意不要歪斜。

从变速器控制器－J217上取下双唇式皮碗密封圈A(图4-48)。

(2) 安装

安装按照相反的顺序进行。清除传感器A、C和D上的灰尘和金属碎屑(图4-49)；在安装控制器－J217前，更换液压控制单元上的线环A(图4-50)。

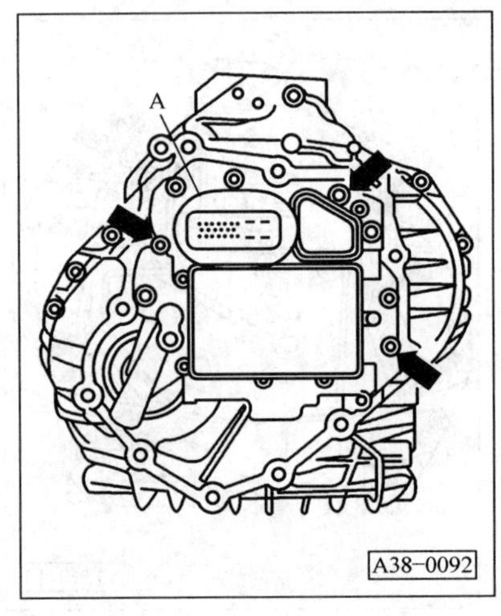


图4-48　电控单元拆卸

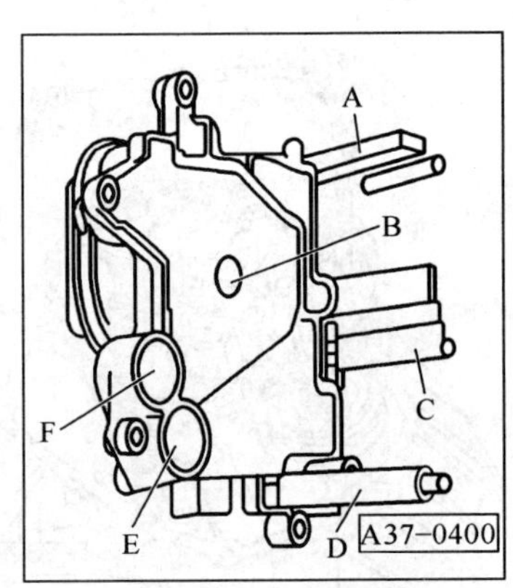


图4-49　清洁传感器

提示：

更换线环时，必须用ATF涂抹！

装入变速器控制器－J217，注意不要歪斜。控制器背面的插座连接A、B和C必须卡到液压控制单元上(图4-51)；用10Nm转矩紧固螺钉(图4-47箭头所示)。

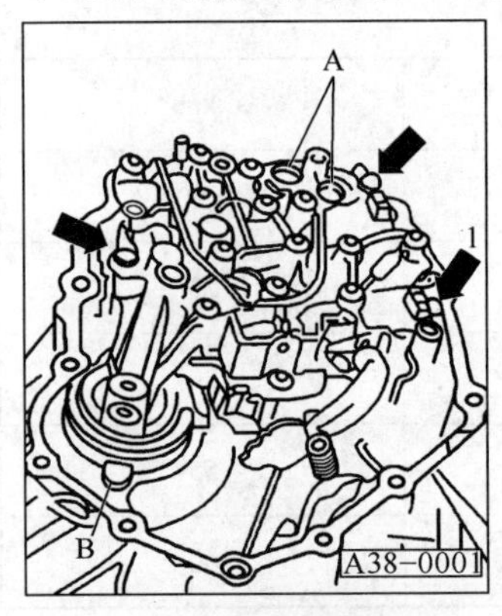


图4-50　更换密封环图

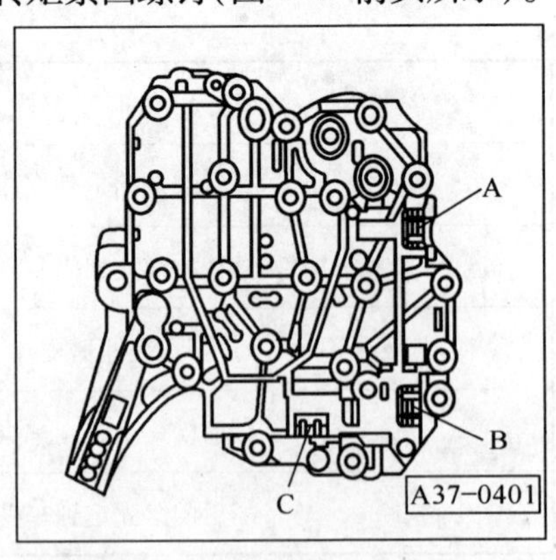


图4-51　液压控制单元的安装

在接好变速器控制器后,必须进行如下操作:

对新的变速器控制器 – J217 进行编码和匹配。

3. 清洁换挡轴

清洁换挡轴的定位部件(图 4-52 箭头所示),不要使用含纤维的抹布。尤其是要将磁铁接触面上的金属碎屑清除干净,弹簧 A 和辊子 B 必须被正确固定。

4. 拆卸和安装液压控制单元

原则上必须更换污染的或者有故障的液压控制单元。

拆下变速器控制器-J217。

向下从液压控制单元的轴承孔内拔出换挡杆挡位导杆 C,从换挡轴 D 上取出弹簧 A(图 4-53),然后取下液压控制单元。

提示:安装按照相反的顺序进行。此外还要注意:更换轴向密封件 A(4 个)和 B(图 4-53)。

安装前,用 ATF 涂抹轴向密封件。轴向密封圈 A 使较小直径的一端对着变速器,然后将其装入支架。

装上盖子 C,此时注意要定位凸肩。盖子 C 背面的定位凸肩必须插入变速器表面的小孔内。

向前压换挡轴的杠杆 2,直到碰到挡块位置,使换挡连杆 1 几乎处于直立位置(稍微向右倾斜)。

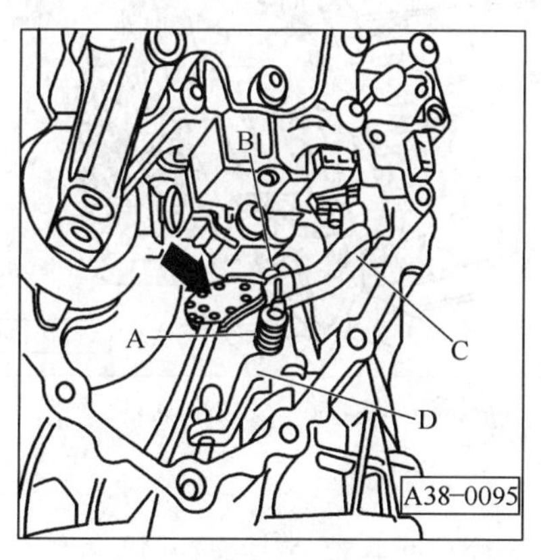


图 4-52　清洁换挡轴和拆卸液控单元

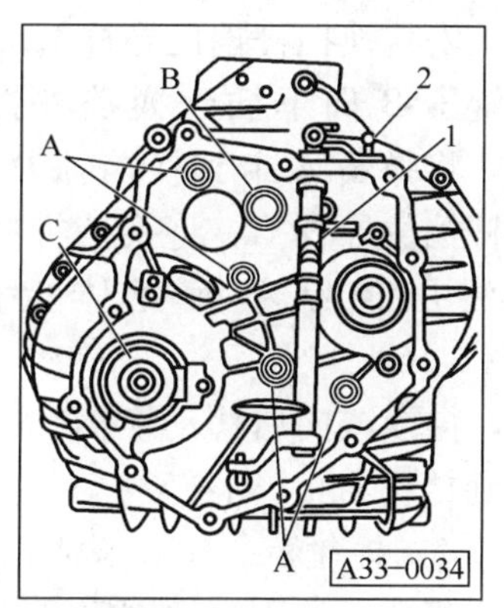


图 4-53　安装步骤 1

向内(左)压液压控制单元背面上的控制活塞 B,直到它卡入装配弹簧 A(图 4-54)。

将液压控制单元装入变速器,注意不要歪斜。

手动拧上螺钉(图 4-55 箭头所示)。螺钉 1 要比另外两个螺钉短。检查盖板的正确位置,定位凸肩 B 必须卡入变速器的孔中。

检查控制活塞 B 的功能。反复向左或向右移动止动片 C 或者换挡轴的杠杆上的换挡杆,使控制活塞 B 向外或者向里摆动(图 4-56 箭头所示)。如果控制活塞不移动,则说明换挡连杆没有嵌入液压控制单元背面控制活塞 B 的槽内,如箭头所示。此时应拆下液压控制单元,重新安装。

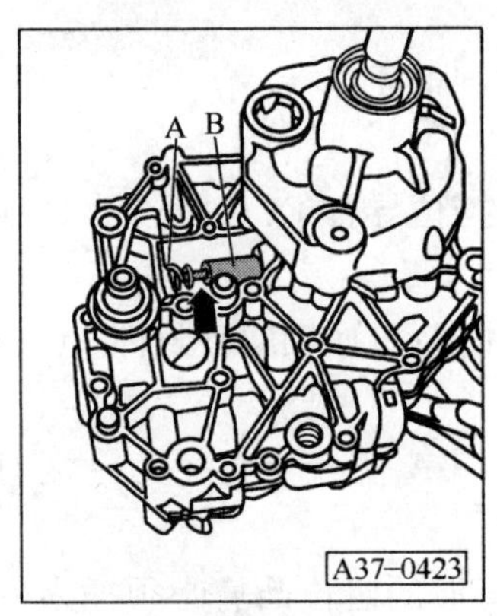

图 4-54　安装步骤 2

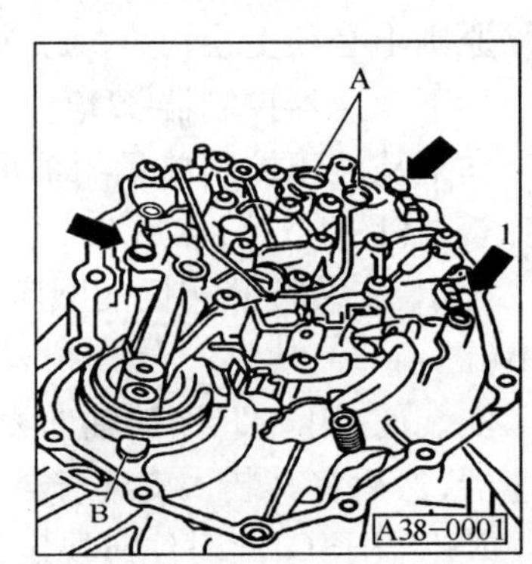

图 4-55　安装步骤 3

用 10Nm 力矩拧紧螺钉(图4-47箭头所示)。

安装换挡杆挡位导杆 C,将带有轴环的辊子 B 向下插到换挡杆挡位导杆 C 上。将弹簧 A 卡到换挡轴 D 上,装上换挡杆挡位导杆 C。将换挡杆挡导杆 C 推入液压控制单元壳体上的轴承中(图 4-56)。

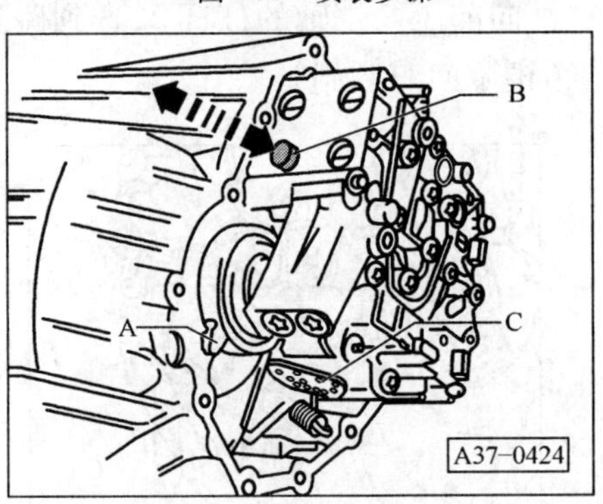

图 4-56　安装步骤 4

向前或向后移动换挡轴杠杆 2,直到碰到挡块为止(图 4-53)。

5. 拆卸和安装输入轴

将变速器垂直地固定到装配台上,拧出螺栓(图 4-57 箭头所示)。

用塑料锤小心地敲击凸缘盖,使输入轴的凸缘盖从密封垫中松开。

将专用工具 T40050 装到变速器输入轴上,并检查位置是否正确。将专用工具 T40050 上的带有凸缘盖的输入轴和前进挡离合器从变速器壳体中拔出(图 4-58)。

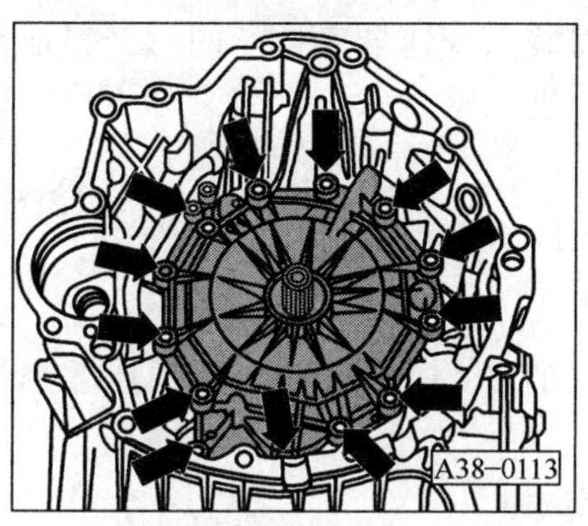


图 4-57　输入轴的拆卸步骤 1

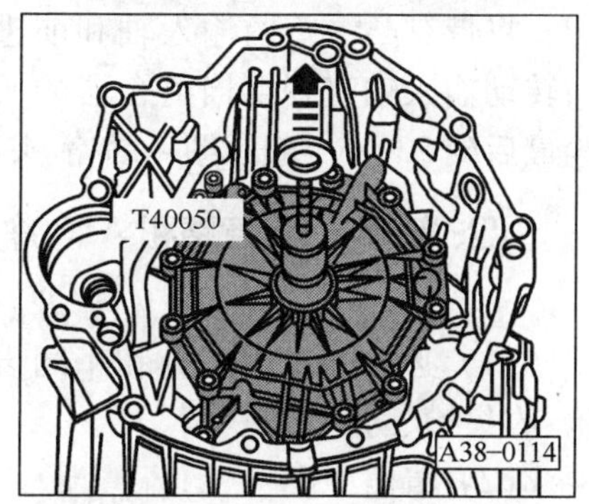


图 4-58　输入轴的拆卸步骤 2

注意：

输入轴不允许从它下端的导向轴承上断开(图 4-59 箭头所示)。

倒挡离合器的摩擦盘不允许从变速器壳体中取出(图 4-60 箭头所示)。

校正倒挡离合器的摩擦盘,齿轮必须准确按顺序排列(图 4-61、图 4-62)。

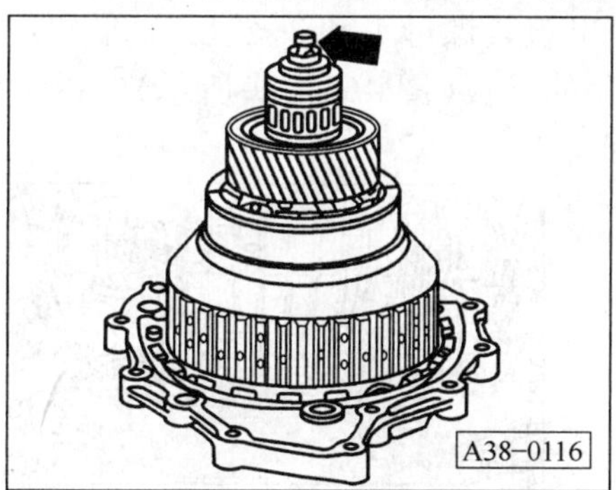


图 4-59　输入轴的拆卸步骤 3

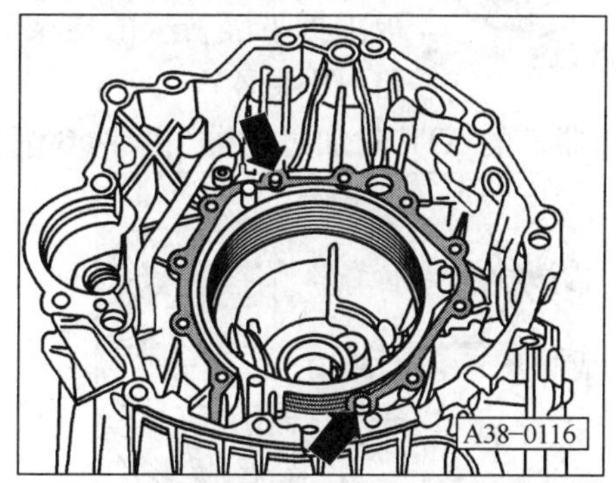


图 4-60　检查定位套

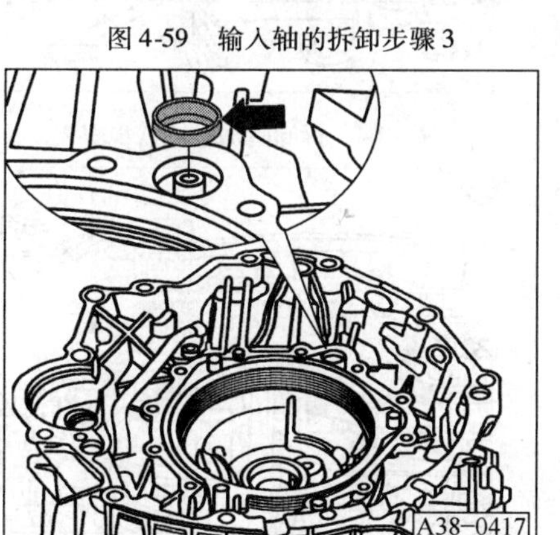


图 4-61　检查密封环磨损情况

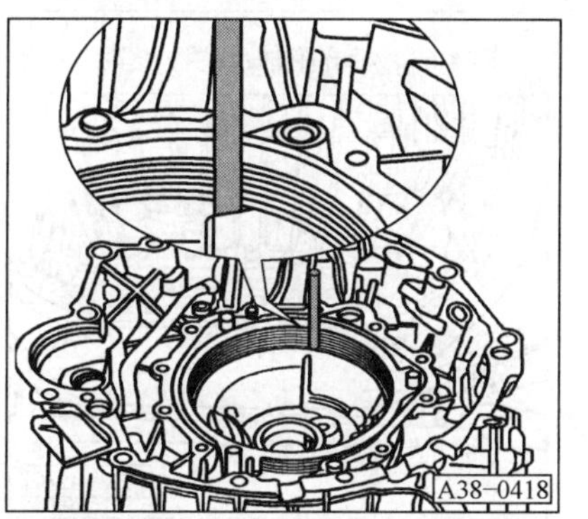


图 4-62　校正倒挡离合器摩擦盘

将带有凸缘盖的输入轴和前进挡离合器装入变速器壳体。同时轻轻地来回转动输入轴直到倒挡离合器的所有摩擦盘进入啮合状态。交叉分步拧紧螺栓最后到23Nm力矩(图4-57箭头所示)。

## 四、维修ATF管路和ATF冷却器

### 1. 清洁ATF管路和ATF冷却器

(1) 必需的专用工具和车间设备:软管(直径约为18mm)、普通压缩空气枪、收集槽、防护眼镜等。

(2) 清洁原则:

在安装更换的变速器前,必须用压缩空气(最大1MPa)吹ATF冷却器和ATF管路。然后更换ATF附加过滤器。

### 2. 拆卸和安装ATF附加过滤器

拆卸方法:

松开螺栓及快速连接件1－3(图4-63),然后取下前后隔音板。拆下隔音板的支架。拧出锁紧螺母1和2,然后分离ATF管路(图4-64)。拆下ATF管路的卡板(图4-65箭头所示)。拆下变速器上的ATF附加过滤器(图4-66箭头所示)。

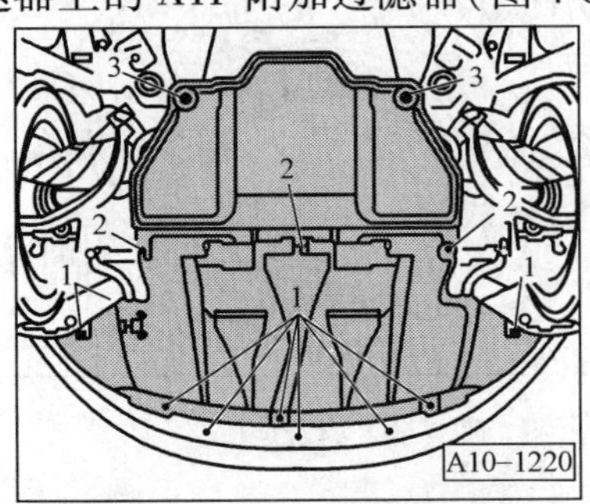


图4-63 拆卸附加过滤器步骤1

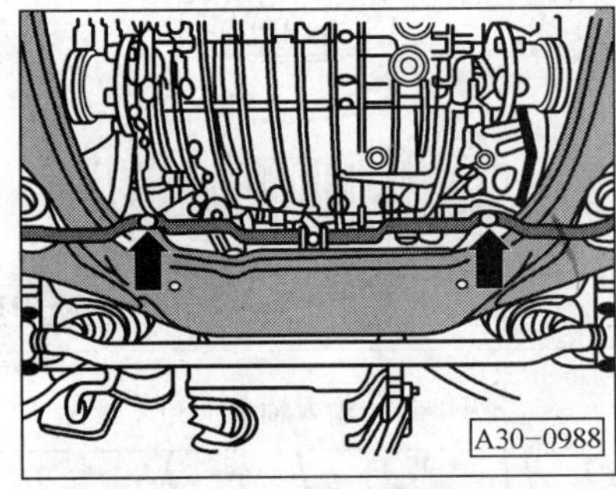


图4-64 拆卸附加过滤器步骤2

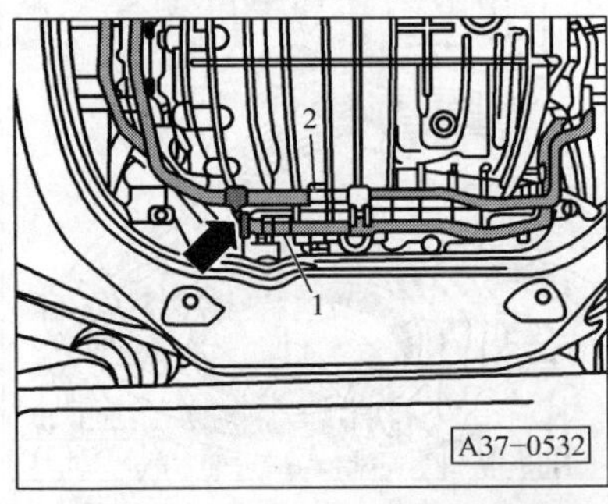


图4-65 拆卸附加过滤器步骤3

图4-66 拆卸附加过滤器步骤4

安装方法：

按照相反的顺序安装，各部位拧紧扭矩如表 4-3。

表 4-3

| 部　　件 | Nm |
|---|---|
| ATF 附加过滤器固定到支架上 | 20 |
| ATF 附加过滤器的支架固定到变速器上 | 40 |
| ATF 管路固定到变速器上 | 21 |
| 管路卡板固定到发动机上 | 5 |
| ATF 管路的锁紧螺母 | 29 |

3. 拆卸和安装 ATF 通气管

如果在变速器的底部有 ATF 泄漏，可能是由驱动轴轴密封圈或者 ATF 通气管不密封引起的，当 ATF 通气管不密封时也必须被更换。

拆卸：拧出螺钉 B，从支架内拔下 ATF 通气管 A(图 4-67)。

安装：插入新的 ATF 通气管，直到碰到挡块位置，用 25Nm 的力矩将带有连接板和螺钉 B 的 ATF 通气管拧紧到变速器壳体上。

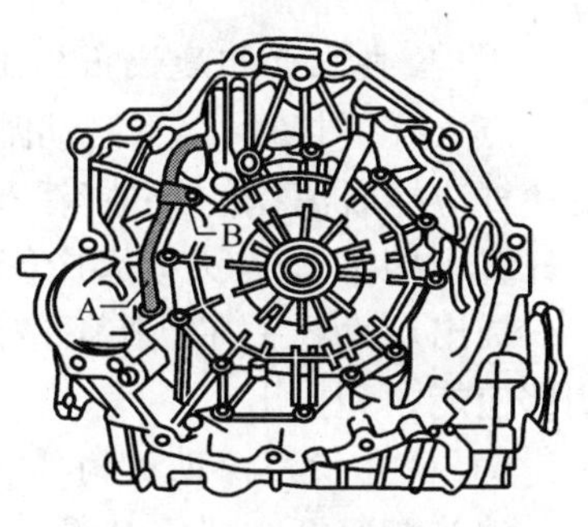


图 4-67　拆卸和安装通气管

## 课题三　奥迪 A6 Multitronic 变速器的性能测试与故障诊断

### 一、奥迪 A6 CVT 轿车的操作使用说明

（1）停车时，踏下制动踏板方能将变速杆移出 P 或 N 挡；当处于下列情况时变速杆不锁止：车速行驶超过 5Km/h、变速杆在 N 挡的停留时间小于 1s。

（2）锁止按钮按住锁止按钮变速杆方可移入其他挡位。

（3）点火钥匙安全锁止机构：

变速杆处于 P 挡时方能拔处钥匙

点火钥匙拨出，变速杆锁定在 P 挡

（4）CVT 轿车操纵注意事项：

① 轿车行驶中禁止将变速杆挂入 R 挡或 P 挡。

② 发动机处于运转状态，若变速杆处于 D 挡，必须踩住制动踏板。因为即使在怠速工况下，动力传递也未完全切断，轿车可能向前“爬行”。



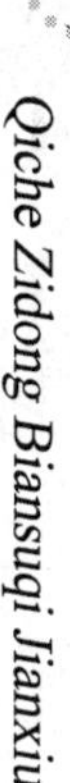

③ 在平坦、光滑路面上行驶时，若换低挡装置处于工作状态，轿车驱动轮可能失控（打滑）。

④ 当组合仪表的挡位显示闪烁时，提醒驾驶员变速器有故障，可能会导致车辆停驶，或停止后无法再起动车辆。

⑤ 牵引时的注意事项：

牵引汽车时必须将换挡杆放在 N 位置，牵引距离不应超过 50km，牵引速度不应超过 50km/h，否则，会损坏变速器。当蓄电池电量不足或者起动机不起作用时，用牵引起动的方法起动发动机是不可能的。

## 二、检查操纵锁止机构

### 1. 检查点火钥匙拔出锁止机构

点火开关打开：踏下制动踏板并保持该状态，按下变速杆手柄上的按键后，变速杆应能脱离挡位 P；在除 P 以外的其它挡位时，应不能拔出点火钥匙。将变速杆置于挡位 P，点火钥匙应能顺利地拔出。

拔出点火开关在已按下按键且踏下制动踏板时，将变速杆置于挡位 P，点火钥匙应能顺利拔出。

### 2. 检查换挡操纵机构

（1）变速杆在挡位 P 或 N 且点火开关已打开：

① 不踏下制动踏板：变速杆被锁止，按下按键不能脱离挡位，变速杆锁止电磁铁锁止变速杆。

② 踏下制动踏板：变速杆锁止电磁铁松开变速杆，按下按键后可挂入任一挡位；从挡位 P 将变速杆移入 RND，检查一下组合仪表上的挡位显示与实际挂入的挡位是否一致。

（2）变速杆在挡位 D 且点火开关及灯已打开：

① 将变速杆从挡位 D 挂入 Tiptronic 通道，换挡操纵机构壳体上发亮的符号“D”应熄灭，符号“ + ”及“ - ”应亮起。

② Tiptronic 组合仪表显示检查起动发动机，使之怠速运转；拉紧手制动器，踏下制动踏板；在将变速杆推入 Tiptronic 通道时，组合仪表上的挡位显示将从“PRND”变为“654321”。

## 三、奥迪 A6 Multitronic 变速器的故障自诊断

### 1. 组合仪表显示故障

（1）轻微性故障（图 4-68）

（2）一般性故障（图 4-69）

① 挡位显示全亮；

图 4-68　组合仪表显示故障 1

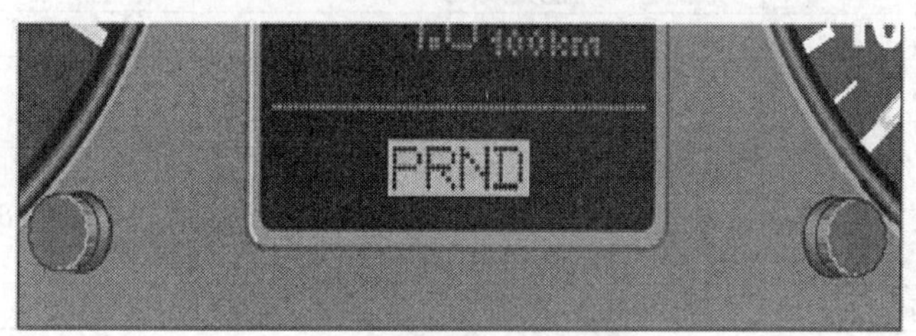


图 4-69　组合仪表显示故障 2

② 替代程序使车辆可继续行驶，对于驾驶安全性和变速器安全方面仍不严重；

③ 故障被存储；

④ 需尽快到服务站维修，否则，可能对变速器造成更大损伤。

（3）严重性故障（图 4-70）

图 4-70　组合仪表显示故障 3

① 挡位显示全亮；

② 对于驾驶安全性和变速器安全方面有严重影响；

③ 故障被存储；

④ 需立即到服务站维修；

注意：该情况可能导致车辆马上停止，或停车后无法再起动车辆。

2. 故障状况(见表4-4)

**故 障 状 况 表**　　　　表4-4

| 传感器代号 | 传感器信号 | 失效状况 | 替代值 | 仪表故障显示 |
| --- | --- | --- | --- | --- |
| G182 | 变速器输入转速 | 微量打滑和离合器区配控制功能失效 | 发动机转速信号 | 无 |
| | | 起步-加速过程可利用固定参数完成 | | |
| G195 | 变速器输出转速 | 坡路停车功能失效 | G196 | 无 |
| G196 | 变速器输出转速 | 坡路停车功能失效 | G195 | 无 |
| G195/G196 | | 坡路停车功能失效 | 车速信号 | 无 |
| G193 | 离合器压力 | 安全阀激活……安全切断 | | 闪烁 |
| G194 | 转矩传感器压力 | 爬行控制匹配功能失效 | | 无 |
| G93 | 变速器油温 | 离合器匹配控制功能失效 | 变速器控制单元计算得出替代值 | 反转 |
| | | 当油温高于145℃,发动机输出功率下降 | | 闪烁 |
| F125 | 挡位信号 | 霍尔传感器"D"损坏,点火功能失效 | 引入替代程序 | 闪烁 |

3. VAS5051或VAG1551检测(图4-71)

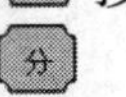

试验分析

在点火开关关闭的情况下,将VAS5051或VAG1551的检测接口与OBD诊断座对接,打开点火开关,进行故障诊断。

提示:检测时电源电压不得低于11V。

警告:一般情况下不得修改电控单元的基本数据。

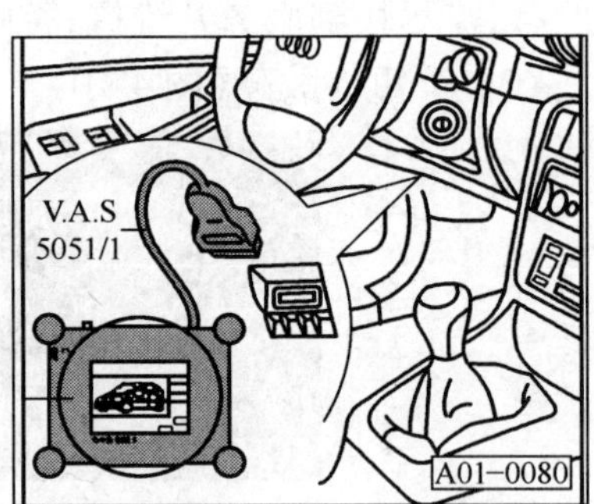


图4-71　VAS5051或VAG1551检测

地址码:02-变速器功能码:

01——查询控制单元版本号;

02——查询故障存储器;

03——执行元件诊断;

04——基本设定;

05——清除故障存储;

06——结束输出;

07——控制单元编码;

08——读取测量数据块。

# 单元五　自动变速器故障的诊断与排除

知识目标

1. 正确描述自动变速器常见故障及原因分析；
2. 正确描述自动变速器故障自诊断原理；
3. 简单叙述自动变速器故障检验的一般程序。

能力目标

1. 能够人工读取自动变速器故障码；
2. 熟练掌握自动变速器故障检查诊断的基本方法；
3. 能根据自动变速器故障现象进行正确分析故障部位或受控部件。

## 课题一　自动变速器故障的诊断思路

### 一、自动变速器故障诊断的一般程序

轿车自动变速器的故障往往是由发动机和电控系统引起，也有的是由自动变速器本身引起，在进行检修之前，根据由简到繁、由易到难的原则，先将故障部位大致分清（是发动机故障还是自动变速器本身故障）。若自动变速器带有自诊断系统，则应先进行自诊。

检验自动变速器故障一船按以下程序进行：

（1）首先进行基础检查。如：变速器油的质量和数量是否合适；节气门拉线记号是否正确；变速操纵杆系及空挡起动开关是否工作正常；空转转速是否合适；轮胎气压是否规范。

（2）然后进行失速试验，以检查发动机和自动变速器的性能。

（3）液压试验。对液压管路进行基础检查后，通过液压试验来确认液压系统是否有故障。

（4）道路试验。通过路试，进一步检查变速器的性能，确认变速器故障发生的部位，为变速器检修提供依据，以便视需要进行修理。

## 二、自动变速器的常见故障

(1) 漏油。这一般是传动轴侧密封不良所致,更换密封件时,要注意清洁。若在变速器与发动机一侧漏油时,应更换泵轮凸缘上垫片,为避免凸缘歪斜,安装时交替均匀拧紧固定螺钉,并达到规定的力矩。

(2) 离合器油缸供油压力过低。换挡后不能立即提高车速,这主要是油面太低,离合器调压阀失灵,滑阀卡滞或调整不当,应予及时检修调整或更换部件。

(3) 离合器摩擦盘烧蚀。使用不当,起步前挂挡。转速过高,主、从动盘同步时间过长而摩擦盘烧蚀。

(4) 变矩器油压过低。油面过低,变矩器调压阀失灵,密封损坏。

(5) 工作油温过高。离合器滑转或分离不彻底;滤清器或冷却器堵塞;泵轮,涡轮和导轮端面发生摩擦,冷却风扇不转动。

(6) 变矩器箱内油面逐渐上升,自动变速器油流入变矩器箱内。应更换油泵油封。

## 三、自动变速器常见的故障原因

轿车自动变速器的结构复杂,故障原因因涉及面广,常见的故障多集中在液压控制系统的堵、漏、卡和执行元件的磨损或失调等方面。在诊断中,液压试验是故障诊断的重要手段之一,而机理分析是正确诊断的前提,熟知结构是正确诊断的关键。一旦确定引起故障的原因,排除故障的具体方法一般是调整或更换元件。

(1) 自动变速器油变质或变色。一般汽车每行驶 10000km 应更换自动变速器油。正常使用中,变速器油变质或变色的原因是高温、氧化或磨料污染,应查明摩擦(引起高温)或磨损(产生磨料)的部位。

(2) 挂入行车挡无驱动反应。如果出现变速器挂入前进挡或倒挡而无驱动反应,应检查手动阀是否失调,引起油路堵塞、油压失调或油泵失效等。

(3) 无前进挡或无倒挡。汽车使用中,只能前进不能倒车,或只能倒车而不能前进,说明自动变速器液压控制系统正常,故障发生在前进挡或倒挡执行元件,应拆检对应的离合器和制动器。

(4) 升、降挡时滞过长。自动变速器升、降挡时滞过长的原因一般有两种:一种是节气门阀、调节器阀和换挡阀失调或泄漏失控;另一种是换挡执行元件失效或磨损。

(5) 直接挡无力。引起直接挡无力的原因一般是直接挡离合器打滑。应检查离合器片是否磨薄,控制油压是否过低,密封件是否漏油。

(6) 空挡爬行。汽车空挡时有爬行现象。应检查手动阀位置是否准确、离合器和制动器是否分离不彻底,需进行调整或更换。

(7) 工作油温过高。离合器滑转或分离不彻底;滤清器或冷却器堵塞;泵轮,涡轮和导轮端面发生摩擦,冷却风扇不转动等。

## 四、自动变速器故障诊断、检修方法

轿车自动变速器出现故障,首先对其进行性能检测;确定是否具有正常工作的能力;而不能轻易判定为自动变速器本身故障。造成不必要的失误。

性能检测主要包括:基础检验、手动换挡试验和机械试验(液压试验、失速试验、时滞试验、道路试验和液力试验)等。

基础检验的前提条件是:发动机工作正常、底盘性能良好,特别是汽车制动系统工作要正常,确保实验过程的安全及实验数据的准确。

(1) 发动机怠速检验:怠速过低,挡位转换时会引起车身震动甚至发动机熄火;怠速过高会引起在"D"或"R"挡位"爬行",换挡时发生冲击和震动。怠速不符合要求应按规范调整。

(2) 油量检验:变速器油量不足,液面过低,油泵会吸入空气,使空气吸入自动变速器油中降低了液压系统的工作压力,导致离合器制动滞后吻合或打滑;加速性能不良,润滑不良。油量过多,则可能从加油口或通风口喷油,或造成控制阀体上的排油孔被堵塞,以至排油不畅,影响离合器和制动器平顺分离,换挡不稳。如果每次维护检查时,将车停在平坦地面上,是变速器预热,当变速器油温达 70℃左右时,用油尺检查油面高度,应达到固定值。自动变速器油不足时应立即填加;自动变速器油过量,容易引起变速器过热。

(3) 自动变速器油质量检查:对自动变速器油的质量检查,可以提供其故障线索,为变速器的维护修理提供依据。根据自动变速器油的颜色、气味、黏度可直接检查。自动变速器油清晰颜色正常为自动变速器机械状况良好;自动变速器油呈棕褐色,但闻不出烧焦的糊味,为变速器长时间过热,有机件磨损损坏应予以检修和更换;对已变质自动变速器油应及时更换黏度相当于 SAELOW 的润滑油。

(4) 节气门全开检验:加速踏板踩到底,节气门应全开。否则,高速大负荷室会因功率输出不足而达不到最高车速,加速性能也变坏,还会影响强制低挡投入工作的早晚。若加速踏板踩到底而节气门不能全开,应调整或更换节气门操纵机构。

(5) 节气门阀拉索的检验:节气门拉索过紧,使节气门过早的工作,以致造成换挡点滞后,往往是由于车身和自动变速器相对位置的改变引起的,应予及

时检查和调整。

(6) 空挡起动开关的检验:变速器选挡手柄与变速器之间的传动拉索或拉杆长度,直接影响选挡手柄与手动阀的对应位置,而这一对应位置关系到在"N""P"挡时发动机能否起动。当选挡手柄在"N"挡位置时,一般变速器上的控制拉臂应与地面垂直,其调整部位因车而异。

(7) 超速挡控制开关的检验。自动变速器油温达到50~80℃的正常工作温度后,发动机熄火,接同超速挡开关,变速器中心电磁阀应有"咔……咔"操作声。再试时,车速有明显提高。

(8) 油压试验:首先仔细清洗变速器,以免脏物进入。顶起车桥,根据不同车型按其使用说明书的规定位置和规定的油压值进行油压试验。并检查液面、油质和操纵机构调节是否正常,必要时予以恢复。根据油压试验的结果,判定其内部故障,找出原因,予以修复。

① 详细了解故障现象,利用试验检测数据综合分析故障产生的原因、部位,确定最佳故障排除方法。

② 掌握故障现象、故障原因、排除方法三者之间的因果关系(表5-1)。

**自动变速器常见故障现象、故障原因与排除方法** 表5-1

| 故障现象 | | 故障原因 | 排除方法 |
|---|---|---|---|
| 汽车不能行驶 | 1. 手柄位于任何挡位都不能行驶;<br>2. 冷起动后能行驶小段路程,但一热车后就不能行驶 | 1. 自动变速器无油或油少;<br>2. 手柄和阀摇臂间连杆或拉索松脱;<br>3. 油泵的进油阀滤网堵塞;<br>4. 主油路严重泄漏;<br>5. 油泵损坏 | 检查原因,补充自动变速器油<br>检查修复<br>清洗或更换<br>修复<br>更换油泵 |
| 自动变速器打滑 | 1. 发动机转速高、车速上不去;<br>2. 上坡无力,发动机转速升高异常 | 1. 自动变速器油面太低;<br>2. 自动变速器油面太高;<br>3. 制动器摩擦片、制动带磨损;<br>4. 油泵磨损,油泄漏;<br>5. 单向离合器打滑;<br>6. 制动器活塞油封坏;<br>7. 减振器活塞与油封坏 | 加注自动变速器油<br>抽掉一部分自动变速器油<br>更换<br>更换油泵<br>更换单向离合器<br>更换制动器活塞<br>更换油封 |
| 换挡冲击大 | 1. 由停车或空挡挂入前进挡振动较严重;<br>2. 在自动升挡过程中有"窜动"现象 | 1. 怠速过高;<br>2. 节气门位置调整不当;<br>3. 真空软管老化或松脱;<br>4. 调压阀调整不当,油压过高;<br>5. 减振器活塞发卡;<br>6. 换挡执行元件打滑;<br>7. 油压电磁阀不工作;<br>8. 电控单元有故障 | 调整怠速至标准转速<br>调整<br>更换真空软管<br>调整<br>修复或更换<br>检查修理<br>检查<br>更换电控单元 |

续上表

| 故障现象 | | 故障原因 | 排除方法 |
|---|---|---|---|
| 过迟升挡 | 1. 升挡前发动机转速偏高；<br>2. 必须采取松加速踏板的方法才能升挡 | 1. 节气门拉索调整不当；<br>2. 节气门位置传感器损坏；<br>3. 调速器卡滞；<br>4. 调速器弹簧预紧力太大；<br>5. 调速器油路泄漏；<br>6. 主油路油压过高；<br>7. 强制降挡开关短路；<br>8. 真空式节气门阀故障 | 调整节气门拉索<br>更换传感器<br>修复或更换<br>调整<br>检修<br>调整油压<br>更换开关<br>更换节气门阀 |
| 不能升挡 | 1. 只有1挡，不能升入2挡；<br>2. 可以升入2挡，但不能升入3挡 | 1. 节气门拉索调整不当；<br>2. 调速器有故障；<br>3. 调速油严重泄漏；<br>4. 车速传感器有故障；<br>5. 2挡离合器或高挡制动器有故障；<br>6. 换挡阀卡滞；<br>7. 挡位开关有故障 | 调整<br>修理或更换<br>修复<br>更换车速传感器<br>排除故障<br>修复或更换<br>修理 |
| 无超速挡 | 1. 车速不能从3挡升至超速挡；<br>2. 用松加速踏板再踏下加速踏板升挡法也不能升至高挡 | 1. 超速挡开关故障；<br>2. 超速挡电磁阀故障；<br>3. 超速制动器打滑；<br>4. 挡位开关有故障；<br>5. 自动变速器油温度传感器故障；<br>6. 节气门位置传感器故障；<br>7. 单向超速离合器卡死；<br>8. 3～4挡换挡阀卡滞 | 检查修复<br>检查修复<br>更换制动带<br>检修<br>更换油温传感器<br>检查电阻<br>修复<br>修复 |
| 无前进挡 | 1. 前进挡不能行驶；<br>2. D位时不能起步；S、L位可以起步 | 1. 前进离合器严重打滑；<br>2. 前进单向离合器打滑；<br>3. 前进离合器油泄漏；<br>4. 操纵手柄调整不当； | 检查摩擦片或更换<br>更换单向离合器<br>修复<br>按规定程序调整 |

续上表

| 故障现象 | | 故障原因 | 排除方法 |
| --- | --- | --- | --- |
| 无倒挡 | 前进挡行驶,但倒挡不能行驶 | 1. 手柄拉线调整不当;<br>2. 倒挡油路泄漏;<br>3. 倒、高挡离合器或低、倒挡制动器打滑 | 按规定程序调整<br>予以修复<br>更换制动器片(制动带) |
| 频繁换挡 | 行驶时加速踏板不动突然出现降挡,并有冲击 | 1. 节气门传感器有故障;<br>2. 车速传感器有鼓掌;<br>3. 控制系统电路接触不良;<br>4. 换挡电磁阀接触不良;<br>5. 电控单元有故障 | 如有异常应更换<br>更换<br>检修<br>修复<br>更换 |
| 挂挡易熄火 | 1. 手柄由 P 位或 N 位换入 R、D、S、L 位时,发动机易熄火<br>2. 在用前进挡或倒挡行驶中踩下制动踏板,发动机熄火 | 1. 怠速过低;<br>2. 阀板中的锁止控制阀卡滞;<br>3. 挡位开关有故障;<br>4. 转速传感器有故障 | 按规定,调整怠速<br>修复或更换<br>修复<br>更换 |
| 无发动机制动 | 1. 低挡前进时,松开加速踏板,发动机转速降到怠速时,汽车没有明显减速;<br>2. 前进低挡下坡时,不能产生发动机制动作用 | 1. 挡位开关调整不当;<br>2. 操纵手柄调整不当;<br>3. 2 挡强制制动器打滑或低、倒挡制动器打滑;<br>4. 制动电磁阀故障;<br>5. 阀板有故障;<br>6. 自动变速器打滑;<br>7. 电控单元有故障 | 按规定调整<br>调整<br>更换制动器制动带<br>更换<br>检修<br>修复<br>更换 |
| 不能强制降挡 | 三挡行驶时,突然将加速踏板踩到底,不能立即降挡,致使汽车无力 | 1. 节气门拉索或传感器故障;<br>2. 强制降挡开关摔损坏或安装不当;<br>3. 强制降挡电磁阀损坏或线路故障;<br>4. 阀板中的强制降挡控制阀卡滞 | 按规定调整<br>重新安装或更换开关<br>更换电磁阀或检修线路<br>修复或更换 |
| 无锁止 | 1. 锁止离合器不起作用;<br>2. 油耗太大 | 1. 自动变速器油温传感器有故障;<br>2. 节气门位置传感器故障;<br>3. 锁止电磁阀有故障或线路短路、断路;<br>4. 锁止控制阀有故障 | 更换<br>更换<br>检修电路和换电磁阀<br>更换锁止控制阀 |

续上表

| 故障现象 | | 故障原因 | 排除方法 |
|---|---|---|---|
| 油温高 | 1. 油温太高,加油口冒烟;<br>2. 变速器油更换后不久就变质 | 1. 使用不当,超负荷行驶;<br>2. 自动变速器油散热器油路堵;<br>3. 限压阀卡滞;<br>4. 离合器或制动器间隙小;<br>5. 主油路压力低,离合器制动器工作打滑 | 正确使用和操作<br>清除油路<br>更换限压阀<br>调整<br>调整油压 |
| 行驶中有异响 | 行驶时有异响,挂空挡后消失 | 1. 油泵磨损严重,油面过高或过低;<br>2. 变矩器锁止离合器导轮、单向超越离合器等损坏;<br>3. 行星齿轮机构异响;<br>4. 换挡执行元件异响 | 更换油泵或检查油面<br>更换<br><br>检修或更换<br>更换 |

## 课题二　自动变速器自诊断

现代汽车的电控自动变速器都有故障自诊断功能。如果电控系统发生故障,EC－AT 控制单元将故障记忆并以代码形式存在存储器中,同时使仪表板上的故障指示灯亮。自诊断时,通过故障指示灯读取故障代码,每一个故障代码表示一种故障的发生部位及该部位的电路回路。

不同公司汽车故障代码读取方法不尽相同,如丰田汽车的故障代码通过"O/D OFF"指示灯来读取,本田汽车通过 D4 挡位灯来读取,马自达通过"HOLD"(保持)指示灯来读取,三菱和现代汽车用电压表或发光二极管来读取故障码。

近年出产的大部分汽车采用 OBD－II 自诊断接头并要用专用仪器来读取故障码。

以丰田汽车自动变速器为例。

1. "O/D OFF"(超速断)指示灯检查(图 5-1)

(1) 打开点火开关

(2) O/D 开关在"OFF"(断)位置,"O/DOFF"指示灯亮。

(3) O/D 开关在"ON"(通)位置,"O/DOFF"指示灯熄灭

2. 故障代码读取方法

(1) 打开点火开关

(2) O/D 开关置于“ON”(通)位置。

(3) 短接自诊断接头 $TE_1$ 和 $E_1$(图 5-2)。

(4) 从“O/D OFF”指示灯的闪烁,读出故障代码。

当“O/D OFF”指示灯连续地每秒闪烁 2 次,表示无故障。当“O/D OFF”指示灯每秒闪烁 1 次,表示有故障。首先读出的闪烁次数即为故障代码的十位数,停顿 1.5s 之后,再次读出的闪烁次数为故障代码的个位数。若有两个以上故障代码,两个代码输出间隔时间为 2.5s。

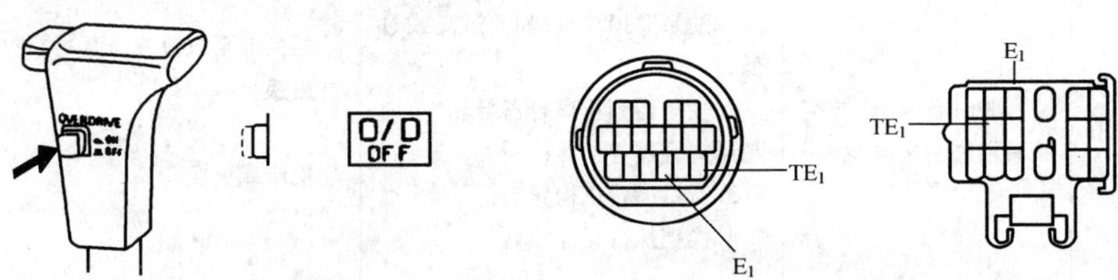


图 5-1　O/D OFF 指示灯图　　　　图 5-2　读取故障代码的接头连接

① 能够正确获取故障代码。

② 掌握故障代码的含义。

③ 利用故障码进行诊断和检查(表 5-2)。

④ 判断故障部位、原因及排除。

**丰田自动变速器故障代码**　　　　表 5-2

| 故障码 | 诊 断 内 容 | 检 查 部 位 |
|---|---|---|
| 42 | No. 1 速度传感器信号故障 | No. 1 速度传感器的线束和插头<br>No. 1 速度传感器<br>速度表<br>ECU |
| 46 | No. 4 电磁阀开路或短路 | No. 4 电磁阀的线束和插头<br>No,4 电磁阀<br>ECU |
| 61 | No. 2 速度传感器信号故障 | No. 2 速度传感器的线束和插头<br>No. 2 速度传感器<br>ECU |

续上表

| 故障码 | 诊断内容 | 检查部位 |
|---|---|---|
| 62 | No. 1 电磁阀开路或短路 | No. 1/No. 2 电磁阀的线束和插头 |
| 63 | No. 2 电磁阀开路或短路 | No. 1/No. 2<br>ECU |
| 64 | No. 3 电磁阀开路或短路 | No. 3 电磁阀的线束和插头<br>No. 3 电磁阀<br>ECU |
| 67 | O/D 直接离合器速度传感器信号故障 | O/D 直接离合器速度传感器的线束和插头<br>O/D 直接离合器速度传感器<br>ECU |
| 68 | 低速挡开关短路 | 低速挡开关的线束和插头<br>低速挡开关<br>ECU |

## 课题三　自动变速器故障的分析流程

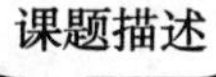


汽车自动变速器在使用中，随着技术状况的下降会出现一系列故障，常见的故障会通过一定的现象特征表现出来，不同车型由于结构上有所不同，其故障原因会有所差异，但故障产生的常见原因和诊断排除方法是基本相同的。

（1）故障分析流程是根据故障现象分析判断故障部位或受控部件的具体步骤。

（2）掌握故障分析流程的应用，能够及时准确的判断分析自动变速器的故障原因、部位及时排除。

### 一、汽车不能行驶

1. 故障现象

（1）无论操纵手柄位于倒挡、前进挡或前进低挡，汽车都不能行驶；

（2）冷车起动后汽车能行驶一小段路程，但热车时下汽车不能行驶。

2. 故障原因

（1）自动变速器油底渗漏，自动变速器油全部漏光。

(2) 操纵手柄和手动阀摇臂之间的连杆或拉索松脱,手动阀保持在空挡或停车挡位置。

(3) 油泵进油滤网堵塞。

(4) 主油路严重泄漏。

(5) 油泵损坏。

3. 故障分析流程(图 5-3)

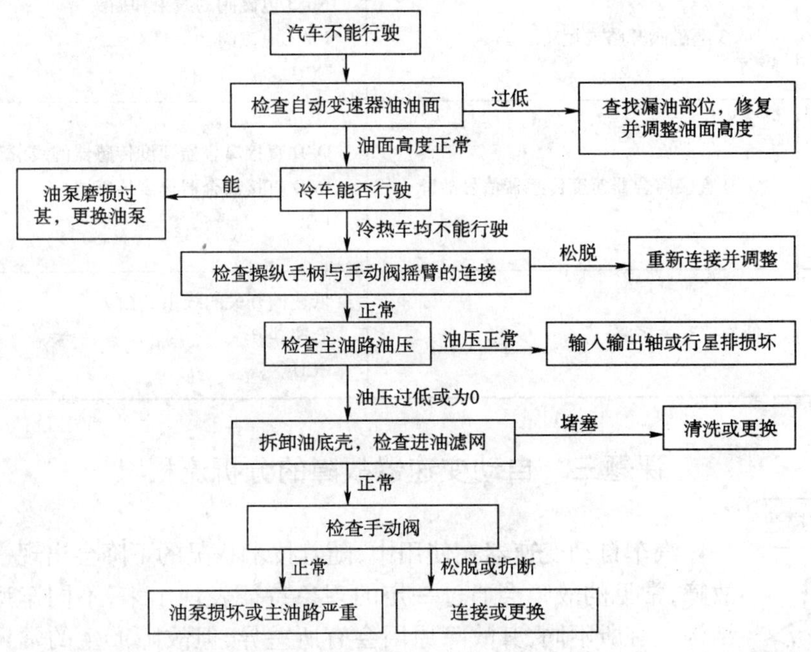


图 5-3 汽车不能行驶分析流程图

## 二、自动变速器打滑

1. 故障现象

(1) 起步时踩下加速踏板,发动机转速很快升高但车速升高缓慢。

(2) 行驶中踩下加速踏板加速,发动机转速升高但车速提高不快。

(3) 平路行驶基本正常,但上坡无力,且发动机转速很高。

2. 故障原因

(1) 自动变速器油油面太低。

(2) 自动变速器油油面太高,运转中被行星排剧烈搅动后产生大量气泡。

(3) 离合器或制动器摩擦片、制动带磨损过甚或烧焦。

(4) 油泵磨损过甚或主油路泄漏,造成油路油压过低。

(5) 单向超越离合器打滑。

(6) 离合器或制动器活塞密封圈损坏,导致漏油。

3. 故障分析流程(图5-4)

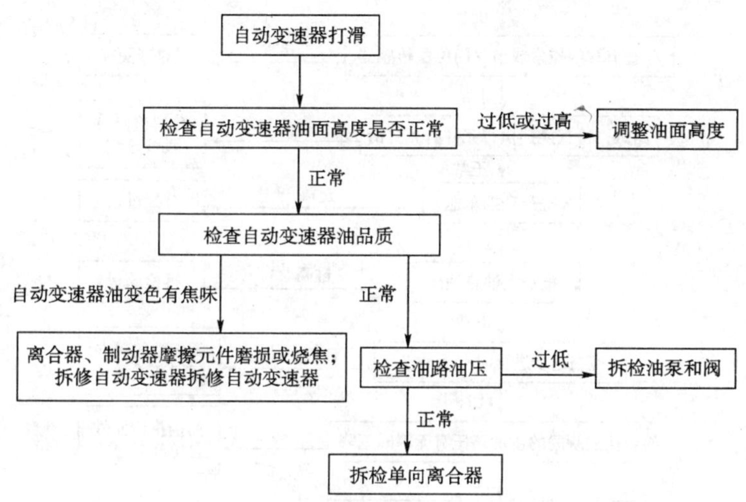


图5-4 自动变速器打滑分析流程图

## 三、换挡冲击大

1. 故障现象

(1) 在起步时,由停车挡或空挡挂入驱挡时,汽车震动较严重。

(2) 行驶中,在自动变速器升挡的瞬间汽车有较明显的闯动。

2. 故障原因

(1) 发动机怠速过高。

(2) 节气门拉索或位置传感器调整不当,使主油路油压过高。

(3) 升挡过迟。

(4) 真空式节气门阀的真空软管破裂或松脱。

(5) 主油路调压阀有故障,使主油路油压过高。

(6) 减振器活塞卡住,不能起减振作用。

(7) 单向阀钢球漏装,换挡执行元件接合过快。

(8) 换挡执行元件打滑。

(9) 油压电磁阀不工作。

(10) 电脑有故障。

3．故障分析流程(图 5-5)

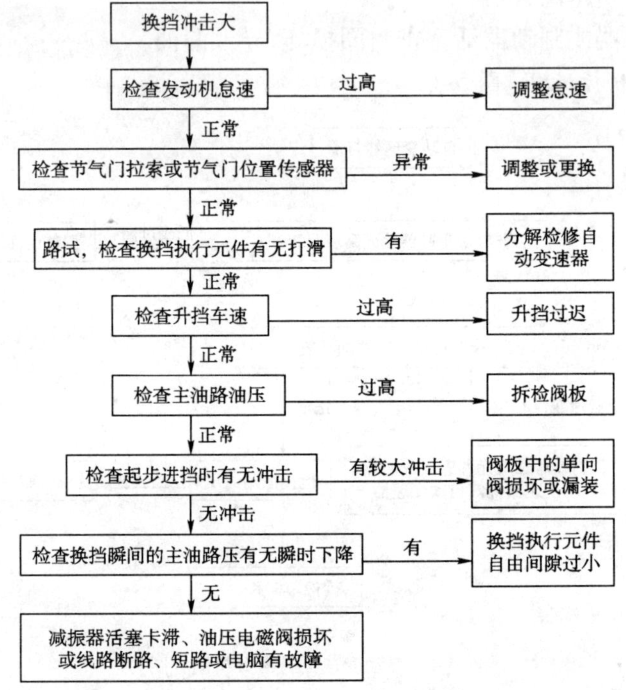


图 5-5　换挡冲击大分析流程图

## 四、自动变速器升挡过迟

1．故障现象

(1) 在汽车行驶中，升挡车速明显高于标准值，升挡前发动机转速偏高。

(2) 必须采用松加速踏板提前升挡的操作方法，才能使自动变速器升入高挡或超速挡。

2．故障原因

(1) 节气门拉索或节气门位置传感器调整不当。

(2) 节气门位置传感器损坏。

(3) 调速器卡滞。

(4) 调速器弹簧预紧力过大。

(5) 调速器壳体螺栓松动或输出轴上的调速器进出油孔处的密封环磨损，导致调速器油路泄漏。

(6) 真空式节气门阀推杆调整不当。

（7）真空式节气门阀的真空软管破裂或真空膜片室漏气。

（8）主油路油压或节气门油压太高。

（9）强制降挡开关短路。

3. 故障分析流程(图 5-6)

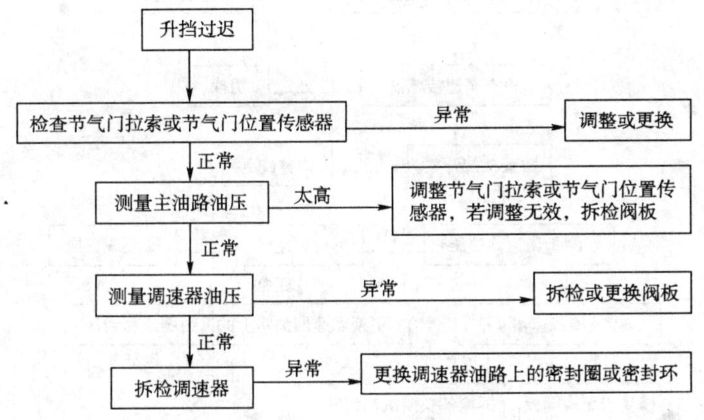


图 5-6　升挡过迟分析流程图

## 五、自动变速器不能升挡

1. 故障现象

（1）汽车行驶中自动变速器始终保持在 1 挡，不能升入 2 挡和高速挡。

（2）行驶中自动变速器可以升入 2 挡，但不能升入 3 挡和超速挡。

2. 故障原因

（1）节气门拉索或节气门位置传感器调整不当。

（2）调速器有故障。

（3）调速器油路严重泄漏。

（4）车速传感器有故障。

（5）2 挡制动器或高挡离合器有故障。

（6）换挡阀卡滞。

（7）挡位开关有故障。

3. 故障分析流程(图 5-7)

## 六、自动变速器无超速挡

1. 故障现象

（1）在汽车行驶中，车速已升高至超速挡工作范围，但自动变速器不能从 3

挡换入超速挡。

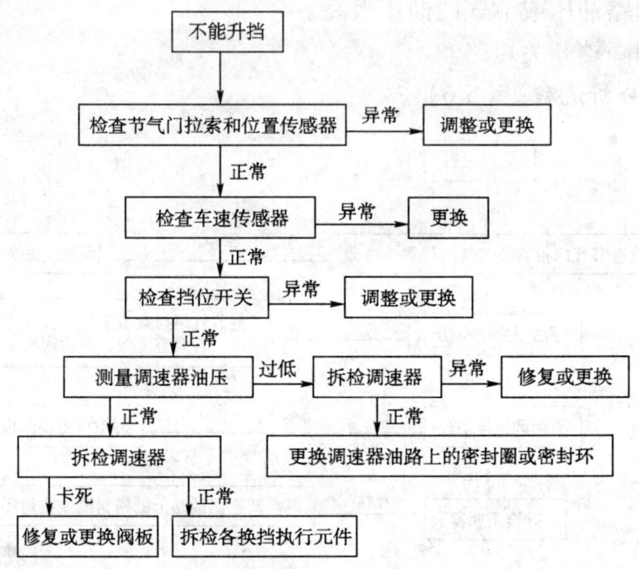


图 5-7 不能升挡分析流程图

(2) 在车速已达到超速挡工作范围后,采用提前升挡(即松开加速踏板几秒后再踩下)的方法也不能使自动变速器升入超速挡。

2. 故障原因

(1) 超速挡开关有故障。

(2) 超速电磁阀故障。

(3) 超速制动器打滑。

(4) 超速行星排上的直接离合器或直接单向超越离合器卡死。

(5) 挡位开关有故障。

(6) 自动变速器油温度传感器有故障。

(7) 节气门位置传感器有故障。

(8) 3-4 换挡阀卡滞。

3. 故障分析流程(图 5-8)

## 七、自动变速器无前进挡

1. 故障现象

(1) 汽车倒挡行驶正常,在前进挡时不能行驶。

(2) 操纵手柄在 D 位时不能起步,在 S 位、L 位(或 2 拉、1 拉)时可以起步。

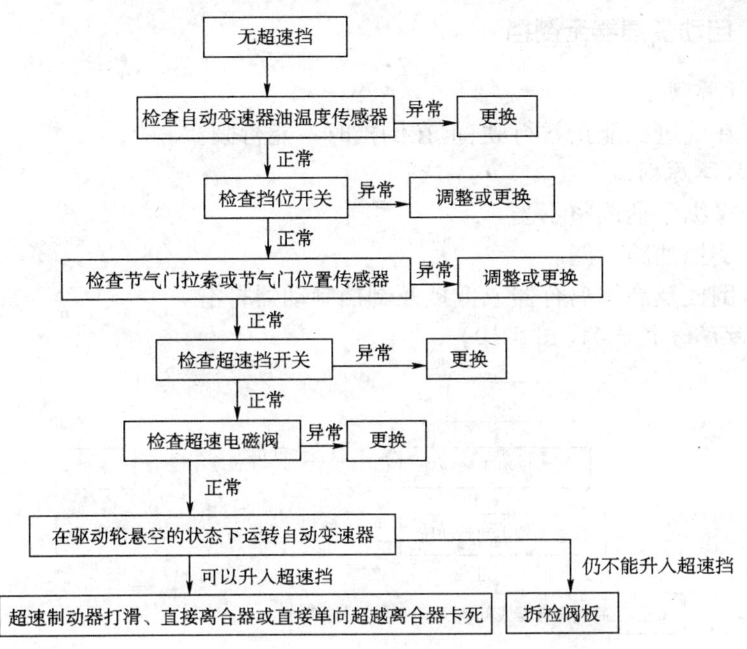


图 5-8　无超速挡分析流程图

2. 故障原因

(1) 前进离合器严重打滑。

(2) 前进单向超越离合器打滑或装反。

(3) 前进离合器油路严重泄漏。

(4) 操纵手柄调整不当。

3. 故障分析流程(图 5-9)

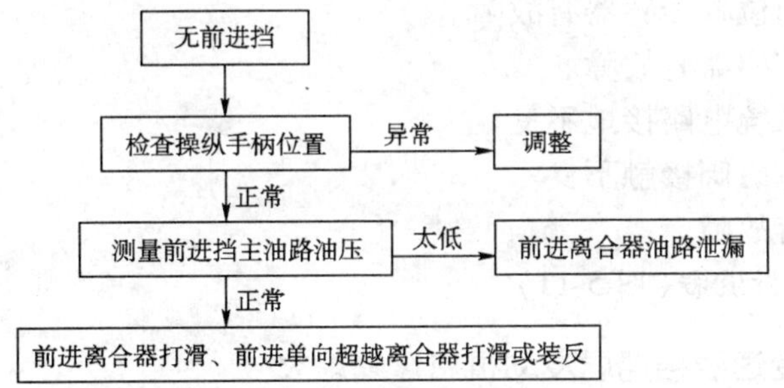


图 5-9　无前进挡分析流程图

## 八、自动变速器无倒挡

1. 故障现象

汽车在前进挡能正常行驶，但在倒挡时不能行驶。

2. 故障原因

(1) 操纵手柄调整不当。

(2) 倒挡油路泄漏。

(3) 倒挡及高挡离合器或低挡及倒挡制动器打滑。

3. 故障分析流程(图 5-10)

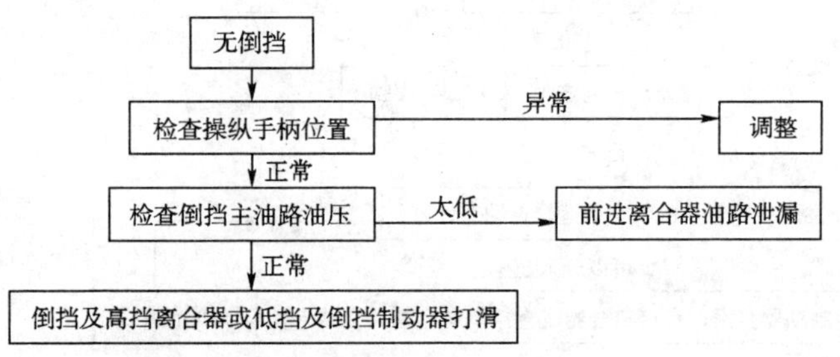


图 5-10　无倒挡分析流程图

## 九、自动变速器频繁跳挡

1. 故障现象

(1) 汽车以前进挡行驶时，即使加速踏板踏板保持不动，自动变速器仍会经常出现突然降挡现象；

(2) 降挡后发动机转速异常升高，并产生换挡冲击。

2. 故障原因

(1) 节气门位置传感器有故障。

(2) 车速传感器有故障。

(3) 控制系统电路接地不良。

(4) 换挡电磁阀接触不良。

(5) 电脑有故障。

3. 故障分析流程(图 5-11)

## 十、自动变速器挂挡后发动机怠速易熄火

1. 故障现象

(1) 发动机怠速运转时将操纵手柄由 P 位或 N 位换入 R 位、D 位、S 位、L

位(或2位、1位)时发动机熄火。

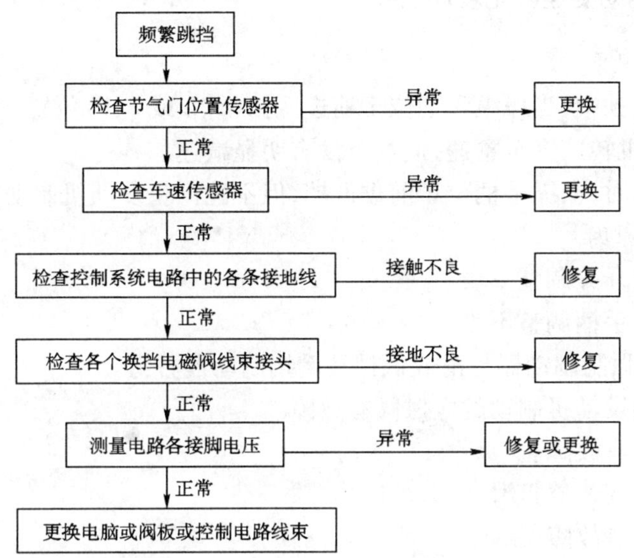


图5-11　频繁跳挡分析流程图

(2) 在前进挡或倒挡行驶中,踩下制动踏板停车时发动机熄火。

2. 故障原因

(1) 发动机怠速过低。

(2) 阀板中的锁止控制阀卡滞。

(3) 挡位开关有故障。

(4) 输入轴转速传感器有故障。

3. 故障分析流程(图5-12)

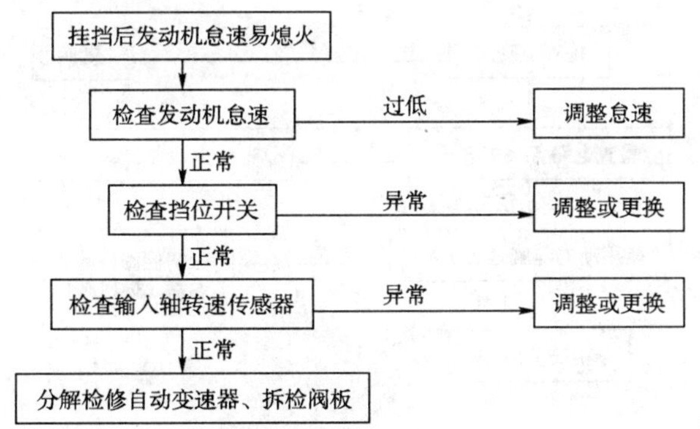


图5-12　挂挡后发动机怠速易熄火分析流程图

## 十一、自动变速器无发动机制动

1. 故障现象

(1) 在行驶中,当操纵手柄位于前进低挡(S、L或2、1)位置时,松开加速踏板踏板,发动机转速降至怠速,但汽车没有明显减速。

(2) 下坡时,操纵手柄位于前进低挡,但不能产生发动机制动作用。

2. 故障原因

(1) 挡位开关调整不当。

(2) 操纵手柄调整不当。

(3) 2挡强制制动器打滑或低挡及倒挡制动器打滑。

(4) 控制发动机制动的电磁阀有故障。

(5) 阀板有故障。

(6) 自动变速器打滑。

(7) 电脑有故障。

3. 故障分析流程(图5-13)

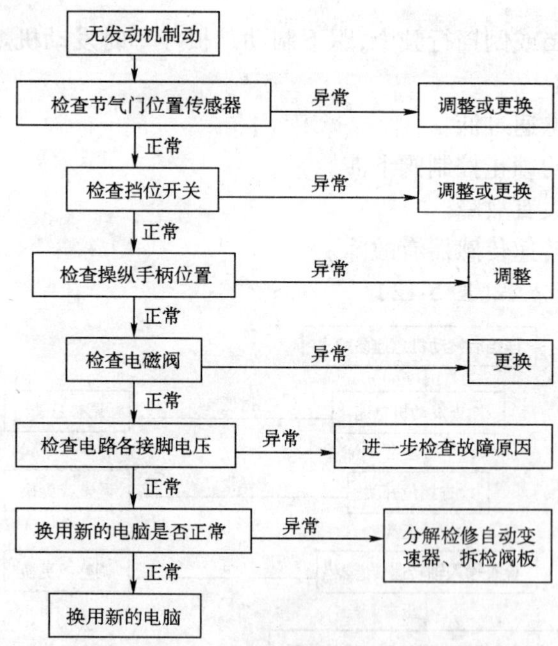


图5-13　无发动机制动故障排除流程图

## 十二、自动变速器不能强制降挡

1. 故障现象

当汽车以 3 挡或超速挡行驶时,突然将加速踏板踩到底,自动变速器不能立即降低一个挡位,致使汽车加速无力。

2. 故障原因

(1) 节气门拉索或节气门位置传感器调整不当。

(2) 强制降挡开关损坏或安装不当。

(3) 强制降挡电磁阀损坏或线路短路、断路。

(4) 阀板中的强制降挡控制阀卡滞。

3. 故障分析流程(图 5-14)

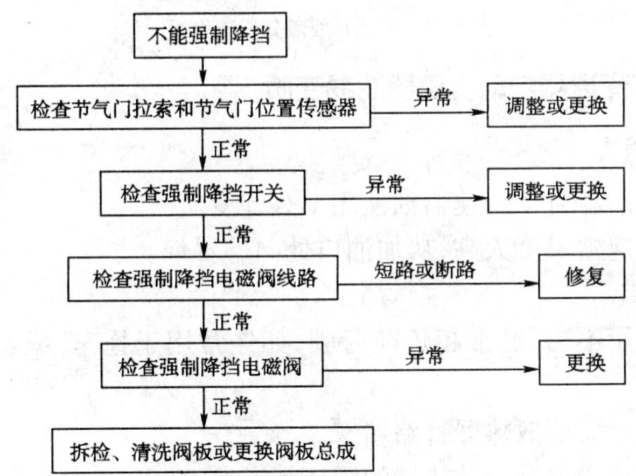


图 5-14　不能强制降挡分析流程图

## 十三、自动变速器无锁止

1. 故障现象

(1) 汽车行驶中,车速、挡位已满足锁止离合器起作用的条件,但锁止离合器仍没有产生锁止作用。

(2) 汽车油耗较大。

2. 故障原因

(1) 自动变速器油温度传感器有故障。

(2) 节气门位置传感器有故障。

(3) 锁止电磁阀有故障或线路短路、断路。

(4) 锁止控制阀有故障。

(5) 变矩器中的锁止离合器损坏。

3. 故障分析流程(图 5-15)

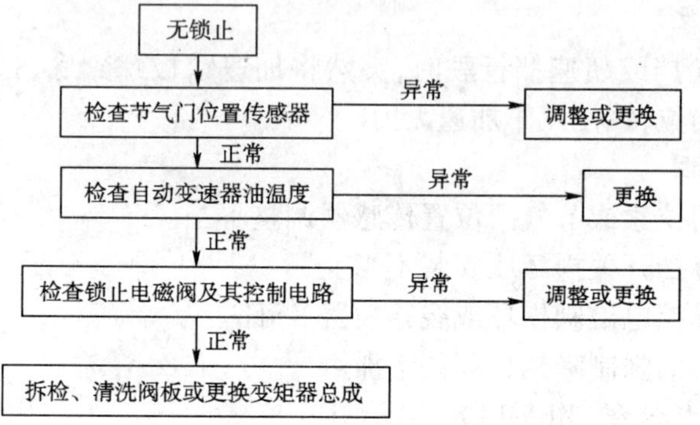


图 5-15　无锁止故障分析流程图

## 十四、自动变速器自动变速器油易变质

1. 故障现象

(1) 更换后的新自动变速器油使用不久即变质。

(2) 自动变速器温度太高,从加油口处向外冒烟。

2. 故障原因

(1) 汽车使用不当,经常超负荷行驶,如经常用于拖车,或经常急速、超速行驶等。

(2) 自动变速器油散热器管路堵塞。

(3) 通往自动变速器油散热器的限压阀卡滞。

(4) 离合器或制动器自由间隙太小。

(5) 主油路油压太低,离合器或制动器在工作中打滑。

3. 故障分析流程(图 5-16)

## 十五、自动变速器导响

1. 故障现象

(1) 在汽车运转过程中,自动变速器内始终有一异常响声。

(2) 汽车行驶中自动变速器有异响,停车挂空挡后异响消失。

2. 故障原因

(1) 油泵因磨损过甚或自动变速器油油面高度过低、过高而产生异响。

(2) 变矩器因锁止离合器、导轮单向超越离合器等损坏而产生异响。

(3) 行星齿轮机构异响。

3. 故障分析流程(图 5-17)

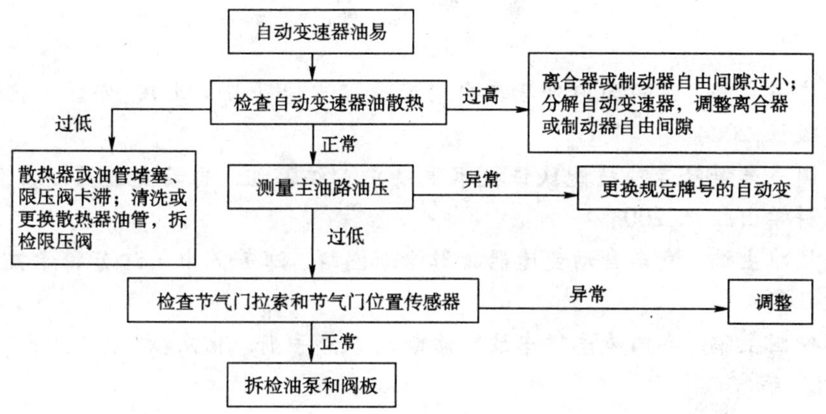


图 5-16 自动变速器油易变质故障分析流程图

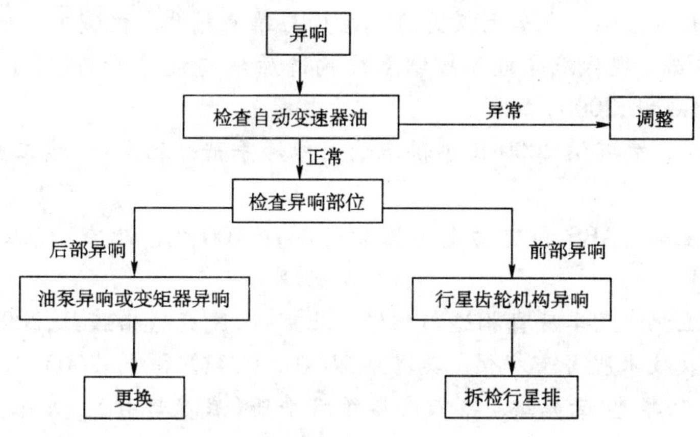


图 5-17 导响故障分析流程图

# 参 考 文 献

[1] 刘广龙主编. 最新国内外汽车自动变速器专修手册. 北京:安徽文化音像出版社,2004

[2] 全国汽车维修专项技能认证技术支持中心编写组. 自动变速器. 北京:教育科学出版社,2003

[3] 鲁植雄主编. 汽车自动变速器故障诊断图解. 江苏苏中·江苏科学技术出版社,2001

[4] 刘仲国主编. 丰田凌志轿车故障诊断与维修手册. 北京:机械工业出版社,2003 年

[5] 臧杰主编. 轿车自动变速器检修培训教程. 北京:机械工业出版社,2002 年

[6] 邯郸北方学校主编. 怎样维修自动变速器. 北京:机械工业出版社,2004 年

[7] 中国一汽集团编著. 奥迪 A6 维修手册

[8] 薛庆文 王力田编. 汽车无级变速器结构与维修精华. 机械工业出版社

[9] 邹长庚主编. 现代汽车电子控制系统构造原理与故障诊断(下). 北京:理工大学出版社,2000

[10] 田夏主编. 桑塔纳 2000 俊杰轿车使用维修手册. 北京:机械工业出版社,2002

[11] 李东江主编. ABS 和自动变速器故障排除 100 例. 北京:理工大学出版社,2000

[12] 平云光主编. 汽车底盘构造与维修. 北京:人民交通出版社,2005

[13] 上海大众技术服务部提供. 桑塔纳 2000-AT 维修手册. 2003

[14] 肖超胜 陆华忠 云皓编. 丰田汽车维修手册(底盘部分). 吉林:科学技术出版社,2000